工业和信息化部"十四五"规划教材

民航特色专业系列教材

民航运输概论

吴薇薇　朱金福　白　杨　朱星辉　编著

科学出版社

北　京

内 容 简 介

本书主要介绍了民航运输基本理论和实际生产运营流程等，共 9 章，内容包括绪论、航线网络规划、机队规划、航空运输计划、航班运行控制、民航运输商务、航空运输市场、航空运输经济、民航安全管理。本书基于航空运输生产实际，重点对航空运输运营流程相关的理论、技术进行了系统全面的阐述，书中还包括大量的案例和习题。

本书面向学科前沿，融入民航可持续发展新要求，凸显行业特色，吸纳了当前行业及学术界的最新理论、方法、技术以及实际操作的最新发展，做到体系完整、内容丰[富、知识全面，能满足教学和实际工作的需要。

本书可作为高等学校航空运输相关专业的教材，也可供航空运输业的从业人员、从事航空运输规划与管理研究的科研人员参考。

图书在版编目（CIP）数据

民航运输概论/吴薇薇等编著. —北京：科学出版社，2022.3
工业和信息化部"十四五"规划教材·民航特色专业系列教材
ISBN 978-7-03-071367-4

Ⅰ. ①民… Ⅱ. ①吴… Ⅲ. ①民航运输-高等学校-教材 Ⅳ. ①F56

中国版本图书馆 CIP 数据核字（2022）第 006908 号

责任编辑：余 江／责任校对：张亚丹
责任印制：张 伟／封面设计：迷底书装

科学出版社 出版
北京东黄城根北街 16 号
邮政编码：100717
http://www.sciencep.com

北京九州迅驰传媒文化有限公司 印刷
科学出版社发行 各地新华书店经销
*
2022 年 3 月第 一 版 开本：787×1092 1/16
2023 年 12 月第二次印刷 印张：14 3/4
字数：359 000

定价：59.00 元
（如有印装质量问题，我社负责调换）

序

近几年民航教育有了极大发展,有力推动了民航人才的培养。教育部为适应创新国家建设人才培养的需要,正在广泛推进一流课程建设。"民航运输概论"课程正是按照一流课程的标准进行建设的民航类课程。

2018 年,中国民用航空局发布《新时代民航强国建设行动纲要》(简称《纲要》)。《纲要》明确到 2035 年,实现从单一的航空运输强国向多领域民航强国的跨越;到本世纪中叶,实现从多领域民航强国向全方位民航强国的跨越。

2021 年,中国民用航空局发布《中国民航发展阶段评估报告》,指出我国基本实现从民航大国向单一航空运输强国的跨越。这是极具里程碑意义的重大标志,是我国民航自 2005 年运输总周转量成功跃居世界第二、成为名副其实的民航大国之后,又一个新的历史性跨越。

建设民航强国,就是要更好地服务于国家发展战略,满足人民美好生活的客观需要,也是深化民航供给侧结构性改革,提升运行效率和服务品质,支撑交通强国建设的内在需要,因此提出安全、便捷、高效、绿色、智能和综合这六个发展方向,在民航运输发展过程中达成这六个方向目标是建成民航强国的重要标志。

《民航运输概论》正是以新时代我国民航高质量发展目标为指引,适应我国民航发展大趋势,融入行业特色和学科前沿的一部教材,在系统介绍航空运输规划、生产、组织、市场、经济等主要核心理论知识时融入以上六个方向目标,可望为行业创新型人才培养提供重要支撑。

学习该书的内容,有助于民航专业学生及从事民航工作的人员掌握民航运输的核心内容,了解民航运输核心内容的支撑知识;同时,有助于非民航专业学生及社会人士了解民航知识,了解民航运输的基本理论和实际生产运营流程。

作者团队长期从事民航领域的科研和教学工作,积累了丰硕的科研成果,集大家之所长,在内容编排上紧扣我国民航发展的实际情况,客观分析我国民航业生产运行,深入探索民航业发展规律,有助于引导学生更好地了解民航运输基础知识、国际航空规则和我国民航文化,掌握分析和解决民航运输实际问题的技能和能力。

作者团队组织编写的《民航运输概论》获工业和信息化部"十四五"规划教材立项。该书结合"民航运输概论"国家级线上线下混合式一流课程、江苏省在线开放课程等相关数字教学资源,是一部新形态教材。教材中以二维码链接视频、试卷等数字资源,打破了纸质教材的局限,增强了教材表现力和吸引力,更有效服务于线上教学、混合式教学等新型教学模式。

　　我相信《民航运输概论》可以为读者揭开民航运输的神秘面纱，帮助学生走进民航、了解民航，最终喜欢上民航。

教育部高等学校交通运输类专业教学指导委员会主任委员

国家"万人计划"教学名师

前　言

伴随新时代国家和行业伟大变革的十年，我国民航业也由高速发展阶段转向高质量发展阶段。根据党的二十大精神，中国民航必须深入贯彻总体国家安全观，把确保航空运行绝对安全、确保人民生命绝对安全的"两个绝对安全"落到实处。要在新时代新征程上夺取新胜利，中国民航必须坚持以新发展理念为引领，加快推进行业高质量发展，不断增强民航服务国家战略的承载力，在更高层面、更高水平、更宽领域充分发挥战略产业作用。

《民航运输概论》是一本普及民航运输知识的教材。本书紧扣民航高质量发展主题，面向国家建设新时代民航强国的要求，围绕民航发展动力变革、质量变革、效率变革内容，以民航绿色发展、协调发展、创新发展为目标，试图引导各专业学生了解和关心民航发展，深入体会民航业作为国家战略产业的重要性。

在知识层面，本书面向学科前沿，融入课程思政，凸显行业特色，内容涵盖了民航运输的基本概念、基本问题和基本方法；在能力素质层面，要求学生了解国际航空规则和我国民航文化，初步具有发现、分析和解决民航运输实际问题的能力，增强民航文化自信；在价值观层面，引导学生理解民航保障国家安全发展的战略思维和民航高质量发展的新要求，培养学生具有新时代的民航精神、国际视野和家国情怀。

本书共 9 章，紧扣民航运输的基本理论和生产运营实际，构建包含航线网络规划、机队规划、航空运输计划、航班运行控制、民航运输商务、航空运输市场、航空运输经济、民航安全管理等完整的民航运输专业知识体系。本书各章节重点内容介绍如下：第 1 章介绍民航运输基本概念及与运输相关的经营和运行工作；第 2 章介绍航线网络分析及网络优化设计的有关内容；第 3 章介绍机队规划基本概念及规划方法；第 4 章介绍航班计划及如何制订航班计划，并以实例介绍航班计划的机型分配问题；第 5 章介绍航班运行控制及运行控制中心，并分别对航空公司、机场、空管各自的运行控制重要工作进行介绍；第 6 章对民航运输商务活动及航空公司商务模式的有关内容进行介绍；第 7 章围绕航空运输市场从环境到细分再到营销策略进行介绍；第 8 章介绍航空运输经济的概念及如何用经济学理论和方法来解决航空运输问题；第 9 章介绍如何用安全管理理论及方法来解决民航安全管理问题。

本书内容包括两大部分：一部分是民航运输生产的核心内容，即民用航空运输规划、计划和运行；另一部分是民航运输的支撑知识，即民航运输商务管理、市场学、经济学、安全管理等。本书将专业知识普适化，采用易懂有趣的方式介绍民航运输基本知识和基本技术，帮助学生掌握基本的民航核心知识和认识民航运输各种现象。

通过本书的学习，不同专业的学生能够对民航运输的基本理论和生产运营流程有全面的了解。

本书是首批国家级线上线下混合式一流课程"民航运输概论"的配套教材。教材中以二维码链接各章节关键知识点的教学视频、试卷等数字资源。学生可以利用丰富的数字资源，了解民航运输领域的科学和技术问题，加深对民航运输专业知识的理解。数字资源增强了学生对本课程学习的弹性，便于学生开展个性化学习，更有效服务于线上教学、混合式教学等新型教学模式，满足各专业学生学习民航运输专业知识的需求。

由于作者水平有限，书中难免存在不妥之处，敬请读者不吝指正。

作　者

2023 年11 月

目　　录

第 1 章 绪 论

交通运输是国家发展的战略性、基础性、先导性产业，了解和认识交通运输业对每位大学生都十分重要。民航运输是交通运输的一种模式，也是南京航空航天大学交通运输专业的特色，因此开设"民航运输概论"课程是学校常识性教育的基本要求。本章将介绍民航运输基本概念、民航运输任务的表达和民航运输经营决策过程。

1.1 民航运输基本概念

1.1.1 交通运输的概念

1. 初次认识交通运输

交通运输属于服务业，有公路、铁路、水路、航空、管道五种模式。通常说到交通，人们首先想到的是路。"要致富，先修路"表达了交通运输的先导性作用。

交通运输也是一个专业，可为交通运输业培养各工种的专业人才。交通运输专业人才既要有深厚的专业基础知识，又要有解决交通运输工程实际问题的能力，还要有团结协作的大局观、整体观、安全观和质量观。

交通运输又是一个学科，可以把交通运输看作一个科学分支，是由多学科融合而成的科学领域。它主要研究解决交通运输领域的科学问题、技术问题，凝练交通运输知识体系，通过科技创新推动交通运输业不断向前发展，造福于人类。

航空运输是五种交通运输模式的一种，航空又分为军航、警航和民航。民航又分为通用航空(简称通航)和运输航空，所以民航运输是民航业"两翼"中的重要一翼，是为人民服务、为国民经济发展服务的航空运输。

本课程是介绍民航运输基本知识的通识课程。下面先介绍交通运输的定义。

2. 交通运输的定义

交通运输是运输和交通的总和。《辞海》对运输的定义是这样的：人和物的载运和输送；《中国大百科全书·交通》是这样定义的：运输的任务是输送旅客和货物。这两个定义几乎一致，本课程将采用这个定义。

不过关于交通的定义，我们将不采用《辞海》和《中国大百科全书·交通》的定义，而是根据交通和运输的性质进行定义。本课程对交通的定义是：为运输提供支撑和保障的基础设施、交通法规政策体系、交通规划和交通运行管理的总和。

现在请同学们查阅《辞海》和《中国大百科全书·交通》中关于交通的解释，并回答其定义与本课程有什么不同？

对此问题，《辞海》中对交通的解释为各种运输和邮电通信的总称，《中国大百科全书·交通》中对交通的解释是包括运输和邮电两个方面。与本课程的定义有很大不同，本课程强调交通为运输提供保障，这样交通与运输构成了一个整体、一个系统，便于开展科学研究。

由此得到结论：本课程关于交通和交通运输的定义更符合专业教育和学科建设的需要。

同学们还可以继续提问：哪种交通运输的定义更符合国民经济行业划分？

对此问题，可以这么理解：我国把邮政局划归交通运输部，但电子信息的传输服务行业则划归工业和信息化部。由于邮政的主业是邮件的运输，邮件也是"物"，邮件运输可以看作"物"的空间移动，因此本来就属于运输的定义范畴；电子信息既不是"人"也不是"物"，它的空间移动方式与运输方式有不同的特性和规律，因此没有划入运输范畴是正确的。

因此，得到结论：本课程关于交通运输的定义与行业管理划分完全一致，由此界定的人才培养和学科建设的方向更加明确。

3. 交通运输系统的特性

交通运输业为人们的生活和其他行业发展提供运输服务。运输企业则通过运输服务获得收益。为了做好运输服务，需要了解和掌握交通运输系统的特性与作用。首先讨论交通运输系统的特性，包括交通基础设施和运输产品两个方面。

(1) 交通基础设施具有以下特性。

① 资本密集性。交通基础设施需要占用土地等不可再生资源，建设成本高、周期长。

② 形成沉没成本。交通基础设施建成后，即使运输业务量很少也难以挪作他用，形成沉没成本，拆除成本也很高。

③ 独占性。不管是"停"还是"行"的交通基础设施，同一交通基础设施资源同时只能供一个载运工具占用。某载运工具占用后，如果其他载运工具也要使用，只能等待，因此造成外部性成本。

(2) 运输产品具有以下特性。

① 公益服务性。需要实行普遍服务，对于偏远地区，运输业务很难营利，政府可以对运输实行补贴。

② 公共管制性。为规范运输市场行为，需要政府适当管制。

③ 不可存储性。生产过程即消费过程，无法存储。

④ 竞争替代性。不同运输模式之间甚至同种运输模式之间存在竞争替代性。

那么，运输产品的不可存储性和生产与消费的同时性对运输生产提出了什么要求？

同学们怎么看？不可存储性要求运输产品生产了就必须卖掉，否则就不产生价值；生产与消费的同时性要求运输生产确保产品质量，因为客户对运输产品质量不满意也无法退换，只能获得部分补偿。

由此得到结论：运输企业做好市场管理和产品销售工作非常重要，应通过预售、销售过程控制和动态定价等技术确保运输生产的最大收益；要做好顾客从选择运输产品、运输过程到达目的地的全程服务工作，提升运输产品的品质和顾客满意度。

4. 交通运输系统的作用

现在讨论交通运输系统的作用。交通运输是社会经济发展的先导性产业，所以具有不可替代的社会作用和经济作用。

1) 社会作用

(1) 促进人员物资的流动。

(2) 促进文化交流。

(3)抢险救灾、应急救援。

(4)巩固国防和社会安定、促进国家的统一。

(5)改变人们的风俗习惯。

(6)促进教育均衡发展。

2)经济作用

(1)国家经济运行的大动脉。

(2)促进新经济模式的形成(全球化经济、网络化经济、虚拟企业)。

(3)促进旅游业和其他第三产业的发展。

(4)促进贸易和物流业的发展。

(5)促进地方经济的发展。

但是,交通运输也产生了一些问题,包括交通拥挤、交通事故、环境污染、噪声灾害等。

要充分发挥交通运输的作用就需要努力做到供需平衡,现在要问:运输生产的供需两侧各具有什么样的分布特点?如何做到供需平衡呢?

你们如何解读这个问题?运输生产供给侧的评估指标是运力,也就是运输生产的能力,一定时期内运力是不变的,因此供给侧是常值分布;运输需求则是随时间变化的随机变量。因此,一般来说运输生产无法做到完全的供需平衡。我们只有通过调整运力在空间上的配置和通过运输产品的价格来调整需求分布,达到尽可能平衡的状态。

因此,得出结论:运输管理的根本任务就是要科学调配运力和科学设计运输产品并进行动态定价。

1.1.2 民航运输系统的组成

民航运输系统是交通运输系统的子系统,主要由以下几部分组成。

1. 基础设施

和其他交通运输模式一样,民航运输也需要基础设施,包括机场保障基础设施、空域监视和交通通信导航系统、气象监测和预报设施设备以及空中交通管理系统等,为航空器运行提供保障。

机场基础设施包括为航空器提供起降(跑道)、滑行(滑行道)、停靠(停机坪)、加油(油库)、维修(机库)、消防等以及为人和物提供的服务基础设施,如航站楼和货站等。

2. 政府部门

民航行业主管部门即民航管理的政府部门,包括中国民用航空局、民航地区管理局和省民航监管局。

中国民用航空局是交通运输部的一个副部级政府部门,领导民航地区管理局,主管全国的民航业。全国民航有七大地区管理局:华东地区管理局设在上海、华北地区管理局设在北京、东北地区管理局设在沈阳、西北地区管理局设在西安、西南地区管理局设在成都、中南地区管理局设在广州以及新疆管理局设在乌鲁木齐,它们分别负责管理所在地区的民航业。

各省级行政区域设有民航监管局,它是民航地区管理局的派出机构,主要负责所在省级区域的民航安全监督和检查工作以及一些行业审批工作。

3. 机场管理当局

机场管理当局(Airport Authority)是负责机场维护和运行的单位，通常是企业，也可以是政府代管机构。例如，中小机场通常不能产生盈利，需要当地政府的补贴，就成为代理政府管理机场的一个机构。

机场的规划和建设由机场建设指挥部负责，机场建设指挥部通常是当地政府的重要部门，不属于机场管理当局。

航空油料单位一般都设在机场，是航空器地面保障单位，但可能不隶属于机场。它由中国航空油料集团公司统一管理，所以可以纳入机场地面保障一起讨论。

截至 2021 年 2 月，全国共有 243 个民用(含军民合用)运输机场。

4. 空中交通管理局

空中交通管理局(简称"空管局")是负责民航空中交通管理的部门，包括国家空管局和七个地区空管局以及设在千万级以上大机场的空管分局(或空管中心)，分别负责全国和地区民用航空器的运行管制。

中小机场的进出港航空器由各机场自行管制，空管局可以帮助它们进行管制业务培训。

5. 航空公司

航空公司是拥有运输航空器并负责民航运输的企业。目前我国已批准设立了 60 多家航空公司，拥有运输飞机约 4000 架。其中有国有大型航空公司，如中国国际航空股份有限公司(简称国航)、中国南方航空集团有限公司(简称南航)和中国东方航空集团有限公司(简称东航)，各大型航空公司目前都拥有 400～700 架运输飞机；也有地方国有中型航空公司，如海南航空控股股份有限公司(简称海航)、深圳航空有限责任公司(简称深航)、四川航空股份有限公司(简称川航)、厦门航空有限公司(简称厦航)、山东航空股份有限公司(简称山航)等，各中型航空公司一般拥有 100～300 架运输飞机，部分中型航空公司已由大型航空公司控股；也有民营航空公司，如春秋航空股份有限公司(简称春秋航空)、上海吉祥航空股份有限公司(简称吉祥航空)、华夏航空股份有限公司(简称华夏航空)、湖南红土航空股份有限公司(简称红土航空)、九元航空有限公司(简称九元航空)等，其中春秋航空和九元航空是低成本航空公司，华夏航空是支线航空公司，这些航空公司规模不一，商业模式不同；还有中国航空工业集团有限公司(简称中航工业)的幸福航空有限责任公司(简称幸福航空)和中国商用飞机有限责任公司(简称中国商飞)的成都航空有限公司(简称成都航空)，这两个公司本质上是国有的，目前规模不大，还处在发展中。

图 1.1 是民航运输系统结构图，它的环境是社会经济系统、自然系统和其他运输系统。民航运输各子系统都有各自的功能(职责)，它们通过各自的活动和相互作用，和谐有效地推动民航运输系统发展。

请问：民航运输系统既然是交通运输系统的子系统，那么民航运输与其他运输方式之间存在相互作用吗？

你的答案呢？交通运输系统是一个大系统，由各种模式的子系统组成。各子系统有各自的功能和特性，也存在相互作用，共同服务于社会经济需求。这种相互作用通常有竞争和合作两种形式，在同质市场上表现为不同运输子系统之间的竞争，有竞争力优势的子系统将成为该市场的主体；在互补的市场上表现为不同运输子系统之间的合作，通过合作共同服务于运输需求。

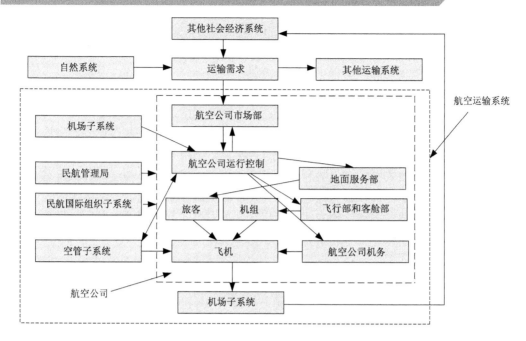

图 1.1　民航运输系统结构图

结论：民航运输系统与其他交通运输方式之间既有竞争，又可以互补合作，通过互补合作形成综合运输系统，将大大提升交通运输系统的运行效率和服务品质。

1.1.3　民航运输系统的特性和作用

民航运输系统除了具有一般交通运输系统的特性，还具有自己的鲜明特点，主要包括以下方面。

(1)安全性：飞机是最安全的交通工具之一。

(2)舒适性：航空出行最舒适。

(3)快捷性：飞机是目前最快速的交通工具。

(4)受世界经济金融形势的影响较大：经济危机和金融危机的爆发都会引起民航运输的萎缩。

(5)固定成本高：飞机拥有成本、燃油成本和维护成本都比较高，因此固定成本很高，但边际成本较低。

(6)受天气影响较大：台风、暴雪、雷阵雨、浓雾都会引起机场的关闭，继而影响航班正常运行。

(7)续航能力强：大型飞机可一次持续飞行 10 小时以上，航程可达上万公里。

(8)可通达性比铁路和水运好，但不如汽车。通过小机场和民航运输的干支线衔接，可以服务到小城镇。

民航运输对环境的影响主要是尾气排放和噪声污染，因此减排降噪是绿色民航建设的主要任务。

请问：你能否分析一下民航运输的优势和劣势？

与其他运输方式相比，民航运输的基础设施占用土地较少，主要基础设施是机场，以点的形式(其他交通运输模式既有点也需要线的形式)对载运工具提供保障，航空器的航路只占用空域不占用土地(海运与民航相似，但用海域航行)，因此民航运输的基础设施使用费用相对较低；民航运输快捷舒适，是公商务旅客和国际旅客的首选；但是航空器使用成本高，且对安全性要求高，因此一般机票价格较高，价格敏感型旅客难以接受较高的票价，低成本航空公司的出现部分改变了这种状况；由于航空器的运行受环境影响大，与高铁相比，其准点率较低，中短途公商务旅客一般选用高铁出行。从航空器运行成本的特点看，民航运输更适合长距离运输，在短途运输上与铁路、公路相比没有优势。

可见，各种运输方式有各自优势和各自适合的市场，不存在一种运输方式具有全面优势，可以取代其他运输方式。随着社会经济的发展和通达性的限制，一种运输方式可能不能满足运输的全部需要，多种运输方式协同运行，形成多式联运或综合运输，将是交通运输的发展方向。

民航运输任务

1.2　民航运输任务的表达

1.2.1　民航运输任务的概念

1. 民航运输和航空器飞行活动

民航运输以航空器为载运工具，通过航空器飞行实现人和物的空间移动，具有速度快、航程远，既舒适又便捷的特点，是深受旅客欢迎的运输方式，也是时效性物品和贵重物品的主要运输方式。

民航运输是一项生产活动，航空公司用飞机作为生产工具，安排飞行员等为生产人员进行运输活动，所以航空公司是民航运输的经营主体。

航空器的正常安全飞行需要地面停靠和各种地面保障活动，地面停靠和各种地面保障活动是在机场进行的。同时，机场是航班飞行的起点、终点以及与地面运输的衔接点。

航空器的正常安全飞行还需要空管的管制，目前航空器在空域仍然需要沿着指定的航路飞行，为防止与其他航空器发生空中冲突甚至碰撞，需要管制员进行调配。

因此，航空器的安全飞行需要机场的地面保障和空管的空中管制。

请问：民航运输与航空运输有什么不同？

有时不怎么区分这两个概念，如果要严格区分，这两个概念是不一样的。民航运输是航空运输的一部分，航空运输还包括军航运输和警航运输。

大多数人接触不到军航运输，所以很容易把民航运输和航空运输混为一谈。

2. 运输任务的定义

一次运输任务是把人或/和物在规定时间内从一地(始发地)运送到另一地(终到地)的生产活动。

运输任务的安排涉及承运人、运输对象、载运工具、司乘人员、运输路线、运输时间等生产要素。

承运人是指承担运输任务的企业，对于民航运输是指航空公司。承运人应获得承运资质，承运资质应向政府主管部门申请并获得批准。

载运工具应按照规章要求进行维护维修，以确保运行安全；司乘人员应通过培训、训练、规定的操作时间以及参加政府主管部门组织的考试，并向政府主管部门申请，获得政府颁发的专业资格证书，才能承担司乘工作。正常运输任务也应获得政府主管部门的批准或向政府主管部门报备，执行过程一般不得随意更改。

请问："民航运输任务"是否可用上述定义？承运人为什么必须获得政府的承运资质认证？司乘人员为什么需要获得政府颁发的专业资格证书？

民航运输是一种运输形式，当然其运输任务符合上述定义。承运人必须获得政府的承运资质认证是为了确保运输安全和进行行业宏观调控管理。司乘人员必须获得政府颁发的专业资格证书是为了确保司乘人员掌握相应的专业技术，进而保证运输安全。

可见，运输安全是公共安全的重要组成部分，政府十分重视。

3. 运输计划及其作用

运输计划是安排运输任务的生产计划。运输计划制订完成并获得批准后应向社会公布。不同运输模式的运输计划的公布形式可能有些不同，但一般应包括运输任务各相关要素：承运人、任务编码、运输时间、运输路线、载运工具等，并以时刻表的形式对外公布。例如，汽车班次时刻表如图 1.2 所示，列车时刻表如图 1.3 所示，航班时刻表如图 1.4 所示。

对于民航运输，航班计划至少具有如下作用：

(1)运输产品需要预售，航班计划是销售依据。

(2)航班计划给旅客提供了选购机票的依据。

图 1.2 汽车班次时刻表实例

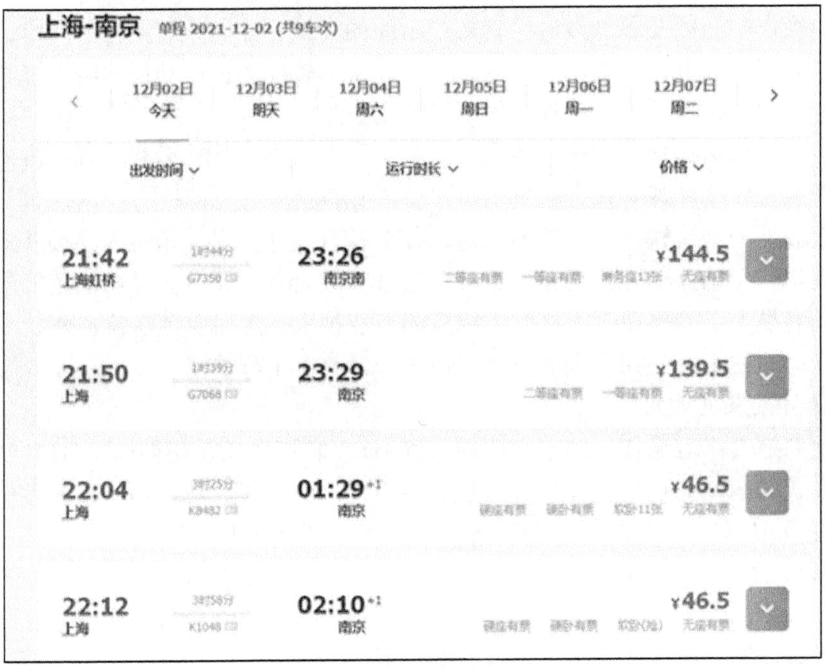

图 1.3　列车时刻表实例

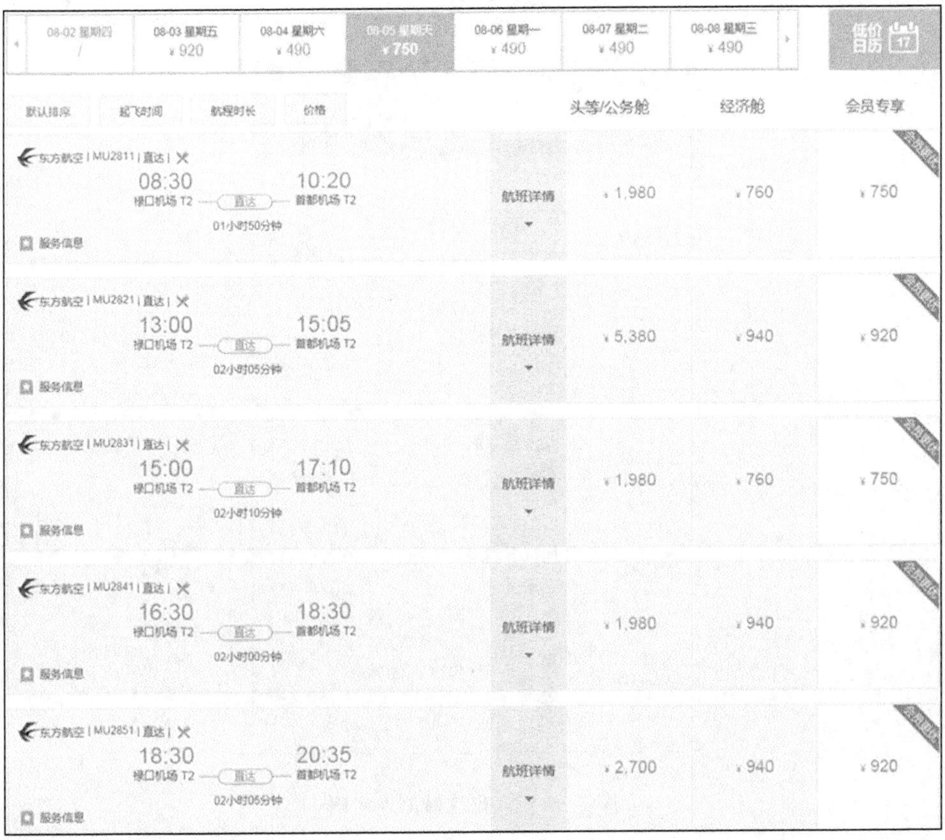

图 1.4　航班时刻表实例

(3)航空公司的运输保障计划需要依据航班计划编制，包括地面服务、飞机维护等。

(4)机场和空管局等保障部门需要根据航空公司的航班计划制订各自的航班(保障)计划。

航空公司是民航运输的承运人，所以航空公司的航班计划要以航班时刻表的形式对社会公布，但是机场和空管局的航班计划不对外公布。

请大家思考：运输计划既然是企业的生产计划，为什么要对社会公布呢？

因为运输是服务业，产品是无形的、不可存储的，顾客购买运输产品只能根据其基本信息判断该产品是否符合自己的需求。运输产品的基本信息包含运输时间和空间的规定以及票价，有时还包含车型(机型、船型)，公布运输计划(时刻表)就是向社会公众发布运输产品信息，为旅客购票(预订)提供选择依据。

可见，运输时刻表就是一种服务产品的信息表或价目表。

1.2.2　航班信息的解读

1. 航班时刻表的构成

民航运输计划称为航班计划，航班时刻表是航班计划的核心部分和主要表达形式。航班时刻表需对外发布，主要由承运人、航班号、出发机场、到达机场、出发时刻、到达时刻、票价、运输方式(直飞、经停、中转)以及班期和飞行时间等信息构成。

有时航班时刻表还会给出机型，如A320、B737-800等。

其中，最关键的是承运人、机场、时刻、票价等信息。

承运人指承担运输任务的航空公司。承运人可以用代码表示，有国际民用航空组织(International Civil Aviation Organization，ICAO)的三字代码和国际航空运输协会(International Air Transport Association，IATA)的二字代码，例如，东航的三字代码是CES，二字代码是MU，航班时刻表通常采用承运人的二字代码。

航班号是航班的编码，由承运人的二字代码和编号组成，如MU2811。

机场命名一般是城市名加机场所在镇的名字，需要民航局批准，并向ICAO申请四字代码，向IATA申请三字代码，机场四字代码只用于空管和飞行计划，航班计划使用机场的三字代码，例如，南京禄口国际机场的三字代码是NKG，四字代码是ZSNJ；北京首都国际机场的三字代码是PEK，四字代码是ZBAA。

航班信息还包括计划出发、到达时刻和飞行时间等，这些都是旅客选购机票时必须参考的信息。另外，旅客购票时要注意查看机票退改签政策，以及免费托运行李的限制(对于低成本航空公司的机票和国际航班的机票尤为重要)。

请问：民航运输为什么要用代码？

因为民航运输是国际性的运输方式，由于各国语言文字不同，需要有一个共同语言，代码就是一种共同的表达"语言"；还因为代码在全世界是唯一的，不会出现重名。

采用代码不仅是航空公司和机场的命名法规，空管对航路和空域中重要点的命名也采用代码，对飞机的命名则采用机尾号。事实上，其他领域采用代码也很普遍，如网络用的网址、快递的单号、军舰的舷号等。

2. 代码共享的航班

为了更好地为旅客服务，航空公司之间既有竞争也有合作。其中，代码共享就是一种创新的合作经营模式，即两个或多个航空公司共同经营某条航线的航班，共享一个航班代码。这样既能给旅客多种选择，又能减少航空公司的运力浪费。

一般代码共享(Code Sharing)的航班由拥有航班代码的航空公司为承运方，其他代码共享的航空公司是市场方，各方通过共享协议规定权益和责任。另外，也会出现多个航班号共享一个航班的情况，就是一个航班共享多个代码。旅客在购买机票时应当识别清楚航班的承运方，便于乘机时正确查找登机口和候机厅。

请问：航空公司为什么要采用代码共享的方式？

因为代码共享可以增加双方(多方)对市场的服务机会(相当于增加产品供应)，给旅客增加了选择的机会，对航空公司来说就是在不增加资源投入的情况下增加了产品供应和收入；对旅客来说就是增加了出行的便捷性，提升了服务品质。

3. 航线联营的航班

航空公司为了扩大航线网络覆盖范围，创造了航线联营模式。航线联营是指一条由多个航节服务的航线(OD(Origin to Destination)对市场)，每个航节由不同航空公司承运，但对外是统一的运输产品，由多个航空公司共同经营。

在国内民航运输市场，通常由支线航空公司(如华夏航空)与干线航空公司(如川航)实现干支航线联营。这种联营方式由干支线运输组合成一个产品，干线航空公司为产品提供方，支线航空公司为支线承运方，双方通过航线联营协议规定各自的权益和责任。

在国际民航运输市场，通常由一个航空联盟内部的合作伙伴之间把国内航线和国际航线衔接起来进行联营，通过双边或多边协议规定各自的权益和责任。

航线联营和代码共享共同构成航空联盟的主要合作方式，显著扩大了航空联盟的航线网络覆盖范围。

请问：航线联营与代码共享有什么不同？

代码共享是指两家及以上航空公司在同一条航线上不同时刻出发的航班间开展的合作方式；航线联营是指两个及以上航空公司把各自经营的不同航线组合成相互衔接的航线产品，为旅客提供更多的出行选择。代码共享可以认为是并行产品之间的合作，航线联营可看作串行产品之间的合作。

不管是代码共享还是航线联营都能增加航空公司的产品供给和收入，同时提升旅客服务品质。

1.2.3　航班类型和营运管理

1. 航班类型

航班有多种类型，可以根据航线分类、航班性质分类、单位分类等。

根据航线可以分为国际航班(国际航线上的)、国内航班(国内航线上的)和混合航班(国内-国际航线上的)。

根据航班性质可以分为定期航班(或称正班航班，是获得民航管理部门批准的一个航季的航班计划)、季节性加班(在繁忙季节的短期加班计划，也需要民航管理部门批准)、临时加班(因航班调整补加的三天内航班，需要与机场和空管协调)等。

根据单位可以分为航空公司的航班(计划)、机场的和空管的航班(计划)。但航班只有航空公司才拥有，机场的和空管的航班(计划)是对各航空公司航班计划进行融合的结果，是机场和空管为航空公司航班运行提供的保障计划。

请问：为什么要进行航班分类？

分类是建立新概念的方法。对航班进行分类可以建立起关于航班的更精细的概念，有利于管理，也可以对不同类型的航班提出不同的管理规定；方便进行统计分析和精细化管理；为不同领域生产资源的优化分配提供依据。

可见，同学们在这里学到的不仅是关于航班分类的知识，更多的是拥有了在已有概念的基础上建立新概念的创新意识。

2. 航班运行管理

航班计划由航空公司编制，向民航主管部门提出申请，民航主管部门根据各机场的时刻容量评价各航空公司提出的航班计划的可行性，对于有时刻冲突的航班，民航主管部门需要组织各相关航空公司、机场和空管部门进行时刻协调，然后批准并向社会公布。

各机场收集并融合使用本机场的航班计划，进行停机位等保障资源的分配后，形成机场的航班计划。各空管单位也收集使用本管制空域的航班，根据空域资源的通行能力，对航班通过的时刻进行优化分配，形成空管的航班计划。

航空公司根据航班计划做好机票销售工作、航班运力资源的分配、航班运行前的机务、签派等准备工作，经过机长、机务和签派签字后放行，地面服务部门做好旅客乘机服务工作，机场各保障单位做好航班的地面保障工作，空管根据空域交通流量状态发出航班出发的管制指令，航班根据空管指令进行飞行，最后到达目的地机场降落。

可见，航班运行是一个系统工程，航空器的安全飞行涉及面广，需要多部门通力合作和协调决策，才能正常完成。民航运输任务是由航空公司编制并执行的，机场和空管部门负责航班运行的地面和空中的安全保障。

请问：为什么说航班运行是一个系统工程？

因为航班运行需要航空公司、机场和空管部门的协调决策与通力合作，才能确保安全顺利完成，缺少任何一方都不可能做到。尽管航空公司是民航运输的主体，没有机场和空管部门的地面与空中保障，航空器就不能起降、停靠和进行运输的其他地面作业，在空中飞行也会失去方向，甚至与其他航空器发生冲突和碰撞，所以航班运行是一个系统工程。

可见，航班运行过程中，航空公司、机场和空管部门都要做好自己承担的工作，发挥好自身的功能，也要和其他两方密切协作，协调决策，才能确保民航运输的安全高效。

3. 综合运输中的民航运输任务

综合运输是指多种交通运输方式通过枢纽转运衔接向社会提供更多、更便捷的运输服务。客运一般是汽车、高铁和航空三种方式之间的转运衔接，货运则有管道、水路、铁路、汽车或者航空、汽车等之间的转运衔接。

在综合运输中，各种交通运输方式应当优势互补，每段都采用最适合的运输方式。民航运输通常承担长距离且要求快速运达的任务。

在长距离运输中，机场通常成为综合运输的转运枢纽。此时汽车站、高铁站在机场集成，形成运输综合体。这个运输综合体通常还是商业综合体。

请讨论：民航在综合运输体系中充当什么角色？

综合运输要求多种运输方式参与其中，每种运输方式都要充分发挥自身的优势，和其他运输方式优势互补，做到运输任务充分衔接，这样才能给社会提供更加丰富的运输产品选择。民航的优势是快捷和长航程运输，因此在综合运输体系中民航应当承担长距离快速运输任务，同时机场应充当综合枢纽。

可见，综合运输体系的建设需要国家层面的统一规划，各种运输方式则应秉持合作精神，主动作为，积极有为，才能发挥好每种运输方式的优势，弥补不足，给社会提供高品质的运输服务。

民航运输决策价值链

1.3　民航运输营运决策过程

民航运输营运是指围绕运输所做的经营和运行工作。航空公司的营运是一个过程，有三个层次，也可以看作三个环节，每个环节都需要进行管理决策，从上到下形成一条决策链，包括最上层的运输规划，到中层的航班计划编制和底层的航班运行，规定了民航运输产品从设计到生产的全过程。运输规划是为编制航班计划做准备的，航班运行是实施航班计划的生产活动，分别在决策链中航班计划环节的上下游。本节首先分析航班计划的上游环节运输规划的有关问题。

1.3.1　编制航班计划的先决条件

为了编制航班计划，需要先解决几个问题，其中最重要的是飞哪里，怎么飞和用什么飞机飞的问题。实际上，运输规划是解决拟服务的市场、采用的飞行方式和机队规划问题。这些是编制航班计划的先决条件，处在运输决策链的上端。

运输规划包括航线网络规划和机队规划。航线网络规划通过市场调研和分析，选择最合适的 OD 对市场和运输基地，优化每个 OD 对市场的运输路线。由于受到航线容量的限制，一个 OD 对可能需要多条运输路线提供服务，因此对于服务于同一个 OD 对的多条运输路线，航线网络规划还需要给出每条运输路线的需求分担比例。可见，航线网络规划解决了飞哪里和怎么飞的问题。

机队规划则是针对选定的运输市场，解决用什么机型的飞机飞和需要多少架的问题。对每个 OD 对市场，根据其市场特征和地理、气象条件，选择安全和经济的机型，这在机队规划中称为飞机选型。在实践中还需要根据航空公司的商务模式来决定，甚至在选择运输市场时就需要考虑与商务模式相适应，例如，低成本航空公司应根据低成本模式选择票价敏感型的运输市场，并且尽量采用同一种机型。选择好机型后，再根据各 OD 对运输需求和机型的运载能力计算确定需要多少架飞机，这样就解决了采用什么机型的飞机，以及各种机型的飞机需要多少架的问题。简单地说，机队规划就是解决航空公司机队结构和规模的问题。

通过运输规划，航空公司已经明确服务哪些 OD 对市场和如何服务，知道这些市场有多大的运输需求，将采用什么机型的飞机来提供运输服务和将有多少架各种机型的飞机。接下来就可以编制航班计划。

请问：为什么编制运输计划首先要做好运输规划？

因为运输规划是运输任务在时间上的安排，为了做好运输规划，首先要弄清楚运输需求在哪里、有多少、如何分布，还要决定用多少架什么机型的飞机、如何运用飞机，这些问题需要分别通过市场研究、航线网络规划、机队规划等运输规划才能解决。

因此，要编制航班计划，必须首先做好航线网络规划和机队规划。

1.3.2　编制航班计划需解决的相关问题

本节所述的航班计划都是指正班航班计划。正班航班计划是一个航季都要执行的航班计划，我国每年有两个航季，所以航班计划编制总是根据航季周期性地提前进行。航班计划的编制需要面对以下问题：

(1) 本公司各条航线能获得多少时刻？

(2) 如何根据各航线市场在某周期内的总需求和拟采用的机型，确定该航线的航班频率？

(3) 如何根据各航线需求的分布，确定每个航班的班期和航班的出发时刻，再根据出发时刻和航线飞行时间确定航班到达时刻？

(4) 应当如何为每个航班获取航班号？

(5) 如何为每个航班分配合适的机型，安排具体的飞机，确保飞机维修计划得到执行？

各位同学，以上问题应该怎么解决呢？第 4 章将讨论这些问题。这里首先请同学们思考：为什么航班计划的编制不但要掌握各航线需求总量，而且需要了解航线需求分布？

答案是清楚的。尽管某航线上航班频率一般只与航班计划执行周期内该航线的需求总量有关，但是为每个航班配置航班时刻时，为了尽可能多获得需求，应当把航班班期和时刻尽量设置在需求峰值附近，这就需要了解航线需求分布。

因此，运输需求预测不但要预测总量，还要绘制需求的时间分布图。

1.3.3　航班计划的运行

航班计划编制完成后，接下来的工作就是机票(座位、吨位)预售和航班运行。航班运行除了飞行和机上服务等司乘工作，其他工作还包括以下方面。

(1) 航班运行控制。通过分析飞机的飞行性能、了解航路气象情报和设计最优的飞行计划降低生产成本；发生航班不正常时，通过对运输资源的优化调度和航班恢复运行，最大限度地降低航班不正常带来的成本。

(2) 航班地面服务。做好旅客/货物服务工作和飞机地面保障工作，使航班运行更顺畅、更高效，努力减少航班延误，提高旅客满意度。

(3) 航班座位/吨位的营销和预售工作。做好航线的营销工作，努力做好机票网络直销；为每个座位/吨位动态定价，制订座位/吨位的销售计划，确保每个航班获得最大收益。

可见，做好航班运行控制是为了降低航班运行成本；做好地面服务能提高服务品质；做好座位/吨位销售，其目的是增加航班收入。

各位同学，是否知道航班运行需要航空公司做哪些事情？

就单纯的航班运行而言，航空公司的航班运行工作主要包括飞行(驾驶、客舱服务、空中安保)、运行控制(包括飞行性能分析、航行情报收集、飞行计划设计、飞机和飞行员等资源的调度)、地面服务(旅客地面服务、货物地面运输和装载、装载配平、飞机航线维修等)，考虑到航班运行的价值，还必须做好航线营销和航班机票销售工作。

因此，航班运行是复杂的运输生产活动，也是获得运输收益的最后营运环节。

1.3.4　营运决策三环节关系的再讨论

由前面的讨论可知，从民航运输产品的设计到航班运行和销售构成民航运输营运决策链。下面分别概括这个决策链上的三个重要环节。

(1)规划(Planning)。根据战略规划和商务模式做好市场研究与需求预测，进一步做好航线网络规划和机队规划等。

(2)计划(Scheduling)。在航线网络规划和机队规划的基础上，编制航班时刻表，做好飞机排班、机组排班以及航班保障计划。

(3)运行(Operation)、销售(Marketing)。根据航班计划，做好航班运行控制和地面保障，以及座位/吨位营销和销售工作。

民航运输营运决策链的三个环节的上下游关系中，前一个环节是后一个环节的基础和依据，后一个环节是前一个环节的承接和落实。

规划给出了经营市场和资源投入。航线网络规划规定了经营的市场，是需求方；机队规划确定了投入的运力，是供给方。由此给出了经营的范围和方向，为航班计划的制订提供了依据。

计划的核心任务是编制航班计划。航班计划规定了各航线执行的航班频率和时刻，飞机排班和机组排班分别给飞机与机组人员做了航班任务分配，保障计划为各航班分配了保障资源。

计划进一步给运行提供了依据。运行是航班计划的执行，是完成运输任务的最后一步，销售则是实现收入的最后环节，是民航运输营运的最终目的。

航班营运决策过程如图1.5所示。

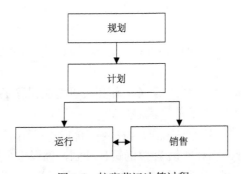

图1.5　航班营运决策过程

1.3.5　民航运输管理的知识体系

学习民航运输管理知识必须掌握民航运输营运决策链三环节的知识以及相关基础知识，在此基础上，才能发挥创新创造能力，开展对民航业发展相关问题的研究。

与图1.5所示的民航运输营运决策链相关的知识体系，可以用图1.6表达。

其中，运筹学和统计学是专业基础知识，现在正向大数据分析、人工智能、计算机仿真等方向发展。

本章讨论了运输和交通的概念，给出了交通运输系统和民航运输系统的组成，初步讨论了民航运输任务以及航班计划的编制问题，提出了民航运输营运决策链的概念。各位同学应当重点掌握民航运输营运决策链及其相关知识体系。

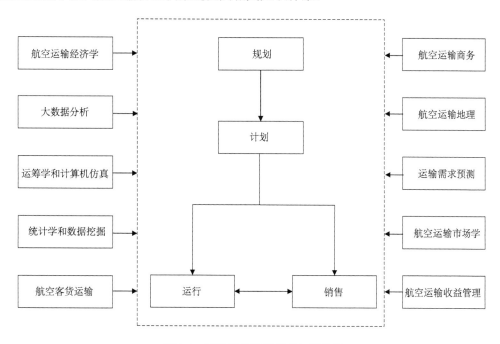

图 1.6 民航运输管理相关知识体系

思考练习题

1-1 运输任务由哪些要素构成？

1-2 运输计划除了运输任务，还应该包括哪些内容？

1-3 航班时刻表应包含哪些内容？

1-4 航空运输有哪两类？

1-5 民航运输系统包括哪些子系统？

1-6 交通运输系统有哪些基本特性？

1-7 民航运输系统除了交通运输系统的一般特性，还有哪些其他特性？

1-8 民航运输营运决策链包括哪几个重要环节？

1-9 航班可以怎么分类？有哪些类型？

1-10 民航运输营运决策链上各环节之间有什么关系？

第2章 航线网络规划

航线网络规划是民航运输营运决策链中的第一个环节。航线网络是航空运输生产运行的基础，航空运输中的各种资源包括飞机、机组等都是投放在特定的航线网络上。因此，如何开设航线、设计航线网络以及对航线网络优化是航空运输运营管理的重要工作。本章主要介绍航线、航线网络的概念、作用、影响因素；航线网络的结构类型以及如何进行网络的设计。

航线网络分类

2.1 航线和航线网络

2.1.1 航线和航线网络的概念

1. 航线

航线的基础是 OD 对。OD 对是指运输的始发地 O 与终到地 D 构成的点对，也可以认为是特定的两点之间的运输。当 OD 对之间存在一定运输流，或者 OD 对之间存在运输流量时，就可以称为 OD 流。针对航空运输，OD 流主要包括客流、货流，其中客流还包括旅客的行李；货流包括邮件、快递以及各种货物。当 OD 流达到一定的规模时，企业可以提供两地之间的运输服务，将 OD 之间进行连线，利用航空器完成客货的运输，就建立了航线。简单理解，航线就是根据客货需求投入航空运力，在两点之间完成航空运输的路线。

航线包括两层含义：①OD 之间的空间联系，即表达航空运输逻辑关系；②OD 之间的市场联系，即两地之间的航空市场需求。根据这两层含义，与航线相关的概念包括航节和航段。航节是航空器一次起降的飞行活动，也可指起降点之间的连线；航段是旅客运输的 OD 对市场。一条航线可以含有多个航节，服务于多个航段。

2. 航线网络

航线网络是指某一地域内的航线按一定方式连接而成的系统。航线网络由机场、航线和飞机等要素构成，其中机场和航线构成航空运输的空间分布，决定航空运输地面和空中的保障能力。飞机通过航线由一个机场飞到另一个机场，以实现旅客、货物、行李和邮件的空中位移。

航线网络是航空公司航班计划和机组安排等运行计划的先决条件，对航空公司的运行效率和客户的服务质量有着重要的影响作用，是航空公司生存和发展的基础。航线网络是由所有航线构成的集合体，这些航线不是杂乱无章地堆积在一起，而是以一定的空间形式组织在一起。

3. 航线及航线网络相关的概念

1) 城市对航线网络

城市对航线网络又称为点对点式航线网络。这种航线网络中的航线是指从各个城市自身的需求出发，建立的城市与城市间的直飞航线，旅客不需要经过第三个机场(或城市)进行中转，且航线间安排航班时也无须考虑衔接问题。

2）枢纽航线网络

枢纽航线网络又可称为中枢辐射式航线网络，或枢纽辐射式航线网络，或轮辐式航线网络，是指含有枢纽机场(或城市)和非枢纽机场(或城市)的航线网络模式，航线的安排以枢纽城市为中心，以干线形式满足枢纽城市间旅客与货物运输的需要，同时以支线形式由枢纽城市辐射至附近各中小城市，以汇集和疏散旅客与货物，干支线间有严密的航班时刻衔接计划。

3）干线航线

干线泛指大城市之间的航线。对枢纽航线网络而言，枢纽之间的航线称为干线。某枢纽航线网络中所有的干线组合在一起构成干线网络。

4）支线航线

我国从航线的连接机场类型、运量和运距定义支线航线。中国民用航空局《关于印发支线航空补贴管理暂行办法的通知》中明确：支线是指从支线机场始发或到达支线机场的省(自治区)内航段，以及跨省(自治区、直辖市)但距离较短或运量较小的航段。其中，支线机场是指民航机场规划中的中小型机场。另外，也有从航线的距离来定义支线的，如美国《航空运输商务》认为 800km 以下的航线为支线；也可以简单地将支线理解为大城市与小城市之间的航线。在枢纽航线网络中，支线指枢纽城市与辐射城市之间的航线。某枢纽航线网络中的所有支线组合成支线网络。

5）OD 流

OD 流是在一定时期内计算的由某起始城市到目的地城市之间的客/货流量，一般而言，该流量具有方向性。例如，上海—北京与北京—上海是两个不同的 OD 流。

6）航段和航节

一条航线经过的城市至少有两个，即始发城市和终点城市。在始发城市和终点城市间可以有一个或多个经停城市。在某条航线上能够构成旅客行程的航段称为旅客航段，通常简称航段。在某条航线上航班飞机实际经过的航段称为飞行航段，简称航节。例如，北京—上海—广州航线，航段有 3 种可能：北京—上海、上海—广州、北京—广州。航节有两个：北京—上海和上海—广州。

2.1.2　航线网络的作用

航线网络是企业投入资源，满足市场的需求，实现盈利的基础。航线网络由航节组成，航节包括起飞机场、降落机场、飞行时间等要素，在实际运营中又包括班期、机型及载运量等要素。航线网络实质上就是在给定的运力条件下，决定飞机往哪飞、什么时候飞以及怎么飞。

1. 航线网络决定了国家航空服务能力

从国家航空运输产业发展的角度分析，航线网络决定了一个国家整体的航空服务能力，也是综合交通网络的重要构成部分。为加快建设交通强国，构建现代化高质量国家综合立体交通网，支撑现代化经济体系和社会主义现代化强国建设，中共中央、国务院印发了《国家综合立体交通网规划纲要》，明确提出：到 2035 年，基本建成便捷顺畅、经济高效、绿色集约、智能先进、安全可靠的现代化高质量国家综合立体交通网。实现国际国内互联互通、全国主要城市立体畅达、县级节点有效覆盖，有力支撑"全国 123 出行交通圈"（都市区 1 小时通勤、城市群 2 小时通达、全国主要城市 3 小时覆盖)和"全球 123 快货物流圈"（国内 1 天送达、周边国家 2 天送达、全球主要城市 3 天送达)。交通基础设施质量、智能化与绿色化水平居世界前列。交通运输全面适应人民日益增长的美好生活需要，有力保障国家安全，支撑我国基本实现社会主义现代化。

民航是国家基础性、战略性产业，在现代交通运输体系中，它具有高效便捷、机动灵活、带动力大、国际性强的特点。未来将加速构建完善现代化国家机场体系和航空运输网络体系，进一步发挥民航在运输体系中的优势，并加快与其他交通方式的融合。机场体系方面，将建成以世界级机场群、国际航空枢纽为核心，以区域枢纽为骨干，以非枢纽机场和通用机场为重要补充的国家综合机场体系。运输机场数量将达到 400 个左右，重点建设京津冀、长三角、粤港澳大湾区、成渝四大世界级机场群，巩固十大国际航空枢纽地位，推进郑州、天津、合肥、鄂州 4 个国际航空货运枢纽建设，布局约 40 个区域航空枢纽，构建四通八达、联通全球的空中运输网络。依托机场网和航线网，加强与其他交通方式的深度融合，构建具有中国特色的、全方位开放的、以枢纽机场为核心的现代综合交通运输体系。

2. 航线网络规划是航空市场监管的重要手段

航线实际上就是航空公司已获得的航权和已进入的市场。航线网络规划是筹建航空公司报请行业管理部门审批的重要依据之一。根据中国民用航空局发布的《大型飞机公共航空运输承运人运行合格审定规则》，公共航空运输承运人必须对预开设的航线进行市场调查分析和规划，并在获得航线经营权以后才可以投入运力从事商业运营。一般航空公司申请航权后，向中国民用航空局申请对应航线的时刻，才能执行航班。民航管理部门通过对航线资源的规划、分配来实现航空运输市场的协调发展和规范化运营。因此，航线网络规划是进行市场监管的重要手段。

3. 航线网络是航空公司的重要资源

航线是航空运输承运人授权经营航空运输业务的地理范围，是航空公司的客货运输市场，也是航空公司赖以生存的必要条件。航线网络是航空公司提供航空服务的基础，是航空公司战略规划、运营计划和生产计划的基础构成，也是航空公司提升市场竞争力、优化收益管理的基础，具体包括以下方面。

1)航线网络是航空公司制订生产计划的依据

航空公司的生产计划包括航班计划、飞机维修计划、飞机排班计划和机组排班计划，而所有计划的制订都是基于具体的航线。航空公司在获得航线经营权以后，才能安排具体的生产计划。同时，航线网络结构影响了生产计划的执行。

2)航线网络体现了航空公司的战略意图

航线网络结构决策要明确航空公司的市场定位、目标顾客、产品组合和联盟策略，所以它对公司的生存和发展有着重要的战略意义。能不能实现其宗旨或经营目标，在很大程度上取决于航空公司的航线结构决策及其实施。航空公司之间的竞争归根结底是综合竞争力的较量，而航线质量或航线结构的质量恰恰就是航空公司综合竞争力的主要指标之一。航空公司联盟之间的竞争更加充分地说明了这一点。

3) 航线网络决定了航空公司的长期经营效益

航线网络规定了运输路线，对于不同的航线网络结构，OD 流的路线不相同，因此运输成本也不相同。科学设计的航线网络结构，将具有最低的运输成本，而未经过科学设计或者优化的航线网络将导致航空运输成本的增长或者服务能力的减弱。航线网络规划是战略层次的规划，其结构相对稳定，而且改变的成本很高，因此航线网络将长期影响航空公司的运营成本和经济效益。

4) 航线网络影响着航班运行和飞机使用效率

在微观层面上，航线网络影响着航空公司航班运行和飞机使用效率。运力是投放到具体的航线上，根据航班计划提供飞行服务。航空公司要根据航线的特点如航线的距离、航线的高度以及起降的机场选择合适的机型。《大型飞机公共航空运输承运人运行合格审定规则》对航空公司开设航线之前的飞机适用性审定有着严格的规定。在实际运营中，不同的机型和航空需求量决定了航班计划的制订以及飞机的使用效率，包括日利用率、载运率、客座率等基本指标。

2.1.3　航线和航线网络的表示

航线网络可以表示在地图上，也可以用普通的网络图表示。如果起始机场和到达机场用始发地 O 和终点地 D 的节点表示，航线则用连接 O 和 D 的边表示，如图 2.1 所示。O 为起点，D 为终点，航空公司在 OD 之间设立航线，提供航空运输服务。

图 2.1　航线示意图

图 2.1 为典型的两点之间的航线，但很多情况下航线可以包括多个起降机场，即航节，因此航线由飞行的起点、经停点、终点以及空中的航路等要素组成。航线网络范围内的机场用节点表示，连接两个机场之间的航线(有时是航节)用连接两节点之间的边表示。如图 2.2 所示，航线 OD 包括三个航节，分别在 A、B 机场经停，这就是典型的联程航线。

图 2.2　多航节航线示意图

实际运营中，航线网络中节点的位置和边的长短曲直无关紧要，只要联通关系正确即可。将所有通航的机场都用点、边的形式表示的网络图，就是航线网络图。如图 2.3 所示，航空公司一共通航六个机场，在 OD 之间包括七个航节。

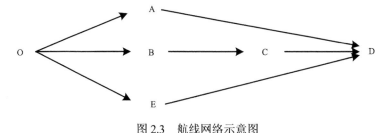

图 2.3　航线网络示意图

单纯从航线网络图无法看出航班实际运行的情况，包括是不是直达航线以及航班的时刻，只能看出两个机场之间是否联通。因此，不管是抽象的航线网络图还是在地图中表示的具体航线图，都只是机场的通达情况。

2.1.4　航线网络的影响因素

1. 外部影响因素

在航空公司进行战略筹划时，已经考虑了若干重要的外部因素，总体来说，就是公司所处的政治、经济、文化三大社会系统的发展趋势所能带来的机遇和威胁。航空公司在进行航线结构决策时需要重点分析以下外部环境因素。

1）区域间经济发展

航空运输业的发展受到国家的整体经济情况和区域宏观经济因素的影响。国际空运与该国经济发展高度正相关，有研究发现：航空客货运量、国际贸易和 GDP 的长期与短期动态变化均表现出稳定的相关关系，并且三者之间互为因果。加入世界贸易组织以来，我国进入经济开放与高速发展的重要时期，航空运输业也进入高速发展期。根据中国民用航空局发布的民航行业统计公告，截至 2010 年底，我国共有定期航班航线 1880 条，其中港澳台航线 85 条，国际航线 302 条。截至 2015 年底，我国共有定期航班航线 3326 条，其中港澳台航线 109 条，国际航线 660 条。截至 2019 年底，我国共有定期航班航线 5521 条，其中港澳台航线 111 条，国际航线 953 条。可以看出，2010～2019 年期间，我国国内航线数量年平均增长率为 19.4%，国际航线数量年平均增长率为 21.6%。区域间经济关联以及发展程度对航线开设具有重要的影响。

2）社会对空运服务的需要

中国各个地区都把开通的航线数量，特别是国际航线数量作为当地社会经济发展的重要指标。例如，中国民用航空局印发的《建设民航强国的战略构想》《陕西省人民政府办公厅关于进一步培育拓展省内国际地区航线的通知》《成都天府国际机场临空经济区规划纲要》等全国和地方文件均明确提出，完善国际航线网络、加大国际航线开辟和加密力度是战略规划和重要任务。

根据中国民用航空局发布的民航行业统计公告，截至 2010 年底，我国共有颁证运输机场 175 个；截至 2015 年底，我国共有颁证运输机场 210 个；截至 2019 年底，我国共有颁证运输机场 238 个，其中西部地区机场有 121 个，占到 50.8%。随着通航城市数量的持续增多，航线网络覆盖面逐步扩大。对于中小城市、偏远地区，都希望通过支线机场与大城市相连，发展当地的经济和文化。从经济发展潜力来看，虽然欠发达地区经济发展潜力均呈上升趋势，但其上升速率各有不同，总体上与各地区的可达性水平相吻合。由于西部地区地域广阔、地形复杂，传统的公路与铁路等陆路交通运输发展受限，航空运输成为推动其社会经济发展的重要交通方式，航线网络的扩张为其带来了更多的发展机遇。

3）政府对航空业的管制

在世界上大多数国家和地区，航线的开辟都受到政府部门不同程度的管制。特别是国际航线，基本上仍受到双边及多边政府协议的约束。现在只有在美国国内市场、欧盟内部市场两大市场上，航空公司开辟航线有较充分的自由度。政府通过对航权的限制，控制航空运输市场的开放程度，航线涉及的国家、城市和机场都需要政府审批。

在中国国内航空市场，《中国民用航空国内航线经营许可规定》明确指出，航线分为核准航线和登记航线。空运企业申请的核准航线包括：涉及中国民用航空总局核定的受综合保障能力及高峰小时飞机起降架次流量限制的机场的航线经营许可；涉及繁忙机场的航线和飞行流量大的航线经营许可；涉及在飞行安全方面有特殊要求的机场的航线经营许可。空运企业申请的登记航线包括：核准航线所列范围以外的航线；国内货运航线；中国民用航空总局或民航地区管理局划定的其他航线。

航空公司需要根据所申请运行航线的类型按照相应的管理规定流程进行申报，中国民用航空局对航线进行分类管理的目的是保障飞行的安全性、空域的合理利用以及航空市场的有序竞争。

4）航空公司加入联盟

随着全球经济一体化发展，世界各个国家和地区的旅客的出行需求变得更加多样化。各地区航空公司之间只有建立合作关系，才能有效弥补自身航线网络存在的不足。而在同一条航线上，由于运力的限制，单独一家航空公司往往无法提供高频率的航班，这时就需要同其他公司展开合作，强化竞争优势、提高服务水平。航空联盟的建立可以为广大旅客提供更加方便快捷的运输服务，航空联盟内各航空公司之间的合作不仅体现在航班的衔接上，也体现在中转服务的衔接上，旅客可以享受到联盟所提供的个性化服务。早期的航空公司联盟的主要形式是具体航线运营的协作。无论是地区性联盟，还是全球性联盟，都具有联盟成员的航线互补功能。航空联盟涉及多家航空公司在不同航线上的合作，或者在同一条航线上的竞争合作。例如，荷兰皇家航空公司和美国西北航空公司联盟成功的重要原因是其航线网络在美国国内市场、欧洲市场、欧美市场、亚太市场、欧亚市场的高度互补性。对需求量大的市场来说，航线重叠其实并无大碍，联盟成员之间可以通过代码共享进行分工协作，增加航班频率，提高联盟的市场份额。

5）空域资源的可利用状况

空域资源是一种稀缺资源，人类一直在努力挖掘它的潜力。例如，跨太平洋航线飞行高度层垂直间隔如果缩短到 1000 英尺（1 英尺=0.3048 米），那么将增加航路容量。再如，北极航线，一旦开通，对中美、中加航线的重新布局将产生很大影响。航路空域的容量如果不足，将直接影响开通航线的申请能否获得批准。

另外，航线的开设还受到机场等地面保障条件、空运市场的竞争程度以及其他交通方式的影响。当前国内干线的运力过剩，在现有价格体制不变的情况下，供大于求的局面还要持续一段时间，竞争很激烈。国际航线也一样，需要避免内部竞争，在国际航线上加强合作，共同参与国际竞争。所以，是否进入或退出一条航线，应该认真分析后再做决策。

高速公路的开通、铁路的提速和高铁的建设，对民航提出了挑战。由于地理条件、经济文化发展水平的差异，需要科学分析、缜密组织，"编织"高效的航线网络。

2. 内部影响因素

航空网络的内部影响因素主要是从航空公司的角度进行分析的，主要包括以下方面。

1）航空公司的发展战略

航空公司的发展战略是企业的长远规划，它决定了航空公司的发展命运。面对世界经济一体化、国际经济全球化的趋势，以及航空运输业的快速发展，航空公司必须确立一个既符合企业自身特点又能适应国内外日新月异的运营环境的总体发展战略，并逐步制定具有发展前景且科学有效的策略，在竞争激烈的市场中谋求发展。而航线规划是航空公司发展战略的基础，如果主张国际化战略，就应该多开设国际航线；如果要提升区域市场竞争力，就要多开设以该地区为出发地或者目的地的航线。

2) 航空公司的商务模式

目前全球各类航空公司的商务模式主要包括四种：全服务型航空公司、低成本航空公司、包机公司和专一型航空公司。四种航空运输商务模式的最根本差异就是航线网络结构的不同。一般而言，全服务型航空公司的航线数量多，并且以中枢辐射式结构为主；低成本航空公司的航线更强调区域性优势，以城市对结构为主；包机公司和专一型航空公司运输的对象或者服务范围单一，航线结构特点不明显。因此，航空公司选择哪种商务模式，就决定了航线的网络结构设计和发展演化。

3) 航空公司的资源能力

航空公司的资源能力主要包括：航空公司的管理能力和经营效益；航空公司现有机队的状况；航空公司市场开发能力；航空公司各部门/分公司之间的协同程度；信息技术 (IT) 在航空公司内部应用的情况等。如果航空公司的管理能力强，可以采用中枢辐射式的航线结构，不断拓展通航点。航空公司的机队结构也决定了航线类型，如果主要是单通道中型飞机，根据飞机飞行里程的适应性，航线以中等距离的国内航线或者区域性航线为主；如果公司有双通道的大型客机，就可以开设洲际远程航线。

2.2　航线网络的分类

对航线网络进行分类的主要原因包括：便于掌握航线网络的特点；便于分析研究航线网络；便于优化设计航线网络。

航线网络可以根据需要，按以下依据进行分类：区域范围；所属单位；网络结构以及运输对象。航线网络按照区域范围，可以分为全球航线网络、洲际航线网络、区域性航线网络和国家航线网络；按照所属单位，可以分为机场航线网络和航空公司航线网络；按照网络结构，可以分为城市对式航线网络、直线形航线网络、中枢辐射式航线网络、蛛网式航线网络；按照运输对象，可以分为客运航线网络和货运航线网络。

2.2.1　航线网络按区域范围分类

1. 全球航线网络

全球航线网络就是全世界所有通航航线组成的覆盖全球的航线网络，由全世界各航空公司的航线网络融合而成。三大国际航空联盟的航线网络由其成员航空公司的航线网络融合而成，基本能覆盖全球，可以看作全球航线网络的一种形式。

2. 洲际航线网络

洲际航线网络主要包括亚洲航线网络、欧洲航线网络、美洲航线网络等。其中，欧洲、北美洲和亚洲的航线密集，航线网络结构复杂。

3. 区域性航线网络

区域性航线网络主要是某一社会经济地区内的航线网络，如东南亚航线网络、亚太地区航线网络、中东地区航线网络等。

4. 国家航线网络

国家航线网络是一个国家所属各航空公司的航线网络的综合体，由国内航线和国际航线组成。一个大国的航线网络还可以按地区进行划分，如中国华东地区航线网络、中南地区航线网络、华北地区航线网络等；也可以按照行政区域进行划分，如江苏省航线网络。

中国航线大多数集中在华中、华东和华南地区，基本实现了中国中东部和南部地区的密集覆盖。

2.2.2 航线网络按所属单位分类

1. 机场航线网络

机场航线网络是以某机场为一端节点，其他通达机场为另一端节点，在本机场节点和其他机场节点之间用边连接的航线网络(单源多汇和多源单汇的网络)，该网络看上去是辐射形的。例如，乌鲁木齐地窝堡国际机场的航线网络就是典型的辐射形分布。乌鲁木齐市地处亚欧大陆的几何中心，处在东北亚、西欧、东南亚、中亚世界四大经济增长极的核心区域，在欧亚洲际区位中拥有较好的等距性。共有 50 多家国内外航空公司进驻新疆航空运输市场，开通国际国内航线 270 余条，总体形成了以乌鲁木齐地窝堡国际机场为核心的"疆内成网、东西成扇、东联西出"以及"串、环、延、网、筑"式开放性航线网络。虽然机场管理当局应努力增加通航点，扩大自己的网络，但这需要航空公司投入运力，并组织航班运行。因此，机场的航线网络实际是基于航空公司的航线网络，只有航空公司多增加运力，开通新航线，机场的通达点才能增加。

2. 航空公司航线网络

航空公司的航线网络，是提供运力、满足飞行需求最重要的部分，每个航空公司都会设计自身的航线网络，航线的数量和通达城市是反映航空公司运营能力和规模的重要参数。航空公司的航线网络能读出的信息包括：航空公司的基地机场，多基地还是单基地；航空公司的通达点；航空公司的规模；航空公司的优势市场。

2.2.3 航线网络按网络结构分类

航线网络具有不同的结构，不同的运输形式决定了不同的航线网络的结构类型。航线网络按网络结构分类是以航空公司为对象分析的。

1. 城市对式

城市对式航线网络又称为点对点式航线网络，是最基本的航线形式，也是直飞的运输形式。图 2.1 给出了在单一 OD 之间直飞的航线，就是城市对航线。如果有多个起始地和目的地相互连接，就形成了全联通的城市对式航线网络，如图 2.4 所示，图中的数字代表通航城市(节点)。城市对式航线是各条航线都是从各城市自身的需求出发，建立的城市与城市两点间的直达航线。它是在起讫点城市之间空运市场需求的客观基础上自然形成的，即有需求就开通的航线。虽然城市对航线也在空间上互相衔接形成网络结构，但并没有从网络总体的层次上对网络内航线资源进行系统的有机配置。

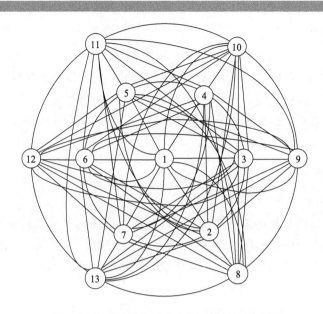

图 2.4　全联通城市对式航线网络结构示意图

2. 直线形

直线形航线是直飞加经停的运输形式,又称为"甩飞航线",如图 2.2 所示,在 OD 之间增加了经停点 A、B。直线形航线在不影响乘客出行的情况下,更利于航空公司集中市场需求,提高客座率,降低市场运营风险,是经济、合理的航线类型。

航空公司可以利用直线形航线连接一些中小机场(支线机场),解决因需求不足无法开航的问题,如伊春—哈尔滨—深圳,通过甩飞,把伊春机场连接到航线网络中。根据机场类型,在主航线增加远端停靠点的经停航线,主要表现为干-干-支或干-支-支模式;在主航线增加中间点的情况,即干-支-干模式,有时也称为"串飞"。

3. 中枢辐射式

中枢辐射式航线网络的基本结构是以某机场为枢纽,将各个以远点的航空客货运输集中至枢纽机场,并中转至目的地(其他以远点)。因此,中枢辐射式航线网络是以中转的运输形式为主的航线网络,一般来说中转率大于 30%甚至超过 50%。如图 2.5 所示,甲机场为枢纽,其他以远点市场的客货通过在甲机场中转,而到达目的地。如果航空联盟成员的航空公司均构建了自己的中枢辐射式航线网络,它们之间的合作航线网络通常是哑铃状(双

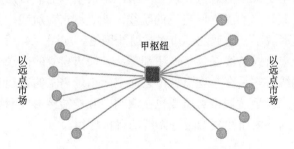

图 2.5　中枢辐射式航线网络示意图

子星结构)的,如图 2.6 所示。两个枢纽甲、乙之间是干线运输,市场需求规模大,航空公司可以投入大型飞机和高航班频率实现运输的规模经济效应,并且通过这种中转联程的形式,更容易将其他中小机场纳入运输网络体系,降低航空公司的市场开发风险。

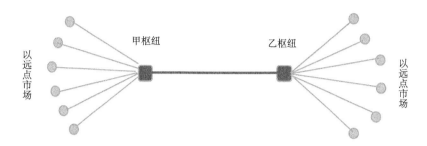

图 2.6　联盟合作伙伴的航线网络结构示意图

4. 蛛网式

蛛网式航线网络是城市对式、中枢辐射式等各种运输形式的混合,通常直飞与中转同时存在,但中转运输形式的运输量一般不超过 30%。图 2.7 为简单蛛网式航线网络,图 2.8 为复合蛛网式航线网络,航空公司通常以主基地作为核心,如图 2.8 中的①节点,然后逐层向外拓展,图中的数字代表通航城市(节点)。

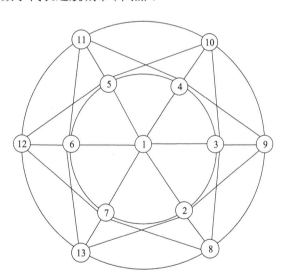

图 2.7　简单蛛网式航线网络示意图

美国西南航空公司认为其航线网络结构具有蛛网式的分布特点,所有通航的城市称为焦点城市(Focus Cities)。焦点城市分为三个等级:主要互联焦点城市(互航的城市占整个网络焦点城市的 20%及以上)、互联焦点城市(互航的城市占整个网络焦点城市的 5%及以上)和末梢城市(互航的城市占整个网络焦点城市的 5%及以下)。

随着综合交通运输体系的发展,航空公司可以把高铁甚至汽车运输路线作为一段“航节”加以利用,形成包含高铁和汽车的航线网络。此时的空铁联运和空地联运通常以基地机场为转运枢纽,高铁和公路是航空的集疏运系统。在基地机场时刻非常紧张时这种联运方式很有用，但应通过联运协议，采用一票到底行李直挂的方式运输，给旅客出行提供方便。

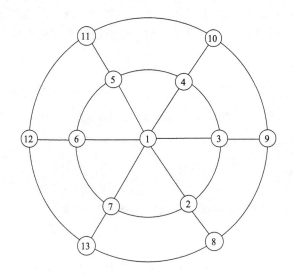

图 2.8　复合蛛网式航线网络示意图

2.2.4　城市对和枢纽航线网络的比较分析

一般可以认为城市对航线和枢纽航线网络是两种极端的航线网络，而直线形航线网络和蛛网式航线网络则是介于这两者之间的中间型网络。下面仅对典型的城市对航线和枢纽航线网络的优缺点进行分析。

1. 城市对航线的优缺点

城市对航线是指各组成航线都是从各城市自身的需求出发，建立的城市与城市之间的直达航线。城市对航线是在起讫点城市之间空运市场需求的客观基础上自然形成的，即有需求就开通的航线。虽然城市对航线也在空间上互相衔接形成网络结构，但城市对航线并没有对网络内航线资源进行系统的有机整合，没有形成网络效应。

城市对航线是旅客出行最理想的方式。直达航线实行点点直运，最能体现航空运输快捷的特点，最大限度地节约旅客的在途时间。

城市对航线结构由若干独立的直达航线组成，它并不是严格意义上的网络，其缺陷也很明显。首先，城市对航线主要是根据两地需求或政治因素开辟航线，只是简单的运送系统，而不具有吸引、开发需求的功能，如果两城市市场需求有限，就限制了航班的频率、客座率或载运率，造成航线资源的浪费。其次，中小城市对航线的客流量小、航班密度低，对于出行时间紧迫的旅客，这种航线的航班不能发挥快速的特点，对旅客的吸引力降低，迫使旅客转向其他交通方式。航空公司又由于客流量小、飞机客座率低，不能获得应有的效益，因此不得不进一步降低航班密度，从而形成一种恶性循环。最后，在考虑市场需求的情况下，航空公司更愿意将资源投放到需求规模大的航线中，在没有管制的情况下，非常有可能造成航空公司间的恶性竞争，以及运力浪费的严重问题。

综上所述，城市对航线的点对点运输方式受到旅客的欢迎，但并非所有城市间通航的航线都能够为航空公司带来盈利。对于某些城市对航线，由于价格高、飞行频率低和供应减少，旅客出行时间成本增加，难以满足旅客的即时性要求，因此降低了对旅客的吸引力。

2. 枢纽航线网络的优缺点

枢纽航线网络是当今世界大型航空公司的主要竞争武器，它开始于 1978 年"放松管制"后的美国。最初的目的是建立枢纽来提高产品的定期性品质(包括正点、好的时刻、航班频率和机型四个方面)。20 世纪 80 年代以来，枢纽航线网络有一个逐渐完善和发展的过程。在这个过程中，大型航空公司是主角，小型航空公司是配角，双方形成了一种分工协作关系。小型航空公司往往是支线航空公司，机型较小，航程较短，致力于大机场与小机场之间的市场开发；大型航空公司则集中资源运营国内干线、地区航线和国际航线。

1)枢纽航线网络的优势

(1)增强航空市场竞争力。航空公司建立或强化枢纽航线网络，将地区市场、国内市场、国际市场和全球市场有机地连成一体，并保持在该市场的垄断地位和竞争实力。具体表现为：航空公司开发和运营由多个转机组合构成的枢纽航线网络，将大幅度提高 OD 流的服务数量，以获取范围经济性。在枢纽机场，航空公司可以提供高密度的离港航班服务，使许多小 OD 流也通过枢纽实现较高频率的连接。通过把许多 OD 流聚合为一体，某些航段的高频率服务成为可能。从 OD 流的思路来看，大量的、分散的、比较"薄"的 OD 流通过支线飞机流向枢纽，再中转流向更远的城市，使得某些辐条上的客流变得很"厚"，航空公司可以提供较高频率的航班服务。换言之，通过转机得到的额外客流，允许航空公司运营大量航班。当这种情况发生在许多辐条(支线)上时，两个原本直飞客流甚微的航站之间的中转航班的频率也就增加了。航空公司不仅凭借枢纽航线网络刺激了客流，而且依靠航班频率和起飞时刻的优势，给潜在的竞争对手在这样的两个航站之间开通直达航班设置了障碍。另外，拥有枢纽航线网络的航空公司还可以通过降低中转航班票价的做法，使竞争对手在价格上也不具有优势。

枢纽航线网络可以让航空公司在枢纽机场使用载运量大的飞机运营某些航段，因此降低航空公司的座公里成本。另外，枢纽航线网络提供较高的航班频率与较低的票价政策相结合，可以刺激更多的客流流向拥有枢纽航线网络的航空公司，使之拥有更高的市场份额。

在计算机订座系统和常旅客计划与枢纽航线网络的协同作用下，航空公司能够使顾客越来越忠诚于本公司的服务网络，越来越多地享受本公司航线网络内的中转服务，减少他们在多家航空公司航班之间中转的机会。以美国为例，1978～1984 年这六年时间是美国大型航空公司发展枢纽航线网络的第一阶段，中转旅客的比例由占全部旅客的 48%上升到 53%。虽然这个升幅有限，但全部旅客中享用系统内中转服务的旅客比例由 1978 年的 25%上升到 1984 年的 45%。与此同时，全部旅客中享受不同公司联运中转的旅客的比例则由 23%下降到 8%。可以看出，旅客对公司的忠诚度在不断提高。

(2)提高航空公司运营管理效率。航空公司将机组调配、机务维修等运营管理项目集中在枢纽机场，可以降低运营成本。枢纽化运营有利于飞机、机组计划外的交换，充分发挥运力等资源的作用，使航空公司更容易开辟新航线。利用航空枢纽可以将一些客源不足的航线变得有经营价值。航空公司可以根据一条新航线的运输量调节机型、座位数以及逐步提高航班频率，新航线的客流就会逐渐增加。这样培养新航线的把握性比城市对模式大得多，困难也小得多。

(3)适应网络经济的发展。从近 30 年的发展来看，枢纽航线网络为航空公司适应新的网络经济特征和航空公司全球联盟大趋势打下了良好的基础。首先是将航空公司各自的运营系统内部网络连成一体；其次是充分利用以互联网为主的外部网络。全球航空公司联盟的主力成员都有发达的枢纽航线网络，因此开发枢纽航线网络更容易被联盟接受。

(4)枢纽航线网络使枢纽机场受益。在实施枢纽航线网络的环境下，能不能成为枢纽机场已经成为一个影响大中型机场生存和发展的大问题。很多国家已经意识到枢纽对机场本身、对本国民航业和国民经济发展的推动作用，所以不惜巨资建设和发展枢纽机场。在欧洲，伦敦希思罗国际机场、法兰克福美因茨机场、巴黎戴高乐机场、阿姆斯特丹史基浦机场是欧洲的国际枢纽，它们已基本垄断了大西洋的跨洋飞行。在东北亚地区，日本东京成田国际机场，韩国仁川国际机场已建设成为国际枢纽机场，基本垄断了越太平洋空运市场。在东南亚地区，中国香港国际机场、泰国曼谷机场、新加坡樟宜国际机场这三大枢纽机场在亚太地区的垄断地位也很显著。

2)枢纽航线网络的劣势

枢纽航线网络给大型航空公司带来了竞争优势，但也存在着一些弊端。对乘客而言，虽然在选择班期的自由度、系统内中转、票价等方面有不少实惠，但他们得接受更长的旅行时间，因为航空公司给他们提供的直达航班减少了。

从航空公司运营管理的角度来说，堵塞和航班延误现象日趋严重。航班波运作导致机场生产资源的高度集中使用和航班协调难度加大，恶劣天气造成机场容量减小时情形更为严重。

枢纽航线网络使航空公司航班时刻的安排、运力的调配和人力的安排变得非常复杂，需要复杂的计算机系统进行处理。

由于航班波运作的需要，在枢纽机场既要加大人力和设备的投入，又要赔付较高的行李损失费用(行李差错率较高)，还要向机场支付较高的各种服务费用(如起降费)，因此航空公司枢纽运营的直接成本相对较高。

2.2.5 航线网络结构和飞机使用模式

1. 直飞航线和飞机使用模式

直飞航线采用直飞运输方式，是在OD之间点对点飞行，中间不停靠，如图2.9所示。

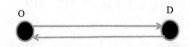

图2.9 直飞航线和飞机使用模式示意图

其中，O是航空公司的基地机场，D是该航线的目的地机场。直飞航线的飞机使用模式是：飞机从基地出发，飞一个航班到D，在D过站，然后飞一个D到O的返程航班，回到基地，也就是飞机飞一个来回程。直飞航线也是航节，因为只服务了一个航段，所以该航班上只有一个OD对的旅客。

2. 经停航线和飞机使用模式

经停航线采用经停运输方式，飞机从基地O出发，飞一个航节到T机场经停(短停)，再从T机场起飞，飞往目的地机场D，如图2.10所示。在机场T，到达旅客下飞机离场，经停旅客到候机大厅等候再次飞行，从 T 出发的旅客将和经停旅客一起登机，飞往目的地机场 D。在 D 过站后沿同一条路线，在 T 经停，返回基地 O。

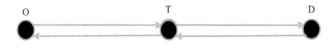

图 2.10　经停航线和飞机使用模式示意图

飞机使用模式是从基地机场出发，飞一个长的(两个航节)来回程，回到基地。一条经停航线有两条航节，服务三个航段，每个航节上有两个 OD 对的旅客。

3. 中转航线和飞机使用模式

中转航线采用中转运输模式，若干 OD 对之间的运输都经过一个或多个枢纽机场中转，如图 2.11 所示。

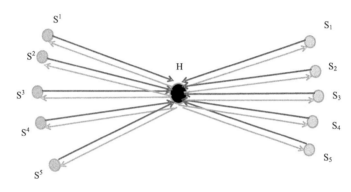

图 2.11　中转航线和飞机使用模式示意图

中转和经停有以下几方面的不同。

(1)经停前后两个航节是同一架飞机同一个航班，中转前后两个航节是不同飞机不同航班。

(2)经停旅客不需要办理换乘手续，经停时间较短；中转旅客需要办理必要的换乘手续，中转时间较长。

(3)经停通常只有一个 OD 对的旅客，中转可能涉及若干 OD 对的旅客。

中转机场称为枢纽(Hub)，用 H 表示；其他机场为轮辐机场(Spoke)，用 S_i、S^i 表示。中转航线的飞机使用模式是：飞机在轮辐机场 S_i, S^i 过夜，早航班飞机从各轮辐机场出发(见图 2.11 中深色箭头)，飞往枢纽机场，在枢纽机场形成航班波，以方便中转旅客航班衔接。过站保障后，离开枢纽飞往其他机场，晚上最后一个航班飞机将从枢纽飞往轮辐机场过夜(见图 2.11 中浅色箭头)。

2.2.6　航空公司航线网络结构选择

航空公司为每个服务的 OD 对选择好上述形式航线之一(有的可以同时采用两种形式的航线)，所有服务 OD 对的航线构成航空公司的航线网络。一般而言，一个航空公司的航线网络中可能含有所有以上形式的航线，只是各种形式的航线所占比例不同而已。

1. 航空公司航线网络的结构形式

1)根据航线类型所占比例划分

根据航空公司航线网络中各种形式的航线所占比例不同，可以得到不同结构的航线网络。

如果所有OD对都采用直飞航线，也就是直飞航线所占比例是100%，则是城市对航线网络，一般低成本航空公司采用这种航线网络。

如果大多数OD对采用直飞航线，一部分采用经停航线，例如，直飞航线占70%，经停航线占30%，则是直线形航线网络，我国多数大中型航空公司采用这种航线网络。

如果三种形式的航线都占有一定比例，其中中转航线不超过30%，则称为蛛网式航线网络，例如，美国西南航空公司采用了蛛网式航线网络。

如果大多数OD对采用中转模式，如中转航线超过50%，则是枢纽辐射式航线网络，美国大型骨干航空公司一般采用这种航线网络。

2)根据航空公司发展阶段划分

上面给出了四种结构的航线网络，在航空公司发展的不同阶段也会呈现出不同类型的特点。在航空公司初创阶段，由于运力资源和服务能力的限制，航空公司总是采用城市对航线网络。随着市场规模不断扩大，航空公司就会增加经停航线，当经停航线增加到一定程度时，就会出现中转航线；当中转航线增加到一定比例时，枢纽航线网络就产生了。随着航空公司不断扩大航线网络，多个枢纽就会被建立，进而形成覆盖全球的中枢辐射式航线网络。

除了以上典型的航线网络结构，理论上可以有很多种结构的航线网络。例如，无标度航线网络、星型航线网络、双子星座航线网络、星座航线网络、社区桥式航线网络。这也说明，航空公司航线网络具有复杂网络的特点。

2. 航空公司建立枢纽航线网络的影响因素

在设计枢纽航线网络时，航空公司需要注意以下七个因素。

(1)枢纽机场的地理位置。一般来说，沿海机场和地处内陆中心的机场是枢纽航空港的有力竞选者，如我国的北京、上海和广州。幅员辽阔的国家(如美国、加拿大、俄罗斯、巴西、中国等)的内陆中心机场可能发展为国内枢纽，如我国的武汉、西安、成都等城市都有这种优势。

(2)当地的经济文化水平。当地的经济文化水平越高，旅客需求就越多，地方政府支持就越有力，枢纽建设就越可行。新加坡能成为一个航空枢纽，就是因为它特有的旅游经济文化。北京、上海和广州在中国各城市中也具有这方面的比较优势。

(3)市场需求。市场需求小的机场，只能作为支线机场考虑，当需求量达到一定程度时，才可以作为枢纽航空港来设计。

(4)机场条件。航空公司要重点考察机场的跑道容量、登机口的分配、空域结构和时隙的分配等因素。一个机场要成为枢纽机场，必须能够为航空公司、旅客、货物提供足够的空域资源、服务能力。因此，在选择枢纽机场时，必须将机场等级作为判断的重要条件。

(5)航空公司的实力。航空公司的实力包括无形部分和有形部分。无形部分主要是公司的服务水平、安全记录、联盟伙伴形象、自身的信誉度等；有形部分包括公司的机队、时隙资源、人力资源等。航空公司的实力由可用资源体现，具有足够资源的航空公司才有可能建设枢纽航线网络。

(6)政府管制状况。航线网络的构建受政府管制影响甚大，因此，航线市场的进入需要政府的批准。国际枢纽的建设需要海关、边防等部门的通力合作，以及航权的利用能力，如可以利用第六航权，免去中转旅客的过境手续，吸引更多的旅客到本枢纽进行转机。

(7)客货运输流向。OD 流的流向决定了枢纽机场的定位，位于大流量 OD 对之间的中心机场可能成为枢纽机场。例如，中国的上海位于南北向的中部和东部边界上，所以它作为国内枢纽只能是南北向的，作为国际枢纽是有潜力的。

2.3　航线网络分析

航线网络结构

航线网络分析一般包括：航线网络的市场需求(运输流量、流向)；航线网络的结构特性(如何服务运输市场)；航线网络的经济特性(网络运行效益)。航线网络市场需求主要分析网络中不同流向的运输需求规模、需求特点，如客货运输规模、时间分布特点、区域分布特点等。航线网络的经济特性主要反映航空公司的经营目标，航空公司构建航线网络的最终目的是实现社会经济价值。因此，航线网络的经济特性指标包括网络运输流量和流向等运输市场需求特征，还包括网络营运收入、运行成本，以及网络营运利润和贡献值等。航线网络的结构特性主要反映了航线网络运行性能，本节重点介绍网络结构特性。

2.3.1　航线网络结构特性的概念

航线网络结构特性是反映航线网络结构并能体现其引起航线网络运行性能不同的特征。描述这些结构特性的指标包括网络复杂性指标体系和网络汇流性指标体系。

分析航线网络的结构特性，需要建立评价指标体系，然后给出指标计算公式和评估方法，再收集数据，进行计算分析和评估。一般采用综合评估方法(如层次分析法等)对航线网络状态进行综合评估，并判断其状态优劣以及是否偏离其状态。

2.3.2　航线网络结构分析的基本概念

1. 节点的度

节点的度是指与该节点相关联的边的条数，可以用节点的度表示机场的联通度，即与机场通航的航线条数。节点度 K_i 用公式表达为

$$K_i = \sum_{j \in V(i)} a_{ij} \tag{2.1}$$

式中，$V(i)$ 表示与 i 点相邻的节点；其中 $a_{ij} = \begin{cases} 1, & i与j相连 \\ 0, & 其他 \end{cases}$。

2. 节点的强度

实际的航线网络中，大多数机场的联通度表现出高度的不均匀性。为了便于管理网络的多样性，权值的概念被提出来用于测量节点对之间的连接集中度。在实际的运输系统中，许多量值可以用权表示，包括交通流、行程次数和空间距离等。在某种意义上，未赋权的网络相当于边的权值都为 1 的特例。给定权值，节点的强度 S_i 可由节点度产生：

$$S_i = \sum_{j \in V(i)} W_{ij} \tag{2.2}$$

式中，$V(i)$ 表示与 i 点相邻的节点；W_{ij} 表示点 i 与 j 之间边的权值。

3. 节点的介数

节点的度虽然能够在一定程度上反映一个节点的重要性，但是两个度数相同的节点，其重要性在实际网络中可能差别很大。节点之间流量的传输主要依赖于最短路径，如果某个节点被许多最短路径经过，则说明该节点在网络中很重要。因此，为了定量地描述一个节点的重要性，最有效的度量方法是该节点的介数。这一定义最早由 Freeman 在 1977 年提出。节点 i 的介数 B_i 的定义为

$$B_i = \sum_{j,k \in N} \frac{n_{jk(i)}}{n_{jk}} \tag{2.3}$$

式中，N 表示节点集合；n_{jk} 表示节点 j、k 之间的最短路径的个数；$n_{jk(i)}$ 表示节点 j、k 之间的最短路径中经过节点 i 的个数。节点的介数可以定义为网络中所有最短路径中经过该节点的路径数目占最短路径总数的比例，它反映了节点在整个网络中的作用和影响力，是一个重要的全局几何量。节点的介数比节点的度数更能有效地反映单个节点在网络中的重要性。

2.3.3 航线网络的节点、边和可服务的 OD 对

对于一个抽象的航线网络，如果航线网络的节点(机场)数为 n，边(航线或航节)数为 m，OD 对数为 P，那么由于航线网络必是联通的，最稀疏的网络是树，其边数 m 为 $n-1$；最密集的网络是全联通网络，其边数 m 为 $n(n-1)/2$，把正反双向看成一个 OD 对，则可服务 $P = n(n-1)/2$ 个 OD 对，如果正反双向是不同的 OD 对，则可服务 $n(n-1)$ 个 OD 对。其他网络的边数一定是 $n-1 \leqslant m \leqslant n(n-1)/2$，可服务的 OD 对数也是 $n-1 \leqslant P \leqslant n(n-1)/2$，或者 $2(n-1) \leqslant P \leqslant n(n-1)$。

1. 基地运行模式的航线网络结构

一般而言，城市对和直线形航线网络采用基地运行模式，也就是飞机晚上在基地机场停场维修，执行航班任务总是从基地机场出发飞一个短的来回程或长的来回程。对于短的来回程，一架飞机每天可以飞 2～3 个；对于长的来回程，一架飞机每天只能飞 1 个。

基地运行模式的航线网络一般具有无标度特性，是一个近似于树的结构(存在少量的圈)，因此能服务的 OD 对数 P 远小于 $n(n-1)/2$。

2. 蛛网式航线网络结构

蛛网式航线网络基本上可看作是由径向航线和环向航线构成的，各机场的航线条数近似相等，不是无标度的结构。飞机夜间停场比较分散，不一定执行来回程，也没有枢纽机场。另外，飞机维修可以外包。

蛛网式航线网络可以实现对 $n(n-1)$ 个 OD 对的服务。由于各机场的中转比例不高，飞机可实现较短时间停靠，提高飞机利用率。

3. 枢纽辐射式航线网络

美国传统型航空公司一般都采用枢纽辐射式航线网络，我国三大航(国航、南航、东航)

也在构建枢纽辐射式航线网络。

枢纽辐射式航线网络是比较稀疏的，节点度分布基本符合幂律特性，也就是无标度特性，其中大部分机场是轮辐机场，度较小；少量的机场是枢纽机场，度较大。

枢纽辐射式航线网络的中转只发生在枢纽机场，中转率很大。通过枢纽机场的中转服务，可以实现 $n(n-1)$ 个 OD 对的运输。

2.3.4　航线网络的复杂性分析

网络是一种离散系统，它的复杂性反映的是系统的复杂性，包括节点的度分布、节点的介数、网络的抗毁性和网络的直径。

1. 航线网络的度分布

网络的度分布就是指网络各节点的度分布。首先统计网络各节点的度，然后统计出具有某度值的节点数占网络节点总数的比例，以度为横坐标，节点比例为纵坐标，把网络的度-节点比例的坐标点画到坐标系中，最后拟合出一条度分布曲线(如果可以)。图 2.12 是几种典型网络的度分布。图 2.12(a) 为全联通网络的度分布，图 2.12(b) 为单枢纽网络的度分布，图 2.12(c) 为一般航线网络的度分布。

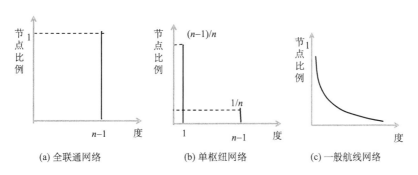

图 2.12　典型网络的度分布

2. 航线网络节点的介数

航线网络节点的介数与网络经过该点的路径数有关，是任意两点之间最短路径经过该点的路径数。在航线网络中，节点的介数可以用作机场中心度的度量，如果航空公司拟构建枢纽航线网络，介数大的机场更适合作为枢纽，因为 OD 对之间的运输总是希望选择最短路径。

3. 航线网络的抗毁性

航线网络的抗毁性指如果把某节点从网络中删除(相当于受到恶意攻击)，剩余网络还能服务的 OD 对数，或者用剩余服务 OD 对数与删除前服务的 OD 对数的比值来表示抗毁性。设某机场删除前，航线网络能服务 N 个 OD 对，删除后的剩余网络还能服务 M 个 OD 对数，那么该机场对航线网络的抗毁性的影响可表示为

$$I = 1 - \frac{M}{N} \tag{2.4}$$

由式(2.4)可知，I 越大，该机场对航线网络的抗毁性作用越大。

4. 航线网络的直径

航线网络的直径是指任意两点之间最短路径长度的平均值。若任意两个节点间的最短路径长度为 L_{ij}，则整个网络的平均路径长度为

$$L = \frac{\sum_{ij} L_{ij}}{n(n-1)/2} \tag{2.5}$$

航线网络的直径大约等于 3，说明任意两地之间的运输平均通过两次中转即可完成。

5. 航线网络节点的簇系数

网络某节点的簇系数是指该节点邻居的所有相邻节点之间的实际连接数目占可能的最大连接边数的比例。设某节点 i，度为 h_i，它的每个邻居 j 的度为 k_j，其邻居构成子网有边 E_{ij} 条，那么该节点的簇系数为

$$C_i = \sum_{j=1}^{h_i} \frac{E_{ij}}{k_j(k_j-1)/2} \tag{2.6}$$

簇系数反映了与该节点相连节点的网络地位，也就是某节点的簇系数越大，它的邻居的繁忙程度也越大。航线网络最繁忙机场的簇系数可能反而小，小机场的簇系数反而大，这称为负相关。

网络的集群系数 C 是所有节点簇系数的平均值。

6. 航线网络的汇流特性分析

航线网络的汇流特性表达了一个航节运输的 OD 对数，也就是如果一个航节只有一个 OD 对，那么该航节就没有汇流特性，如直飞航线。经停航线的每个航节有 2 个 OD 对的旅客，因此有最低限度的汇流特性。真正具有汇流特性的是有中转航线的航线网络，其汇流特性可以用流汇聚度表示。

7. 航线网络的流汇聚度

航线网络的流汇聚度用平均每个航节运输的 OD 对数表示。如果航线网络有 m 条航节，航节 i 上有 OD_i 个 OD 对数，那么网络的流汇聚度为

$$F = \frac{1}{m}\sum_{i=1}^{m} OD_i \tag{2.7}$$

如果网络服务的 OD 对数等于 N_{OD}，那么流汇聚度也可表达为

$$F = \frac{N_{OD}}{m} \tag{2.8}$$

式 (2.8) 更简单实用，但由于 $N_{OD} \leqslant \sum_{i=1}^{m} OD_i$，所以式 (2.7) 的计算结果与式 (2.8) 的计算结果不同。

直线形航线网络的流汇聚度应为 (1,1.5]。蛛网式航线网络的流汇聚度可达到枢纽航线网络的 1/4～1/3。

8. 航线网络的机场中转率

机场中转率是指从该机场出发的旅客中进行中转的旅客占总出发旅客量的比例。例如，某机场每天出发旅客 100000 人，其中中转旅客 50000 人，那么该机场的中转率是 50%。

只有在机场组织了中转运输，让一个航节承运多个 OD 对，机场的中转率才能大于 0，枢纽机场的中转率应大于 30%。

城市对航线网络各机场的中转率等于 0，蛛网式航线网络各机场的中转率都应控制在 30%以内。

9. 流汇聚度与航班频率

假设每个 OD 对的流量相等，根据航线网络的流汇聚度，每个航节的需求就是各 OD 对流量的 *F* 倍。

如果每个 OD 对有一个航班的需求，那么航线网络平均每个航节的航班频率等于 *F*。这说明网络的流汇聚度越大，各航节的航班频率就越大。或者说，即使每个 OD 对的流量很小，汇流将使航节的平均流量增大到原来的 *F* 倍，每个 OD 对采用直飞运输时，即使采用小飞机也不经济，但汇流后可能采用大飞机且可有效地执行若干个航班。

10. 流汇聚度与规模经济

对于流汇聚度大的航线网络，如枢纽航线网络，每条航节的流量增加 *F* 倍，可以采用大飞机执行，也可以大大增加航班频率，这种效应降低了运输的单位成本，称为规模经济效应。航线网络的流汇聚度越大，网络的规模经济效应就越明显。

可见，城市对航线网络没有规模经营效应，线形航线网络只有微弱的规模经济效应，蛛网式航线网络有一部分规模经济效应，而枢纽航线网络是真正具有规模经济效应的网络。

11. 航线旅客计划延误时间

旅客为实现出行目的，都有最佳出行时间。旅客计划延误时间是旅客最佳出行时间与航班计划出发时间的差(的绝对值)。例如，某旅客最佳出行时刻是 10：00，某航线有三个航班的计划出发时刻分别是 9：45、10：30、11：00，那么这三个航班对这个旅客来说的计划延误时间分别是 15 分钟、30 分钟和 1 小时。旅客计划延误时间给旅客带来出行成本，就是旅客计划延误成本。因此，旅客计划延误时间是旅客选择航线、航班的重要考虑因素，旅客总是倾向于选择计划延误时间最小的航班。

1)旅客需求分布与旅客计划延误时间

一个航班所有旅客的计划延误时间的总和是航班的总旅客计划延误时间，它与航线的旅客需求分布有关。一条航线上每天的旅客需求是随机事件序列，在每天的同一时点上旅客需求是随机变量，其平均值是时间的函数。通过统计分析，可以得到航线各时点的期望旅客需求，即期望旅客需求分布密度。再通过曲线拟合可以得到航线旅客需求的分布密度曲线，这种分布密度曲线可以用时间的多项式表达。

2)旅客计划延误时间的计算

有了航线旅客需求分布密度曲线，就可以计算航线上某航班的旅客计划延误时间。图 2.13 是某航线旅客需求分布密度函数的示意图，该航线在时间区间[0,*T*]有旅客需求。

设某航班出发时刻是 t_0，可以获取区间[t_1,t_2]的需求。某时刻 *t* 出发的需求密度是 $q(t)$，在 d*t* 时间内有旅客需求 $q(t)\mathrm{d}t$，在 t_0 后出发的旅客，每人的计划延误时间都是 $(t-t_0)q(t)\mathrm{d}t$。相似地，在 t_0 前某时刻 *t* 出发的旅客的计划延误时间是 $(t_0-t)q(t)\mathrm{d}t$。由此得到该航班总的旅客计划延误时间为

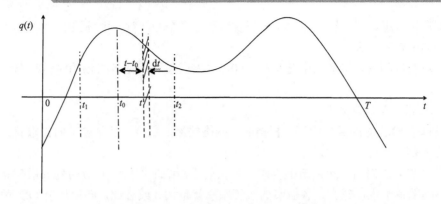

图 2.13　某航线旅客需求分布密度函数示意图

$$SD = \int_{t_1}^{t_0} (t_0 - t)q(t)dt + \int_{t_0}^{t_2} (t - t_0)q(t)dt \qquad (2.9)$$

该航班可获得旅客数为

$$Q = \int_{t_1}^{t_2} q(t)dt \qquad (2.10)$$

平均每位旅客计划延误时间为

$$sd = SD / Q \qquad (2.11)$$

如果某航班的 $q(t)$ 可以用 t 的二次多项式表达成 $q(t) = a_0 + a_1 t + a_2 t^2$，则

$$SD = a_0 \left[t_0^2 - t_0(t_1 + t_2) + \frac{t_2^2 + t_1^2}{2} \right] + a_1 \left[\frac{1}{3}t_0^3 - \frac{1}{2}t_0(t_2^2 + t_1^2) + \frac{1}{3}(t_2^3 + t_1^3) \right]$$
$$+ a_2 \left[\frac{1}{6}t_0^4 - \frac{1}{3}t_0(t_2^3 + t_1^3) + \frac{1}{4}(t_2^4 + t_1^4) \right] \qquad (2.12)$$

$$Q = a_0(t_2 - t_1) + \frac{1}{2}a_1(t_2^2 - t_1^2) + \frac{1}{3}a_2(t_2^3 - t_1^3) \qquad (2.13)$$

将 SD 对 t_0 求最小值，可得到航班的旅客计划延误最小计划出发时刻。旅客计划延误时间最小意味着最大化旅客需求。

如果航线旅客需求均匀分布，即 $a_1 = a_2 = 0$ 的情况，此时可得最优的 $t_0 = \frac{1}{2}(t_1 + t_2)$，则平均每位旅客的计划延误时间为

$$sd = \frac{SD}{Q} = \frac{1}{4}(t_2 - t_1) = \frac{1}{4}\Delta T \qquad (2.14)$$

对于某航线(航节)，航班频率越大，前后两航班的间隔越小，则旅客计划延误时间越小。可见，枢纽航线网络由于具有很好的汇流作用，可以大大增加航节的航班频率，因此也减少了旅客的计划延误时间。

2.3.5　枢纽航线网络的不同结构形式

根据枢纽航线网络中枢纽的数量可以分为单枢纽和多枢纽两种，如图 2.14 所示。其

中，图 2.14(a)为单枢纽，即只有一个枢纽机场，所有的非枢纽机场都与枢纽机场①联通，图 2.14(b)为多个枢纽机场，非枢纽机场按照一定的模式与枢纽机场连通。图中，A、B、C 表示枢纽机场，其他未标注的点表示非枢纽机场，实线表示干线，虚线表示支线。

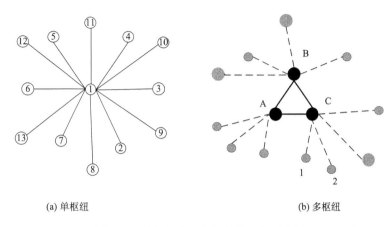

(a) 单枢纽　　　　　　　　　　　　　　　　(b) 多枢纽

图 2.14　单枢纽和多枢纽航线网络示意图

按照非枢纽城市和枢纽城市连接方式的不同，多枢纽航线网络又可以分为单分配枢纽航线网络和多分配枢纽航线网络，如图 2.15 所示。其中，图 2.15(a)为单分配枢纽航线网络，单分配是指一个非枢纽城市只能和唯一的一个枢纽城市相连接，流进、流出该非枢纽城市的客/货流都必须经过与其连接的唯一的枢纽城市进行中转运输。图 2.15(b)为多分配枢纽航线网络，多分配是一个非枢纽城市可以和多个枢纽城市相连接，流进、流出该非枢纽城市的客/货流可以经过不同的枢纽城市进行中转运输。在航空运输的实际应用中多分配的设计方法更贴近于航空客流运输的实际情况。

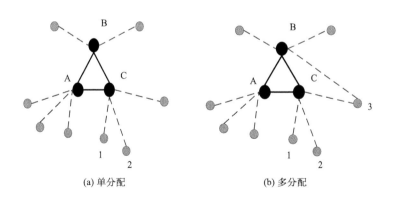

(a) 单分配　　　　　　　　　　　　　　　　(b) 多分配

图 2.15　单分配和多分配的枢纽航线网络示意图

按照非枢纽机场之间是否允许直接连接，可以分为严格的枢纽航线网络和非严格的枢纽航线网络。严格的枢纽航线网络设计要求非枢纽机场之间不直接连接，非枢纽机场之间的航空客流需要经过枢纽机场进行中转运输。非严格的枢纽航线网络设计问题允许非枢纽机场之间进行直接连接。图 2.16 分别给出了严格的和非严格的枢纽航线网络示意图，图中的标识意义与图 2.14 相同，机场 1、2 在严格的枢纽航线网络中不能连接，而在非严格的枢纽航线网络中可以连接。对于非严格的枢纽航线网络，非枢纽机场直接连接的航线发展到一定的程度，将演变成蛛网式航线网络。

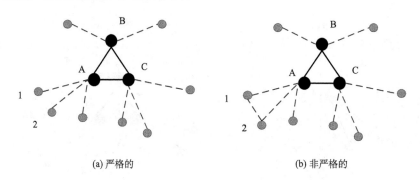

(a) 严格的　　　　　　　　　　　　　　　　(b) 非严格的

图 2.16　严格的和非严格的枢纽航线网络示意图

2.3.6　全球航线网络结构

各国国内航线网络比较密集，组成了全球航线网络的一个个社区，但国家之间的航线比较少，是社区之间的桥梁，因此全球航线网络是社区桥式航线网络。各国民航运输发展并不平衡，而且各国国土面积大小不一，各国社区规模也不同，例如，新加坡的社区是空集，各国的国际航线(桥)也存在巨大差距，有的国家几乎没有国际航线。

一些研究工作表明，全球航线网络各节点(机场)的度分布服从幂律分布或分段幂律分布。在双对数坐系中，度分布是斜率为负的直线或分段直线。节点度具有幂律分布的网络是无标度网络，因此全球航线网络具有无标度结构。无标度特性不会随着网络规模扩大而改变。

尽管世界上许多国家相距遥远，但统计研究表明，全球航线网络中任意两个机场之间的平均长度(边数)大约是 3，也就是经过两次中转即可从一个机场到达另一个机场。全球航线网络的这种小直径现象称为小世界特性，因此全球航线网络是小世界网络。

地区航线网络和国家航线网络是全球航线网络的子网，因此它们也一定是小世界航线网络。但需要注意的是，航线网络某两节点之间即使是联通的，也不代表一定存在相应的运输服务。

由于航权的限制，规模再大的航空公司的航线网络也不可能覆盖全球。为了尽可能实现全球覆盖，给旅客提供尽可能多的和便捷的航空运输服务，航空公司创造出了国际航空联盟。目前国际上有三大航空联盟，航空联盟的成员航空公司之间通过航线合作，服务于更多的航空运输市场，同时为航空公司带来协同价值。合作关系可以是双边合作，也可以是多边合作；合作方式可以是代码共享，或者是航线联营。

航空联盟成员航空公司之间开展双边合作，双方都利用对方国内航线扩展自己的航线覆盖范围和国际运输市场,这种拓展不但增加了服务的 OD 对数,也大大增加了国际航线(桥)上的旅客需求。

根据合作双方各有几个门户枢纽参与合作，构成的合作航线网络可以是双子星座结构

(各有一个门户枢纽)或者是多恒星(门户枢纽)的星座结构。如果伙伴之间进行多边合作，合作航线网络将是多门户枢纽的星座结构。

2.4 航线网络的演化

在航空运输早期，受航空产业政策以及航空公司运营规模等多种因素的影响，航空运输企业普遍采用城市对航线结构。20 世纪后期，美国开始实行航空运输自由化政策，进而出现了枢纽航线网络。随着枢纽航线网络的出现，关于城市对航线结构和枢纽航线网络优劣的探讨便成为民航界和学术界的热点问题，两种航线网络之间的竞争也成为关注的焦点。

1978 年美国《民航放松管制法》的颁布实施以及 20 世纪 80 年代欧洲采取的民航业放松管制政策，促进了世界民航运输业的极大发展。尤其是枢纽航线网络的出现，不但促进了民航运输的快速增长，而且成为航空公司的竞争利器，旅客吞吐量世界排名前 20 位的航空公司均建立了自己的枢纽航线网络系统。枢纽航线网络的逐步发展和完善，也促进了枢纽机场的发展。据统计，目前世界上旅客吞吐量排名前 20 位的机场无一例外都是枢纽机场。

改革开放以来，中国民航保持两位数的平均增长率，新的航线不断开辟，形成了以北京、上海、广州机场为国家枢纽，连接全球的航空运输网络。虽然我国已经跨入了民航大国的行列，但我国还不算世界民航强国。其中一个重要原因是我国的航线网络布局不尽合理，主要体现为：航线网络仍停留在城市对层面上，重干线轻支线，重布线轻织网，有网络无枢纽，航线与机场、机型不匹配，资源配置不合理等。鉴于民航发展实际和枢纽航线网络的重要性，我国把构建枢纽航线网络系统纳入了民航战略规划之中。

航线网络规划是航空公司的战略规划，具有长期稳定性，即网络的结构长期不做大的变化。但航线网络允许有局部调整，如增加新的航点或取消某些不好的航线。航线网络也可能已经不适合市场形势的发展，需要整体规划，也可能与其他航空公司开展合作，需要将两家航空公司的航线做某种程度的整合。

2.4.1 航线网络的演化形式

航线网络的演化主要包括航线网络的结构变化、航线网络结构不变而做了较大调整以及航线网络的局部调整。

航空公司发展战略的变化需要对航线网络的结构做出调整，这是航线网络的整体变化形式。例如，从城市对航线网络转变成枢纽辐射式航线网络。

航线网络的经济效益不佳，需要对航线网络做出重新规划，对于这种情况不一定要改变网络的结构。这种改变尽管是做了较大调整，但仍属于航线网络的量变，只有结构变化才是航线网络的质变。

航线网络的局部调整通常有以下几种情况：①机场不增加，航线增加；②机场不减少，航线减少；③机场的增加引起航线增加；④机场减少引起航线减少；⑤改变某些航线的结构形式，如从直飞改为经停。一般而言，局部调整不会引起航线网络结构的变化。

航线网络描述了航空运输系统，一切离散系统都可以用网络描述。航空运输系统是复杂巨系统，因此航线网络也是复杂网络，具有许多复杂特性。复杂系统的演化共性就是航线网络节点和边的几条简单的演化规则，导致航线网络的复杂特性。航线网络演化的结果是：航线越多的机场新增航线越多（富者越富），航线越少的机场得到的新航线越少（贫者越贫）。

2.4.2　航线网络演化的影响因素及条件

1. 航线网络演化的影响因素

1）市场需求的波动

市场需求是航空客货的来源，任何航线的运营都建立在有客货需求的基础之上。经济发展水平与人口相关指标是市场需求的表征，航线起止城市的经济越发达，公商务旅客出行需求越高，同时人们休闲旅游的愿望也更强烈。经济发展水平、常住人口数、流动人口数、人口增长率都与航线的运量直接相关。市场需求的增长必然带来运力供给的增长。运力投放是航线运量的基础，如果航空公司投入的运量越多，这条航线的运量往往越大，航空公司在航线上的运营经验更丰富。另外，连接机场的运营能力也是供给能力的一部分。其中，机场容量、机场时刻和航线条数对旅客选择的影响最大。

2）市场竞争

市场竞争主要分为两个方面：一是外部竞争；二是内部竞争。外部竞争是其他交通方式的竞争，主要来源于铁路和公路。特别是，近 10 年我国高铁大面积开通后，来自铁路的竞争压力逐渐增大，部分高铁线路的公交化运营模式转移了大部分的航线运量，甚至使部分航线全面停飞。内部竞争一般分为航空公司之间的竞争和航线（机场）之间的竞争。

3）航线的特性

航线的特性主要包括票价、航程以及是否为旅游航线等。在其他条件不变的情况下，票价越低，航线的旅客运量越多。航程对旅客运量的影响源自铁路和公路运输竞争力的变化，与这三种运输本身的特点有关。航空运输最大的优势在于运输速度快，这个优势在长途航线中愈发明显。航线越长，航空运输与其他运输方式相比节省的时间越多，则选择航空出行的旅客相对较多。其中，相较于高铁占有绝对优势的短运距（500 千米以内）和民航客运占据显著优势的长运距（1500 千米以上）而言，中运距（500～1500 千米）交通中民航客运与高铁展开了激烈的竞争。是不是旅游航线对运量的影响主要体现在淡季和旺季之分，并且旅游热点的形成和旅游市场的开发对航线的设立也有显著影响。

2. 航线网络演化的条件

从外部条件看，自然系统、社会系统的变化导致航空运输市场的改变，进而带来了航线网络结构的演化；其他模式的交通运输系统的变化也会导致航空运输市场及航线网络结构的改变；地方政府支持力度大的机场将有更多的机会吸引航空公司投入运力，开设航线。

从内部条件看，航空公司发展战略的调整、市场资源的自然选择会导致航线网络从需求预期少的区域向需求预期大的区域转移。经济衰弱的地方，机场的航线将减少；新机场的启用或者新航权的获得会影响航线网络；规模经济效益也将促进网络向具有更大汇流效应的结构转变。

2.4.3　航线网络的演化控制

如果航线网络的演化方向不符合预期，就需要进行适当控制。控制的步骤如下：①通过航线网络的结构分析和经济分析，掌握航线网络的经营情况和运行情况；②判断航线网络的演化趋势是否符合意图，发现较大偏差时就需要采取控制措施。例如，某枢纽机场一个航班波的航班数太多，且波长太长，导致枢纽机场的运行效率下降，航班延误增加，飞机利用率减少，因此应对航线网络做出调整，如采用滚动航班波的运行方式，扭转航线网络继续朝着过分集中的方向演化的趋势。

1. 航线网络的状态

航线网络有常规状态和非正常状态。其中，常规状态可以用总流量、总收入、总成本、飞机利用率、航班平均载运率等参数表达；非正常状态是指遭受系统外部"攻击"使航线网络处于破损的状态。航线网络规划所做的分析主要关注常规状态，也要对像灾害性天气等可预测的"攻击"进行必要的分析。

2. 航线网络的控制

如果发现航线网络的状态偏离预期太多，就应分析造成偏离的原因，采取恰当有效的措施进行控制，使其回到临界范围内。

航线网络偏离预期通常是由运输市场偏离预期造成的，也可能是供给方的因素造成的，如采用不适合的机型(过大或者过小)。不同的原因应当采取不同的控制策略，才能实现有效控制。

3. 航线网络的两种调整

航线网络需要进行控制时，应根据引起偏离的原因和偏离程度，采用不同的调整策略。

1) 局部调整

如果偏离不是很严重，则采用局部调整策略，包括航线调整和机型调整。

如果运输市场偏离预期，可采用退出某些航线市场、进入某些航线市场的策略，或调整某些航线的航班频率。如果机型不适合，则应对机型分配进行局部调整。

2) 整体优化

如果航线网络偏离预期严重，或者公司的发展战略做了重大调整，则需要对航线网络重新优化，并对机型进行优化分配。

根据以上分析，航空公司应当设立运力网络部，负责对航线网络进行监控，其主要工作包括：对航线网络进行分析，掌握其状态；分析航线网络运行状态的发展趋势，是向好的方向发展还是坏的方向发展；撰写分析报告，提出控制策略，在领导批准后采取控制措施。

2.5　航线网络的规划

2.5.1　航线网络规划的基本内容

一般地，一条航线就是一个航空运输市场。航空公司新开辟一条航线需要向民航管理当局申请航权，获得批准后才能有该航线的经营权。航线网络表达了航空公司服务的市场范围，所以航空公司应基于市场调研进行航线网络规划，具体内容包括选择运行方式、分析 OD 对的运输路线、航线网络的建立与调整。

1. 选择运行方式

航空公司需要根据商务模式决定采用的运行方式以及航线网络类型。如果是全服务商务模式的航空公司，则可采用基地型运行方式，也可采用枢纽辐射式运行方式；如果是低成本商务模式的航空公司，则可采用基地型运行方式；如果是包机商务模式的航空公司，则可采用基地加分散服务运行方式。

如果航空公司采用基地型运行方式，那么基地的选择就决定了未来的市场发展潜力，所以航线网络规划的关键问题是决定基地设在哪里。从市场角度分析，应当设在较繁忙机场，但繁忙机场同时是时刻协调机场，难以获得政府批准，也难以获得优质的时刻资源；从较易获得批准的角度分析，应当选择中小机场，不过应是有发展潜力的中小机场。在地面交通发达的情况下，低成本航空公司一定选择大城市的二线机场。但我国具有双机场的城市不多，而且双机场通常都是繁忙机场，没有二线机场。随着我国民航业的进一步发展，将来会有一二线城市拥有三座以上的机场，其中必定有一些二线机场可以选择。目前，低成本航空公司可以选择一些省会城市不繁忙的机场或者一线城市周边的三线城市的机场作为基地。

2. 分析 OD 对的运输路线

确定了基地机场后，航线网络规划的第二个任务就是确定服务的 OD 对以及各 OD 对的运输路线。运输路线既决定获得的需求和收入，也影响运行成本，因此需要进行优化。基地型运行方式的飞机是飞来回程，航线可以选择直飞或者经停形式；中枢辐射式航线网络是把飞机放在轮辐机场过夜，以航班波的方式在枢纽机场中转运输，各 OD 对的运输路线是中转方式。

3. 航线网络的建立与调整

航线网络的演化一般有长周期和短周期两种。短周期的可能是一年一次或一年几次，主要是根据市场的状态和发展趋势对航线网络做出局部调整，一些航线退出，一些新的航线进入，但总体结构不变，这是一个量变过程。长周期的可能是十年一次甚至更长时间一次，主要是因为运输市场发展的巨大变化使得航线网络的整体表现已经大大偏离了预期，航空公司的发展战略也发生了转变，因此需要对航线网络进行整体优化设计，这是一个质变过程。

2.5.2 航线网络规划的条件

航线网络规划是在做好市场计划后，在确定要服务的旅客 OD 对，以及预测 OD 对需求的基础上进行的。进行航线网络规划，至少需要获得以下信息：各 OD 对流量大小（航线需求，即旅客人数或货物吨数）；各航线（或机场）的容量（各航线或机场可以执飞的最大航班数）；各航线单位流的费用；基地机场或枢纽机场的建设成本。航线网络规划是以航线网络总运行成本最小化为目标函数，布点基地机场或枢纽机场，并设计各 OD 对的运输路线和各路线分担的需求。

1．市场分析与各 OD 对的需求

首先应当进行市场调研，对可能进入的市场调研其需求特征，并收集相应数据；对各 OD 对的市场发展潜力进行综合评估，并对各细分需求大小进行预测评估。然后根据市场分析的结果和航空公司的机队结构与规模，选择运力允许的最合适的 OD 对为航线网络的服务对象，并给出相应的需求。

2．经济分析与各航节的运输成本

对已经选出的 OD 对市场和预期需求，计算各 OD 对的预期收入、预期运行成本，再根据各 OD 之间的直飞航程及实用机型，计算座公里或吨公里收入和成本。这种各 OD 对直飞的单位流成本(和收入)可作为规划采用的航节运输成本(和收入)。

3．航线时刻与航线容量

获得进入某航线市场的经营权(航权)后，需要向民航管理当局申请时刻。获批的航线时刻数为航线容量，代表最多可执行的航班频率。通过预期每航班旅客(或货物)数，航班频率表达的航线容量可以折合成旅客流表达的航线容量。民航的时刻实际是一个时间片，通常是 5 分钟，一个机场时刻可以有多个到离港航班。航班时刻总是以 5 分钟的倍数来表达。

4．航线网络的建设投资

规划和建设航线网络需要较大投资。航线网络建设投资主要有以下几方面。

(1)基地机场或枢纽机场的建设需要投资，因为各航班运行和保障部门需要落地到基地机场，各种保障设备需要购买，基础设施也需要建设。

(2)航线建设需要投入，包括获取航权和时刻、飞机过站保障的落实等。

其中，基地机场或枢纽机场的建设投资是最主要的。

5．旅客的出行成本问题

市场分析和航线网络规划时，不能只考虑航空公司的成本，还应分析旅客的出行成本。旅客的出行成本越低，将获得越多的旅客，航线网络越容易成功。

旅客出行成本包括：①计划延误成本，2.3 节已经给出了计算方法，它与航线网络的结构有关；②途中时间成本，包括飞行时间加上过站时间(如果中转)。

直飞航线的旅客途中时间短，但计划延误时间长；中转航线的途中时间长，但计划延误时间短，所以到底哪种航线好需要进行科学规划。

2.5.3　航线网络规划的方法

1．航线网络的需求与供给

规划就是要在需求与供给之间寻找平衡点。需求侧就是选择服务的 OD 对；供给侧则是规划的航线网络，包括基地机场或枢纽机场的位置和各 OD 对的运输路线。供需平衡点就是确保规划的航线网络能满足各 OD 对的运输需求。实现航线网络供需平衡的方案有很多，网络的供给可以通过以下步骤进行确立：

(1)选择航线网络结构，是城市对还是枢纽的，是线形还是蛛网式的。

(2)选择确定基地机场或枢纽机场，包括多少个基地或枢纽、基地设在哪里。

(3)各 OD 对的运输路线怎么安排，可以直飞、经停或中转。

航线网络是以上各种可能选择的组合，这种组合数是海量的，都可以满足网络需求。

规划方法

但是各种方案的性能各不相同，因此有优化选择的空间。

2. 航线网络规划的规则法

航线网络规划可以采用多种规划方法，可以直接根据从业人员的经验和市场调研获得数据进行规划，也可以把经验转化成规则（知识），运用人工智能方法根据运输市场的预期进行智能化选择。经验规则法一般比较简单易行，但不一定能保证航线网络规划方案最优，对于小规模的航空公司很实用。不管是哪一类规划方法，都应该由规划目标来引导决策。

3. 航线网络的优化建模方法

如果规则法难以胜任，则可采用优化建模方法规划航线网络。优化建模方法是在已经获取相关参数值的情况下，根据规划的目标和航线网络规划应当满足的约束条件，建立优化数学模型。然后设计模型的求解算法，编写求解程序，开发航线网络优化系统，通过模型求解获得规划方案。

航线网络的优化建模至少需要以下方面：已经确定了航线网络的结构，是直飞还是枢纽的，或是任意结构；已经选定了服务的 OD 对，并已预测 OD 对需求（流量）；已经预估了各航节（网络的边）的单位流费用和有关建设成本；如果有容量限制，已经掌握了各航节的容量。

航线网络规划的目标函数通常采用网络成本，使其最小化。网络成本可以仅考虑运行成本（流成本），也可以同时考虑网络建设成本和运行成本，还可以考虑用营运收入作为目标函数，使其最大。

航线网络规划的约束条件至少有以下方面。

(1) 运输流平衡约束条件，即对每个 OD 对而言，O 的需求必须全运出，D 的需求必须全运到，其他机场运入量必须等于运出量。

(2) 基地机场或枢纽机场数约束条件，也就是所选择的基地机场个数或枢纽机场个数必须等于规定的值，如 1 个或 3 个或更多。任意结构的航线网络可能不规定基地机场数或枢纽机场数。

(3) 容量约束，就是机场（节点）或航节（边）的流量不得大于容量。该条件可根据实际需要设定。

(4) 投资约束，就是航线网络的建设成本不得超过总投资额。该条件也可根据实际需要设定。

4. 航线网络的计算机系统仿真法

对于大型航空公司的航线网络，优化模型的求解时间可能长到无法在实际中应用，此时可以采用计算机系统仿真法进行规划。

首先在候选机场集合中随机选择基地（枢纽）机场，然后在每个 OD 对的运输路径集合中随机选择一条或几条运输路径进行运输仿真试验，给出对应的目标值，并通过多次仿真试验选择最优的方案。

对于优化建模方法或规则法规划的航线网络，都可以用计算机系统仿真法验证其可行性和最优性，甚至可假设未来的不同情形进行仿真测试。

思考练习题

2-1　航线网络是航空公司的什么资源？在运输组织中发挥什么作用？

2-2　为什么说航线网络都由三种方式的航线构成？不同方式的航线在航线网络中的占比如何影响航线网络结构？

2-3　航空公司怎样才能获得航线经营权？

2-4　请分析全服务航空公司航线网络结构的特点。

2-5　影响航线网络演化的因素有哪些？

2-6　航线网络规划需要考虑哪些因素？在进行优化时至少包括哪些约束条件？

第3章 机队规划

飞机是航空公司最重要的资源，航空公司根据营运需要选择机型，组建机队。机队管理是航空公司的一项重要管理职能，而机队规划是机队管理的关键内容。由于飞机价值大，生产周期长，并且需要完备的维修更新计划，因此机队规划也是航空公司战略规划的重要部分，它决定了航空公司的运输服务能力以及运营成本。

3.1 机队规划概述

3.1.1 机队

机队是指航空公司所拥有的飞机总称，包括飞机的数量和不同型号飞机的构成比例关系，前者称为机队规模，后者称为机队结构。机队规模体现了航空公司的运输能力(简称运力)，也用总座位数(客运运力)和总吨位数(货运运力)表示，它应当能与公司承担的市场总需求匹配；机队结构则直接影响航空公司的成本，它与航线结构和 OD 流需求等因素密切相关。

民用客机在国际民航市场上分为窄体客机、半宽体客机、宽体客机和超宽体客机。

1) 窄体客机

窄体客机是每排座位不超过六座的单通道客机，目前采用的单排座位布局方式有以下几种。

(1) (1，1)式，即通道两侧各一个座椅，如巴西的 EMB110/120。

(2) (1，2)式，如波音 S307 和巴西的 EMB 系列。

(3) (2，2)式，如荷兰的福克、加拿大的 CRJ 系列、巴西的 ERJ 系列、法国的 ATR 系列、冲 8 系列。

(4) (2，3)式，如波音 717、道格拉斯 DC-9 系列、麦道 80 系列、麦道 90 系列、英国的 BAe146 系列、荷兰的福克 100(F100)以及我国自主研发的 ARJ21。

(5) (3，3)式，最常见的窄体客机，如波音 707、波音 727、波音 737、波音 757、空客 A320 系列。

2) 半宽体客机

半宽体客机、宽体客机和超宽体客机都有至少两条通道，但是全世界只有一种半宽体客机，即美国的波音 767(B767-200/300，缩写为 B762、B763)，其单排座位布局采用(2，3，2)式。

3) 宽体客机

宽体客机的单排座位布局方式较多，主要有以下几种。

(1) (2，4，2)式，这是最窄的宽体客机，采用这种布局方式的飞机有麦道 10 系列、空客 A300、A310、A330、A340 系列。

(2) (2，5，2)式或(3，3，3)式，其中波音 777 采用(3，3，3)式，而麦道 11(MD11)

既采用(3，3，3)式，也采用(2，5，2)式；波音 787 和空客 A350 也都采用(3，3，3)式。

(3)(3，4，3)式，这是迄今为止最宽的宽体客机，仅波音 747 系列采用这种布局。

4)超宽体客机

超宽体客机只有一种，即 A380，同时 A380 是仅有的一款四通道客机。

为了简化客机类型，又可以按照座位数和通道数将客机分为支线喷气飞机、单通道飞机和宽体客机。除了客机，还有全货机，包括波音 777-200F、波音 777-400F、波音 747-8F、空客 A330-200F 等主要机型。

2019 年，我国最大的航空公司——中国南方航空公司，其旅客运输量达 1.52 亿人次，连续 41 年居中国各航空公司之首，年旅客运输量居亚洲第一、世界第六，货邮运输量居世界第八(数据来源：国际航空运输协会)。截至 2019 年 12 月，南航运营包括波音 787、777、737 系列，空客 A380、A330、A320 系列等型号客货运输飞机超过 862 架，是全球首批运营空客 A380 的航空公司。南航每天有 3000 多个航班飞往全球 44 个国家和地区、243 个目的地，提供座位数超过 50 万个(数据来源：中国南方航空 2019 年度报告)。通过与美国航空公司、英国航空公司、卡塔尔航空公司等合作伙伴密切合作，南航航线网络延伸到全球更多目的地。

截至 2020 年底，中国民航全行业运输飞机在册架数为 3903，比 2019 年底增加 85 架。其中客运飞机 3717 架，包括 458 架宽体飞机，3058 架窄体飞机，201 架支线飞机。

在飞机制造商方面，波音和空客系列机型占据了中国民航市场的绝对份额，约占中国总民用飞机规模的 90%。在飞机数量方面，无论是窄体客机还是宽体客机，空客公司目前都以微弱的优势领先于波音公司。

在具体机型方面，包括了近 40 个不同的机型。窄体客机最受欢迎的依旧是波音 737-800，最受欢迎的宽体客机则是空客公司的 A330-300 机型，这种能装载多达 400 名乘客的飞机非常适合枢纽之间的高密度航线。

2019 年 9 月，波音公司发布 2019 版《中国民用航空市场展望》报告，预测未来 20 年中国将需要 8090 架新飞机，价值 1.3 万亿美元，同时需要价值 1.6 万亿美元的航空服务，以满足中国年均 6%的航空客流增长。中国是世界上最具活力和发展最快的市场之一。不断增长的中等收入人群、对基础设施的大力投资，以及让飞机更加舒适和高效的先进技术，推动着航空出行的巨大需求。波音公司预测，中国将需要 5960 架新的单通道飞机作为国内和区域航线上的主力机型，占到了全部交付量的 74%。对于宽体飞机的需求也将高达 1780 架，将使中国的宽体机队规模扩大到当前的 3 倍。中国快速增长的电子商务和快递市场将使航空货运成为一个重要的发展推动力，同期将有 230 架新造货机和 500 架改装货机的需求。

中国目前拥有世界民航机队的 15%。到 2038 年，该比例预计将增加到 18%，这一增长趋势将使中国在未来十年中成为世界上最大的航空市场。在全世界范围内，波音公司预测未来 20 年将需要价值 6.8 万亿美元的 44040 架新飞机。

3.1.2　机队规划的内涵

机队规划是航空公司战略层次的决策，它不仅影响或左右其他的战略决策，而且涉及航空公司资产和收益的重大问题，影响到航空公司未来相当长时间的生存和发展。机队规划也是航空公司市场计划的重要内容之一，要求在满足客货运输需求的条件下能获得最佳经济效益。进行机队规划时，应当结合航线网络和市场目标，依据有关原则和科学的方法，确定规划期内的机队规模和结构，并做出引进和退役飞机的年度安排，以最低的运营成本达到市场发展目标。

机队规划可以分为狭义和广义两个层面。狭义的机队规划只包含机队规模和机队结构的规划(即"飞机数量和不同型号飞机构成比例")；广义的机队规划除了狭义的机队规划中的机队规模和机队结构规划，还包括飞机选型与机队更新计划。

机队规模的大小直接影响航空公司的运行效益。机队规模过大，飞机载运率和利用率低，造成航空公司运力浪费，因此增加了运营成本。机队规模过小，运力无法实现航空公司的市场目标，意味着航空公司潜在收入的损失，使航空公司在激烈的市场竞争中处于不利地位。机队结构直接影响航空公司的运行成本，任何一种机型有其最经济的飞行剖面(飞机从起飞到降落全过程航迹的垂直投影面)，只有当飞机与其所运营的航线相匹配时，才能实现预期的成本和效益水平。如果机队结构与航线结构和市场需求不符，无法实现合理的载运率或客座率，将增加航空公司的运行成本，因此进行机队规划首先应解决好飞机选型问题。飞机选型是指在给定航线，且已知运输需求、航程、机场标高和环境以及航线气象条件等的基础上，根据技术要求、营运数据和经验，提出两种或三种较合适的备选机型，通过计算各机型飞机的有关经济指标，从备选机型中选择一种机型。机队更新计划是航空公司处理旧飞机和购置或租赁新飞机的活动，其中购进的新飞机总架数应当包括总量增加的飞机和因老龄飞机退役而补充的飞机。

狭义的机队规划又可以分为宏观机队规划和微观机队规划两类。宏观机队规划是从机队规模预测的角度进行分析，且按"从上而下"的顺序进行分析预测，一般划分为短期规划(1~2 年)、中期规划(3~5 年)和长期规划(5~15 年)，规划期不同，所能获得的信息量不同，信息的准确程度也不同。该方法虽然简单易操作，但无法准确反映出特定机型飞机执飞航线/航班的技术经济性能特点，因此用于解决长期规划问题的宏观机队规划法只能粗糙地反映航空公司未来所需机队运力的规模与结构特点。而微观机队规划法是在航班、航线机型选型的基础上，得出航空公司机队中短期规划结果。该方法的优点在于可以直接给出机队的结构和在各航线/航班上的分布，但规划所需的信息量大，规划结果的精度不易把握，且分析模型比较复杂。

机队规划的实质在于，在规划期内机队的规模和结构应能保证经营战略的实现，使运力和运量基本保持均衡，不因飞机的闲置而造成运力浪费，也不因运力紧张造成市场和收益的损失，减少航空公司的经营风险。

具体来说，机队规划的内容包括飞机选型、机队规模发展计划、机队结构优化、机队置换计划、机队配置(在各基地)计划。

1. 飞机选型

航线规定了其自身的航程、航路空域环境、气象环境和机场终端区的地理环境，不同航线对飞机的技术经济性能有不同的要求，因此有其最适合的机型。为航线选择最适合的机型的工作称为飞机选型，它是机队规划工作的第一步。

2. 机队规模发展计划

航空公司的机队规模大小必须与市场目标相适应，可用三组指标来描述。一是反映航空运输市场规模大小的市场需求指标，由客运量、货邮运输量、航线距离和客流等要素构成；二是反映航空公司运力大小的运输能力指标，如飞机架数、机型系列和飞机的业载与平均座级；三是反映航空公司运营飞机绩效的"三率"指标，即平均日利用率、客座率和载运率。三率指标是反映运力供给与需求匹配的综合指标，当出现运力供不应求时，"三率"指标相对偏高；当运力供过于求时，"三率"指标走势偏低。

飞机平均日利用率还影响每小时飞机拥有成本，以 B737 飞机为例，在美国如果平均日利用率为 5 小时，平均每小时的租金成本是 2933 美元，如果平均日利用率提高到 7 小时，则平均每小时的租金成本将降低为 2095 美元。在飞机架数不变的情况下提高飞机平均日利用率可以完成更大的运输周转量；在满足同样运输需求的情况下，提高飞机平均日利用率可以减少飞机数量或改变机型，因此可进一步降低运行成本。

机队规模基本决定了主要技术人员的规模，包括飞行员、乘务员、签派员和机务维修人员。例如，通常一架飞国际航线的飞机需要配备 10～12 名飞行员和 25～30 名客舱服务员，而国内航线一般配备 6～8 名飞行员和 12～16 名客舱服务员。

机队规模还决定了航空公司所能经营的航线数量和能运行的航班量，因此也就决定了能完成的最大运输量(运输周转量)以及市场销售人员和管理人员的数量。可见，机队规模反映了航空公司的规模。

3. 机队结构优化

机队结构即机队的机型构成，包括客货机比例、不同座级飞机的比例、不同航程飞机的比例等，机队结构应与航线结构相匹配。

机队一般由多种机型飞机组成，机队结构设计的关键是确定组成机队的机型和各种机型的配置比例。表 3.1 给出了 2018 年我国主要航空公司使用的民航客机型号及数量。由表 3.1 可以看出，国有三大航空的机队中空客飞机型号较多，而厦航和山航主要以波音系列机型为主。

表 3.1　2018 年我国主要航空公司使用的民航客机型号及数量　　　　(单位：架)

	机型	南航	东航	国航	海航	深航	厦航	山航
波音系列	737	26	37	17	2	—	7	3
	738	163	104	106	157	81	138	114
	738Max	24	3	14	10	5	9	5
	739	—	—	—	—	5	—	—
	739ER	—	—	—	—	—	—	—
	744	—	—	2	—	—	—	—
	748	—	—	6	—	—	—	—
	773ER	10	20	28	—	—	—	—
	788	10	—	—	10	—	6	—
	789	8	1	14	25	—	6	—
	总计	**241**	**165**	**187**	**204**	**91**	**166**	**122**
空客系列	319	24	35	33	—	8	—	—
	320	120	180	46	—	90	—	—
	320neo	15	15	7	—	3	—	—

续表

机型		南航	东航	国航	海航	深航	厦航	山航
空客系列	321	99	77	61	—	—	—	—
	321neo	14	—	3	—	—	—	—
	332	16	27	30	9	—	—	—
	333	34	24	29	20	5	—	—
	350	—	2	6	2	—	—	—
	380	5	—	—	—	—	—	—
总计		**327**	**360**	**215**	**31**	**106**	**0**	**0**

数据来源：航空公司公开数据整理。

　　如果机队结构不够合理，机型种类繁多，将导致资金投入、航材储备、人员培训等方面的费用增加。机型种类的减少可以节省相应设施设备的投入，特别是航材的储备，因此可以节省成本。简单的机队结构也有利于机组和机务人员提高技术熟练程度，减少故障率及差错率，提高飞机的完好率和可用率，从而使运行能力得到有效保障，所以低成本航空公司一般选择单一机型。但服务于多个目标市场的航空公司不可能选择一种机型满足不同市场的需求，需要合理配置机队结构，才能既满足市场需求，又降低运行成本。

　　4. 机队置换计划

　　机队置换是指航空公司处理旧飞机和购买或租赁新飞机的活动。机队置换计划是指航空公司根据机队规模和结构规划，制订的规划期内机队置换的计划，目标是满足机队规模和结构规划的要求，使总净收益最大或总营运成本最小。

　　航空公司由于老旧飞机的退租和出售，会有一定的运力缺失，于是公司就会把新到飞机补充到机队中，用以满足公司对于飞机运力的要求。飞机置换是根据航线结构，提供符合其要求构型的飞机，使飞机得到最高的利用率，提高经济性，减少不必要的损失，给公司增值创收。对于机务维修，同一种构型的飞机，航材的互换性可以降低航材的储备量；工具的通用性，可以免去不同机型所需特种工具的购买和准备；在维修项目的控制方面，可以提高维修控制人员的效率，减少因机型多样化造成人为差错的风险。可见，机队置换含有两种活动：处理（转卖掉）旧飞机和购进（租赁）新飞机。购进的新飞机总架数应当包括总量增加的飞机和因老龄飞机退役需要补充的飞机。

　　让老旧飞机退役的原因主要包括以下三方面：①随着飞机的陈旧，油耗和维修成本逐年增加，同时老旧飞机对旅客的吸引力下降，影响旅客需求，这些将引起航线收益率的下降。为保持竞争地位，航空公司会将此类已经到达经济寿命的老旧飞机转卖掉。②如果飞机已到技术寿命或受到意外损毁，不再符合持续适航的要求，就必须处理掉。③有些航空公司为保持对高端顾客的吸引力，采用机队快速更新策略，设置较短的折旧期，即使还未到技术寿命，折旧期一到就处理掉，此时飞机的出卖价格往往能够大于飞机残值。

　　机队置换计划的质量对航空公司运行成本也有很大影响。目前，我国飞机及重要零部件主要靠进口，新飞机的价格不菲，因此尽量少进或晚进一架飞机就可以为公司节省巨额投资。退役一架旧飞机可以回收飞机残值，购买新飞机要花费巨资，何时购买飞机、购买什么飞机、购买多少飞机、何时退役旧飞机、退役什么飞机等的决策都直接关系到航空公司的营运成本。表 3.2 为 2019 年中国三大航空公司(国航、东航和南航)的飞机引进、退出计划表。可以看出,国内航空公司引进飞机以单通道中型客机为主,空客和波音两家公司的飞机数量也比较接近。

表 3.2　2019 年中国三大航空公司飞机引进、退出计划表　　(单位:架)

机型	国航		东航		南航	
	引进	退出	引进	退出	引进	退出
A320 系列	34	6	25	—	51	30
A333	1	—	—	1	—	3
A359	4	—	5	—	6	—
B737 系列	32	11	24	—	45	2
B757	—	—	—	—	—	4
B77W	—	—	—	—	5	—
B789	1	—	6	—	7	—
ARJ21	—	—	—	—	—	—
E190	—	—	—	—	—	6
合计	72	17	60	1	114	45

注:数据统计口径为集团公司(国航含深航,南航含厦航,东航含上海航空股份有限公司)。

数据来源:航空公司年报。

2020 年,受新冠肺炎疫情等因素影响,中国国内航空公司年度飞机引进数量大幅下跌,且由于客运量急剧下降,大量飞机停场。在国内新冠肺炎疫情得到控制、市场复苏后,飞机引进工作才逐步恢复,截至 2020 年底运营飞机数量较 2019 年仅增加 51 架,为近年来最低值。2020 年全年,中国国内投入运营的 53 家航空公司中只有 28 家引进了飞机,合计 140 架,约为 2019 年的一半。引进飞机数量最多的是南航,共计 27 架,其次为浙江长龙航空有限公司 11 架,东航 10 架,国航 10 架,春秋航空 9 架,成都航空 9 架,川航 7 架,吉祥航空 7 架,华夏航空 5 架,其余航空公司引进飞机均不足 5 架。

5. 机队配置计划

如果航空公司有多个基地机场,则需要进一步根据各基地机场完成运输量的预测和各型号飞机在各基地机场的营运成本,决定在各基地机场应当投放何种机型,以及投放多少架飞机。

在不同的基地机场,由于市场特点(如航线的长短、需求的大小和旅客类型等)不同、维修能力以及航材备件等方面的限制,航空公司在不同的基地机场对投放的机型有限制。如果某机型在一个基地机场投放的飞机过少,将造成维修和地面服务成本增加,以及飞机备件存储和管理困难,因此需要对某机型的飞机在一个基地指定一个最少投放架数。

3.2　机队规划的影响因素

影响机队规划的因素是复杂的。宏观层面包括经济发展及市场需求、国际贸易、国家相关政策等；微观层面包括航空运输业的内部环境、飞机的技术经济指标和航空公司的管理能力。

3.2.1 宏观影响因素

1. 经济发展及市场需求

经济发展直接影响了航空市场需求，而机队的规模和结构必须与市场需求的规模和结构相适应，市场需求是影响机队规划最重要的因素，它不仅从总量上影响机队的规模，而且从市场需求的结构上影响各种机型的数量以及结构比例。

2. 国际贸易

由于我国大部分民用飞机都依靠进口，国际贸易环境及政策对航空器的引进有重要的影响。《民用航空器贸易协议》是 WTO 诸边贸易协议之一，其核心内容要求签署方全面开放民用航空器(军用航空器除外)以及零部件的进口市场。协议主要规定在民用客机、直升机、民航发动机及零部件、滑翔机、地面飞行模拟机以及氧气面罩等产品方面，实现自由贸易化，取消对这些产品的进口关税，并加以约束不得提高。协议适用的产品范围主要有所有民用航空器；所有民用航空器发动机及其零件和部件；民用航空器的所有其他零件、部件及组件和所有地面飞行模拟机及其零件和部件。无论在民用航空器的制造、修理、维护、改造、改型或改装中用作原装件还是替换件，都属于该协议的适用范围。

3. 国家相关政策

中国民用航空局在 2017 年颁布了《引进民用运输飞机管理办法》，明确指出机队规划是指导和规范飞机引进管理的重要依据。中国民用航空局结合行业发展情况，根据民航发展总体规划制订机队规划。机队规划采用五年一期、三年滚动的周期编制，经中国民用航空局局务会议审议并征得国家有关部门同意后，分别发往各个运输航空公司。机队规划中明确各运输航空公司引进飞机的数量、座级和进度。飞机引进申请人引进飞机的数量、座级和进度应符合机队规划，超出机队规划的飞机引进项目原则上不予审批。该管理办法还明确了航空公司引进飞机的申请、评估与审批的要求。

3.2.2 微观影响因素

1. 航空运输业的内部环境

航空运输业的内部环境是指在机队规模不变的情况下，影响"飞机平均日利用率"的行业内因素，这些因素包括：人力资源的保障，特别是与飞行直接相关的空勤人员、机务维修人员、空管人员的技术水平和数量；相关的飞机维修能力、航材保障能力、机场服务能力、空中交通管制能力和行业内管理水平等。任何一个保障能力的不足，都会成为提高飞机平均日利用率的制约因素，从而影响机队的规模和结构。飞机平均日利用率提高了，就能向社会、市场提供更多的运力。

2. 飞机的技术经济指标

飞机的技术经济指标包括飞机的航程适应性、机型的经济性、飞机的航速和最高业载等。这些因素对机队规划都有影响，例如，飞机航程适应性应当与航线特点相一致，并与市场需求相匹配；飞机的航速和最高业载决定了一架飞机所能提供的最大运能，最终影响机队的规模；飞机的经济性影响着公司的运行成本，因此影响决策者的取舍，最终影响机队结构。

3. 航空公司的管理能力

航空公司的管理能力对于机队规划的影响体现在：若管理水平较高，则可以降低管理成本和盈亏平衡载运率，使航空公司在比较低的载运率水平上也能产生盈利。在制订机队规划时，可以引进较多的飞机，从而获得较多的优惠，而不至于因运力过剩影响公司效益，为公司发展积蓄后劲。较高的管理水平会使载运率的有效范围增加，从而为机队决策提供更多的灵活性。

3.3 飞机引进及飞机选型

3.3.1 航空公司飞机引进的方法

航空公司获得飞机的使用权有四种主要方法：自有资金购买、贷款购买、融资性租赁和经营性租赁。航空公司要根据自身的资源条件和使用方式科学选择飞机的引进方式。

1. 自有资金购买

自有资金购买是由航空公司自己出资购买飞机，不通过第三方融资，交易结构简单，仅购买人与出售人之间发生交易。当航空公司资金非常充足，又没有其他投资项目标，或是金融市场上资金成本高于自有资金成本时，可以选择该方式。

2. 贷款购买

贷款购买是从银行贷款购买飞机，通过还本付息的方式支付飞机购买款项。在企业经营状况和财务状况良好的情况下，可以充分利用财务杠杆对机队进行投资运行，这有利于航空公司的长期发展。购买的飞机不用考虑使用期限，从投入的总资金上看低于租赁，购买的飞机航空公司有充分的支配和处置权。但贷款购买的一次性的资金投入很可能造成资金筹集上的困难，也会影响航空公司的财务状况，使资产负债率、负债与股东权益比上升。

3. 融资性租赁

融资性租赁指出租人购买承租人指定的飞机，并在一定期限内将其出租给承租人有偿使用，在租期内享有飞机的所有权。租赁期满后，承租人最终获得飞机产权，是一种集融资和融物双重职能的租赁方式，租期一般为 10～15 年，租金会覆盖飞机全额购买款。融资性租赁的优点主要体现在以下几点：一是融资性租赁为航空公司提供了迅速而灵活的资金融通，表现在资金的运用效率高、可缓解航空公司资金不足的压力、增加资金筹措方式、提供全额的资金融通、可获得飞机的优惠等方面；二是可以获得税费优惠，尤其是在国际减税租赁方式下，由于作为承租人的航空公司可以获出租人所在国的减税利益(通过降低租金的方式)，减税租赁的成本有可能低于贷款购买方式和经营租赁方式；三是可以防止飞机陈旧化风险，使折旧更加合理；四是可以避免通货膨胀的影响；五是由于存在着定期支付租金的压力，采用租赁方式引进飞机还有利于航空公司对飞机的充分利用，促使航空公司提高租赁飞机的使用效率和效益。

但融资性租赁的交易结构十分复杂，涉及的当事人众多，交易费用较高，尤其是在杠杆租赁结构下。同时，由于飞机的所有权不属于承租人，在某些方面限制了航空公司使用飞机，这些限制主要指对飞机的处置权，如对飞机的技术改造、出售、抵押等；另外，与经营性租赁相比，融资性租赁在租期内退租非常困难。

4. 经营性租赁

经营性租赁指出租人根据市场情况购买通用性强的飞机，提供给航空公司选择租用，通常时间较短，一般为 5~7 年，甚至更短。

经营性租赁的优势主要体现在以下两个方面：一是经营性租赁在交易结构上十分灵活，能较好地体现航空公司的经营策略。经营性租赁的灵活性表现在交易结构简单、飞机交付时间短、租期短、租期内可以退租或更换飞机等，这种灵活性使得航空公司能较好地制定其经营策略；二是经营性租赁飞机不影响航空公司的财务状况，作为资产负债表外的租赁，经营性租赁的租金直接计入航空公司营运成本，因此不会增加航空公司的负债，这对改善航空公司的财务状况十分有利。

经营性租赁的最大缺点是租赁成本较高；另外，投入经营租赁市场的新飞机较少，限制了航空公司对飞机的选择。

总之，贷款购买、融资性租赁、经营性租赁各有其优势和不足，航空公司必须根据自身的情况和外部环境进行分析比较，选择适合自身需要的引进方式。

3.3.2　飞机选型的基本方法

飞机选型方法

1. 与飞机选型的相关概念

1）飞机重量

飞机重量是非常重要的技术概念，其单位为吨(t)或者千克(kg)，包括飞机空重(空机重量) W_0、无燃油重量(飞机净重) W_j、着陆重量 W_l、起飞重量 W_t、机坪重量 W_r。它们的定义如下。

(1)空机重量 W_0：飞机在不装油、不载货、不载客情况下自身的重量。

(2)无燃油重量 W_j：飞机在假设燃油已经耗尽的情况下的重量，包括空机重量和客货重量。

(3)着陆重量 W_l：飞机到达目的地机场在跑道入口着陆时的重量，包括空机重量、客货重量和备用油重量。

(4)起飞重量 W_t：飞机在起飞时的重量。机场适航规定了飞机的最大起飞重量(MTW)，无论在什么情况下，飞机的起飞重量都不能超过该规定值，它是由安全因素决定的。

(5)机坪重量 W_r：飞机在机坪上准备起飞前的重量，机坪重量减去飞机滑行消耗的油重等于飞机的起飞重量，它不能大于最大起飞重量。

上述飞机重量之间存在如下关系：

$$\begin{cases} z = W_j - W_0 \\ W_s = W_l - W_j \\ W_b = W_t - W_l \\ W_{tx} = W_r - W_t \\ W_{ol} = W_r - W_j = W_s + W_b + W_{tx} \end{cases} \tag{3.1}$$

其中，z、W_s、W_b、W_{tx}、W_{ol} 分别是飞机的业载(包括客货总重)、备用油重量、飞行耗油重量、滑行耗油重量和装油总重量。

例如，波音 737-800 的最大起飞重量为 70553kg，最大着陆重量为 65310kg，最大无油重量为 61690kg，最大业载为 17000kg，最大载油量为 22000kg，满载最大航程为 3565km。上述重量的大小也反映了飞机的经济性能，例如，最大业载反映了飞机的运能大小，飞行耗油量反映了运行成本的大小，耗油量越少，飞行的成本越小。

2) 飞机业载航程

受发动机性能和最大起飞重量的影响，飞机的业载和航程之间存在一定的关系，称为飞机业载航程特性，可以用分段曲线(可用直线近似)描述飞机业载与航程的关系，如图 3.1 所示。

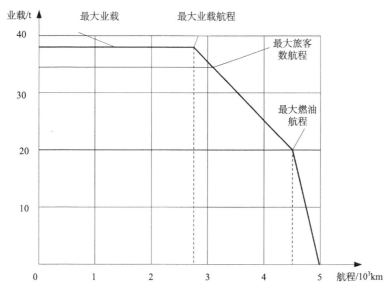

图 3.1 飞机业载航程曲线

如果航线的长度在最大业载航程范围内，飞机可以按最大载量运输，并且载运量基本不随航线长度的增加而减小。如果航线的长度超过最大业载航程，那么飞机需要装载更多的燃油去飞更长的距离，考虑到最大起飞重量的限制，飞机只能减载，这样导致有效载运量的减少，经济效益下降。最大燃油航程规定了飞机可以飞行的最长航线，受飞机油箱容积的限制，如果航程再增加，则可能因备用油不足，飞机难以安全飞到备降机场，从而对飞行安全构成威胁。

不同的航线有不同的航路条件，包括航路风、机场温度、机场标高和跑道长度等都可能不同，这些航路条件对飞机业载航程特性有着明显的影响，因此同一架飞机飞不同的航线，业载航程曲线可能不同。对于特殊航线，应当专门绘制业载航程图。

2. 飞机选型的原则

飞机选型应当针对航空公司运营的航线进行。对于给定航线，已知运输需求、航程、机场标高和环境以及航线气象条件等，然后根据技术要求、营运数据和经验，提出两种或三种较适合的备选机型，并通过计算各型飞机的有关经济指标，从备选机型中选择一种机型。经济性指标可以用平均每座位飞机空重(客运)或每吨飞机空重(货运，用最大业载计算)、营利能力和营利潜力(可用平衡载运率表示)、燃油消耗特性(以每吨业载耗油量或每公里燃油量或每吨公里燃油量表示)等来评价。每座(每吨)空机重越小、营利能力和营利潜力越大(平衡载运率越小)、每座公里(每吨公里)耗油量越少,飞机的经济性越好。如果引进新飞机,还应该进行投资回报率评估,投资回报率越高,机型经济性越好。飞机选型至少应遵循以下几条原则。

(1)尽量采用公司现有机型,或备用航材与现有机型具有较大通用性的机型。因为在现有机型中增大机队需增加的航材和维修成本增加较少,如果采用新机型,成本将有较大增加。一般来说,使用已有机型,在航材备件方面可以节省一半以上的投资。假设使用已有机型可以节省 55%的航材投资,引进一架新机型飞机需要采购 1500 万元的航材备件,那么引进一架已有机型的飞机只需增加 675 万元的航材投资;如果引进的机型与已有机型有70%的通用性,则需增加航材投资 675×0.7+1500×0.3=922.5 万元。

(2)航班频率应符合旅客出行需求。在特定市场需求条件下,机型的座位数与航班频率密切相关。通常,机型越大,即座位数越多,航班频率就越低,而机型越小,航班频率就越高。如果航班频率过低,旅客出行的计划延误大,将会失去旅客,在航线存在竞争的情况下,本公司的市场分担率将会降低,从而使公司处于竞争的不利地位。因此,需求旺盛的航线可采用大机型,需求不旺盛的航线应采用小机型。

(3)根据业载航程图,所选机型应具有较好的技术性能。应尽量选用最大业载航程大于航线长度的机型,以保证飞机具有足够的运能。

3.4　机队规划方法

3.4.1　宏观机队规划方法

宏观机队规划是指航空公司在一定的规划期内,根据对客座率、运量、航段平均长度等指标的分析预测,确定机型的座级以及相应的飞机数量,然后根据所运营市场的具体需求规模和特征、机型的技术经济性能指标确定具体的机型。概括而言,这是一种依据历史数据或以某一年度的指标作为基数,对规划期内的飞机需求量进行预测分析,实现市场总需求与总供给相对平衡的一个过程。因此,宏观规划方法需要进行市场需求分析与供给的宏观分析。

1. 市场需求分析

1)收益客公里预测

收益客公里(Revenue Passenger Kilometer, RPK)是反映航空市场需求量的一个重要指标。依据基准年的 RPK,以及对规划期内 RPK 的预测分析,可以得出规划周期内每一年的市场需求量。航线网络中每一条航线的特点均不相同,因此增长情况各异。在进行规划时可以将航线网络按照市场特点(一般用运营于该网络的基准机型的座位级表示,如 100 座级航线市场、150 座级航线市场等)分为若干个子网络进行分析。

2)载运率变化预测

载运率在机队规划中起到了重要的作用,因为当载运率达到一定水平时,就会发生溢出,载运率越高,需求量的溢出就越大,此时应该考虑增加运力。反之,当载运率偏低时,就说明航空公司运力浪费严重,应当减少运力的投入量。因此,设定合适的目标载运率至关重要。

首先通过分析基准年的总运输量以及航空公司提供的总的运力水平,得到基准年的载运率,然后分析规划周期内市场需求的变化情况以及竞争公司的运力投放情况,并设定一个能代表未来市场供需水平的载运率,即期望载运率。

3)年度可用座公里需求预测

年度可用座公里(Available Seat Kilometer, ASK)是衡量航空公司全年提供运力水平的一个重要指标。该指标可以通过收益客公里预测和载运率变化预测两点的分析得出。

4)飞机利用率变化预测

通过分析基准年的航班时刻,可以得出在每一个子网络中基准机型的平均日利用率。对于宏观机队规划,飞机利用率显然是可以逐年提高的。当然这样的提高是有一个上限的,即最高利用率。如果飞机最高利用率比当前实际的利用率高,就说明目前的运力有一定的富裕度,可以在不增加额外运力的情况下满足需求的增长。反之,则说明需要考虑引进新的飞机。

2. 机队规划基本方程

按照供需平衡的原则,根据座公里需求预测数据,以及各航线子网络的基准机型座位数、年利用率预测、平均飞行速度,就可以给出航空公司某种座位级机型的飞机架数预测量,即

机队规划基本方程

$$飞机架数 = \frac{座公里需求量}{机型座位数 \times 平均飞行速度 \times 飞机年利用率} \tag{3.2}$$

式(3.2)的基本原理就是市场需求的总座公里数与航空公司所有飞机可以提供的总座公里数相等。由于航空公司的机型往往超过一种,假设航空公司有 i 种机型,并且在同时考虑客货运的情况下,可以根据多种机型的数据,进行机队规模的计算,即机队规划的基本方程,具体如下:

$$v_i \cdot T_i \cdot z_i \cdot \mathrm{ZYL}_i \cdot x_i = D_i \tag{3.3}$$

其中,T_i 为第 i 类飞机的利用率;v_i 为第 i 类飞机的平均航速;z_i 为第 i 类飞机的最大业载;ZYL_i 为第 i 类飞机的期望载运率;x_i 为第 i 类飞机的架数;D_i 为第 i 类飞机需满足的市场需求。

基本方程(3.3)的左边含义如下:

$v_i \cdot T_i$ 表示一架第 i 类飞机每天可以提供的运输距离(公里);

$v_i \cdot T_i \cdot z_i$ 表示一架第 i 类飞机每天可以提供的最大载运量(吨公里);

$v_i \cdot T_i \cdot z_i \cdot \mathrm{ZYL}_i \cdot x_i$ 表示第 i 类飞机机队的每天期望载运量(吨公里)。

因此,基本方程(3.3)表达的意思是:某类飞机机队的期望载运量等于航空公司该类飞机的市场需求。需要注意的是,在基本方程中,计算需求 D_i 的时间区间与 T_i 的时间区间必须相同,或同为一日,或同为一周,或同为一年。

在市场份额已经确定、飞机利用率可以估计、平均航速和最大业载已知的情况下,对某类飞机的机队规模的规划取决于期望载运率的高低。若期望载运率高,则机队的飞机数量少;反之,则机队的飞机数量多。期望载运率的可能幅度受到管理水平因素的制约。作为决策者,应该决定期望载运率的取值,其取值应该满足以下两个条件。

(1)期望载运率应该大于盈亏平衡载运率。只有这样，公司才能营利，才能得到健康发展。满足这个条件可以有两种政策取向：第一种是要求每种座级的机队在平均水平上营利；第二种是各种座级的机队在整体上达到盈亏平衡，而个别座级的机队可以亏损。

(2)期望载运率应该小于载运率的高限。若超过这一高限，则市场需求得不到很好满足，产生需求溢出，服务水平下降，这将违背机队规划的基本原则。因此，可以根据公司发展战略决定公司应当满足的市场需求，然后根据市场需求决定这个高限载运率。

面对各种分析预测的结果，航空公司还必须做出自己的分析判断，利用客观的信息、科学的方法做出合理的决策。概括起来，影响航空公司机队规模分析决策的主要因素有：现有运输需求与运力；预期的需求增长和市场份额的增长；获得进入新航线的许可；现有飞机更新；提高运营效率和合理调配飞机的需要。在考虑到以上因素或者条件后，机队的规模和结构还不是唯一的，也就是说，可以有多种机队组合来满足市场需求和期望载运率。因此，可以通过对各种机队组合的经济分析，寻找总运输成本最小的机队组合，即在最经济的水平上实现机队规划的目标，从而最终确定机队的规模和结构。

机队规划基本方程有一个适用期限，它表达了多长时间内的需求和供给。所以在利用该方程进行机队规模计算时需要注意供给与需求的适用期限必须相同。在不同的适用期限，航空公司的运行相关参数存在很大差异。

3. 飞机"三率"与机队规划

机队规划与飞机的使用效率密切相关。利用率、载运率和客座率是飞机"三率"，它在机队规划中起着重要作用。基本方程中飞机利用率和载运率是度量飞机使用效率的重要指标。

飞机利用率是飞机的飞行小时数，有一天的飞行小时和一年的飞行小时，因此飞机利用率需要说明是一天的(日利用率)还是一年的(年利用率)，这就是飞机利用率的适用周期。飞机利用率的适用周期必须和需求的适用周期相同。飞机利用率越高，飞机单位时间成本越低，也反映航空公司的营利能力越强。

如果是客运飞机，那么载运率应用客座率代替。飞机的平衡载运率和平衡客座率越低，反映航班运行成本越低，航空公司的营利能力越高。机队规划的期望载运率、期望客座率至少分别等于平衡载运率和平衡客座率。如果"三率"较低，意味着需要更多的飞机，反之则需要飞机的数量就可以减少。

4. 基本方程的变形

1)客货运输的基本方程

只要是表达机队供需平衡关系的方程或不等式，都称为基本方程。在不同情况下，基本方程可以有不同的形式，称为基本方程的变形。

前面已经给出了货运和客货混装情况下的基本方程，也称为基本方程的原形。对于客运情况，基本方程的单位应变为"客公里"，最大业载应改为可用座位数 S_i，期望载运率应改为期望客座率 KZL_i，因此客运情况下的基本方程为

$$v_i \cdot T_i \cdot S_i \cdot \mathrm{KZL}_i \cdot x_i = D_i \tag{3.4}$$

2)载运率上下界时的基本方程

如果期望载运率 ZYL_i 用载运率区间表达，其下限是 l_i，上限是 L_i，那么基本方程应当

变为两个不等式：

$$v_i \cdot T_i \cdot z_i \cdot l_i \cdot x_i \leqslant D_i \qquad (3.5)$$

$$v_i \cdot T_i \cdot z_i \cdot L_i \cdot x_i \geqslant D_i \qquad (3.6)$$

3）客运航线的基本方程

如果是客运，并且针对某条航线，那么需将客运的基本方程进一步简化。由于航线的航程 d 是固定的，可以从基本方程两边消去，由 $v_i = d / t_i$，其中 t_i 是该航线的飞行时间，此时的基本方程变形为

$$\frac{T_i}{t_i} \cdot S_i \cdot \mathrm{KZL}_i \cdot x_i = D_i \qquad (3.7)$$

单位为人次。对于货运，只需将式（3.7）的左边可用座位数改为最大业载，左右边的单位是吨。

4）航班频率表达的基本方程

将基本方程用于具体航线时，通常以航班频率为变量，即航班频率 f_i 为变量，而不是飞机架数 x_i。在考虑货运或客货混装的情况下，基本方程变形为

$$z_i \cdot \mathrm{ZYL}_i \cdot f_i = D_i \qquad (3.8)$$

单位是吨。

供给侧的适用期限由 f_i 的适用期限决定。对于客运情况，公式为

$$S_i \cdot \mathrm{KZL}_i \cdot f_i = D_i \qquad (3.9)$$

单位是人次。

可见，把基本方程用于不同情形时，给出了不同的变形，但都表达了供需平衡关系。不同情况下，基本方程的外形不但会发生变化，还要注意它的单位变化，以及供给侧决定适用期限的指标（参数或变量）改变。

宏观机队规划是一种从上到下的规划方法。首先通过需求时间序列分析从宏观层次（上层）预测整个公司的运输总需求 D，然后根据各子机队的运力发展数据以及公司对子机队的调整政策，给出机型 i 的需求分担率 η_i，由此给出子机队 i 分担的需求：

$$D_i = \eta_i D \qquad (3.10)$$

利用基本方程可以将各机型的飞机架数直接计算：

$$x_i = \frac{D_i}{v_i T_i Z_i \mathrm{ZYL}_i} \qquad (3.11)$$

如果给出了期望载运率的上下限，则可用式（3.5）和式（3.6）计算飞机架数的上下限，然后取整数。

$$\frac{D_i}{v_i T_i Z_i L_i} \leqslant x_i \leqslant \frac{D_i}{v_i T_i Z_i l_i} \qquad (3.12)$$

5. 基本方程在航线上的应用

航空公司往往需要在航线网络层次上建立机队规划的模型，因此需要把基本方程应用到航线上。在航线 j 上应用基本方程时，一般采用航

基本方程的应用

线的航班频率为决策变量，此时的基本方程参考式(3.9)，也可表达为

$$S_i \alpha_{ij} f_{ij} = D_{ij} \tag{3.13}$$

其中，α_{ij} 是机型 i 在航线 j 上的期望客座率。

1) 航线飞行时间和飞机利用率表达的基本方程

如果机型 i 在航线 j 的飞行时间是 t_{ij}，一架机型 i 的飞机在适用期限的利用率为 T_i，适用期限内机型 i 在航线 j 分担的需求是 D_{ij}，则客运航线的基本方程如下：

$$\frac{T_i}{t_{ij}} S_i \alpha_{ij} x_{ij} = D_{ij} \tag{3.14}$$

其中，x_{ij} 是机型 i 应用在航线 j 上的飞机架数，它可以是小数，代表一架飞机利用率的百分比。

2) 航线飞机架数计算公式一

对照式(3.13)和式(3.14)，可以得到用航班频率计算飞机架数的一种公式：

$$x_{ij} = \frac{t_{ij} f_{ij}}{T_i} \tag{3.15}$$

式(3.15)具有非常鲜明的意义，因为 T_i / t_{ij} 是一架机型 i 的飞机在适用期限内能在航线 j 上执飞的航班频率，而完成航线 j 的运输需求实际执飞了 f_{ij} 的频率，所以需要的飞机架数应当等于这两者的比值。

3) 航线飞机架数计算公式二

设航线 j 的航程长度为 d_j，飞机的飞行速度为 v_{ij}，由于航线 j 的飞行时间与航程之间有关系：

$$t_{ij} = \frac{d_j}{v_{ij}} \tag{3.16}$$

因此，可得飞机架数与航班频率的另一种表达式为

$$x_{ij} = \frac{d_j f_{ij}}{v_{ij} T_i} \tag{3.17}$$

飞机在航线上的运行模式不同，上述公式可以表达两种不同情况。一种是基地型运行模式，飞机在一条航线上飞来回程，那么 f_{ij} 是单向的航班频率，在航线 j 上使用的飞机架数应当是上述计算结果的 2 倍，即

$$x_{ij} = \frac{2t_{ij} f_{ij}}{T_i} \text{ 或者 } x_{ij} = \frac{2d_j f_{ij}}{v_{ij} T_i} \tag{3.18}$$

另一种是非基地型运行模式，在某航线上不一定飞来回程，f_{ij} 是总的航班频率，那么飞机架数用式(3.15)计算即可。

6. 一个实例

根据以上分析，在应用基本方程进行机队规划时，通常按照以下步骤执行。

(1) 评价现有载运率。分析现有机队总运力和完成的总运输量，计算现有载运率：

平均载运率=总运输量/总运力

分析它是否合理，是否符合公司发展战略，进而对现有载运率进行必要的调整，确定机队规划的载运率。

(2) 评价现有飞机利用率。对公司运行现状进行经济分析，评估现有机队结构与现有航线结构是否匹配，分析评价现有飞机利用率是否合理。根据公司市场发展战略，包括航线调整和市场份额目标，对现有机队结构做必要的调整，确定机队规划中各机型的分担比例。根据公司发展战略对各机型的飞机利用率进行调整，确定规划期限内的各机型飞机利用率。

(3) 确定机队总运力。根据市场需求增长的预测，确定规划期限内运输总需求，然后根据运输总需求和步骤(1)确定的载运率，确定机队总运力(机队规模发展目标)。

(4) 确定各型飞机架数。根据机队总运力和步骤(2)确定的机型比例，计算各机型运力；然后根据各机型飞机的最大业载、利用率和平均航速，由机队规划基本方程计算各机型的飞机架数，即

飞机架数=该类机型总运力/(该类飞机的航速×最大业载×利用率)

例：某航空公司准备为下个五年计划做机队规划，该航空公司现有的飞机机型如表 3.3 所示。

表 3.3　某航空公司现有飞机的机型和座级划分

50 座级	100 座级	150 座级	200 座级	250 座级	300 座级
CRJ200	—	B737-700	B757-200	B767-300	MD11
—	—	B737-800	B757-231	—	—

根据该公司的发展战略，综合考虑航线的长度和市场需求状况，计划未来在规划期限内只采用 100 座级、150 座级和 200 座级的飞机。由各型飞机的技术数据可以给出各座级飞机的平均航速、最大业载，用航空公司的财务数据计算出各座级飞机的小时成本和盈亏平衡载运率(可用它作为低限载运率)。根据上述步骤(1)和步骤(2)的要求，通过对现有市场和生产数据的分析，发现现有的各型飞机的日利用率、载运率都比较低，根据公司的发展战略及综合专家的意见，对飞机日利用率、高限载运率和各型飞机的分担率做必要的调整。根据步骤(3)的要求，通过市场调查和市场预测获得了 5 年后市场年运输量需求将达到 3.45 亿吨公里，并由各座级飞机的分担率得到各型飞机承担的市场需求。以上这些数据综合后列在表 3.4 中。除上述参数外，l_i 指第 i 类飞机的低限载运率；L_i 指第 i 类飞机的高限载运率；

表 3.4　机队优化模型参数列表

参数	100 座级	150 座级	200 座级
小时成本 C_i /元	23728	30289	42021
平均航速 v_i /(公里/小时)	566	633	664
最大业载 z_i /吨	10.3	15.2	23.4
日利用率 T_i /小时	7	7.5	7
低限载运率 l_i /%	51	50	52
高限载运率 L_i /%	74	70	65
市场需求 D_i /亿吨公里	0.1696	1.30182	1.97904
已有飞机数量 N_i /架	0	5	5

应用式(3.5)按高限载运率计算可得各座级所需飞机架数如下：

$$100座级飞机架数 = \frac{0.1696 \times 10^8}{10.3 \times 566 \times 7 \times 0.74 \times 365} \approx 1.5(架)$$

$$150座级飞机架数 = \frac{1.30182 \times 10^8}{15.2 \times 633 \times 7.5 \times 0.7 \times 365} \approx 7.1(架)$$

$$200座级飞机架数 = \frac{1.97904 \times 10^8}{23.4 \times 664 \times 7 \times 0.65 \times 365} \approx 7.7(架)$$

如果按照低限载运率来计算各座级的飞机架数，可得

$$100座级飞机架数 = \frac{0.1696 \times 10^8}{10.3 \times 566 \times 7 \times 0.51 \times 365} \approx 2.2(架)$$

$$150座级飞机架数 = \frac{1.30182 \times 10^8}{15.2 \times 633 \times 7.5 \times 0.5 \times 365} \approx 9.9(架)$$

$$200座级飞机架数 = \frac{1.97904 \times 10^8}{23.4 \times 664 \times 7 \times 0.52 \times 365} \approx 9.6(架)$$

实际各座级飞机架数可取以上两个结果的中间某数值，例如，取 100 座级飞机 2 架，150 座级和 200 座级飞机各 9 架。

7. 宏观机队规划的最优化方法

基本方程的机队规划结果一般只能实现供需平衡，不能保证总成本最小。如果航空公司希望实现总成本最小的机队规划，可以通过建立数学模型，然后求解获得。式(3.19)～式(3.24)给出了一种简单的机队宏观规划数学模型，具体如下：

$$\min C = 365 \sum_{i=1}^{K} T_i C_i x_i \tag{3.19}$$

$$365 T_i z_i v_i l_i x_i \leqslant D_i, \quad i=1,2,\cdots,K \tag{3.20}$$

$$365 T_i z_i v_i L_i x_i \geqslant D_i, \quad i=1,2,\cdots,K \tag{3.21}$$

$$365 l \sum_{i=1}^{K} T_i v_i z_i x_i \leqslant \sum_{i=1}^{K} D_i \tag{3.22}$$

$$365 L \sum_{i=1}^{K} T_i v_i z_i x_i \geqslant \sum_{i=1}^{K} D_i \tag{3.23}$$

$$x_i \geqslant N_i, \quad i=1,2,\cdots,K \tag{3.24}$$

其中，x_i 取正整数，是决策变量，表示第 i 类飞机的架数；N_i 是第 i 类飞机的现有架数；K 为机型总数；l 和 L 分别为平均低限载运率和平均高限载运率；C 为飞机总成本；C_i 为第 i 类飞机的小时成本。数学模型中，"365"表示平均每架飞机一年工作 365 天。实际情况下，由于需要停场检修，飞机也许不能出满勤，做规划时应使用飞机平均出勤天数替换"365"，也可以将 $365T_i$ 用飞机年利用率替换。

该数学模型的目标函数(3.19)表示优化的目标是总成本最小。各约束条件的含义如下：式(3.20)表示第 i 类机队对应低限载运率的载运量应不大于该类机型的市场需求；式(3.21)表示第 i 类机队对应高限载运率的载运量应不小于该类机型的市场需求；式(3.22)表示对应平均低限载运率的总载运量应不大于市场总需求；式(3.23)表示对应平均高限载运率的总载运量应不小于市场总需求；式(3.24)表示规划的该类飞机的数量应不小于该类飞机的现

有数量。该约束条件不是所有情况下都需要，在不必要时可以删除。

式(3.19)～式(3.24)的模型适用期限为一年的规划模型，其中 T_i 是一架机型 i 飞机的期望日利用率，N_i 是机型 i 在规划期初拥有的飞机架数，这里假设机队是成长型的。

宏观机队规划模型约束条件都是基本方程的应用，共有两组约束条件，其中第一组是关于每种机型的，第二组是关于整个机队的。将第一组两个不等式的两边对机型求和，并用整个机队的期望载运率代替各机型的期望载运率，即得第二组约束条件。

经过推导，如果机队期望载运率是通过式(3.25)用各子机型的期望载运率计算的，即

$$\begin{cases} l = \dfrac{D}{\displaystyle\sum_{i=1}^{K} D_i / l_i} = \dfrac{1}{\displaystyle\sum_{i=1}^{K} \eta_i / l_i} \\[4mm] L = \dfrac{D}{\displaystyle\sum_{i=1}^{K} D_i / L_i} = \dfrac{1}{\displaystyle\sum_{i=1}^{K} \eta_i / L_i} \end{cases} \tag{3.25}$$

则第二组约束条件是多余的约束，飞机架数的可行域用式(3.12)表示，最优解为

$$x_i = \max\left\{ N_i,\ \left\lfloor \frac{D_i}{a_i L_i} \right\rfloor + 1 \right\} \tag{3.26}$$

其中，$a_i = 365 v_i T_i Z_i$。最优目标函数值近似等于

$$C^* = \sum_{i=1}^{K} \frac{C_i D_i}{v_i Z_i L_i} \tag{3.27}$$

从以上的优化结果可以看出，以运行总成本最小为宏观机队规划的目标是一种保守的规划，飞机架数是在满足基本方程的约束条件下尽可能取小的值。

上述对机队期望载运率的计算公式表示：机队的期望载运率等于各子机队期望载运率的加权调和平均值，权重等于子机队的需求分担率。这种计算方法应当是合理的。

为了采取积极进取的机队发展政策，也可以采用机队运行总收入或者总利润最大为优化目标。

宏观机队规划结果是有一定前提条件的，因为市场增长率或载运率的任何变化均对运力的需求带来影响。另外，在规划周期内，新进入市场的航空公司的竞争也会对规划结果带来影响。宏观机队规划虽然仅仅是对未来运营状况的判断，但该方法无法准确反映出航班/航线机型匹配的详细信息，尤其是技术经济性能特点，如小座级飞机执飞大客流市场的需求溢出问题、大座级飞机执飞小客流市场的空座问题，以及复杂航线/航路等对于特定机型飞机的适航性限制等，因此通过这种方法仅可以使航空公司对未来运力需求有一个初步的了解，一般用于航空公司或者飞机制造商中长期机队预测。

3.4.2　微观机队规划方法

微观机队规划是从 OD 流角度出发，对已经开航或拟开航的各航线逐条进行 OD 流需求预测，然后计算出每条航线各个座级飞机的数量(不一定是整数)，再汇总各航线飞机数量，得到公司飞机总数。微观机队规划方法涉及的主要影响因素有：各航线客货流量、流向；各航线不同机型的经济性；飞机的使用及其调配方法；航班时刻及飞行路线计划。微观机队规划的结果应当给出需购买和退役飞机的数量、机型的调整方案、运营成本和效益预测。

相对于宏观机队规划，微观机队规划的优点是可以直接给出机队的结构和在各航线上的分布，对航空公司的机型选择、航班计划的安排具有实际意义。但微观机队规划也存在不足，因为预测所需要的信息量大，预测结果的精度不易把握，模型比较复杂，所以只适用于中短期规划。在实际运用中，常常把宏观、微观两种方法结合使用，以便获得更加可靠的机队规划结果。下面从单航线和航线网络两种情况分别进行微观机队规划。

1. 微观机队规划方程

微观机队规划是在航线网络层次甚至是航班时刻表的层次上进行的机队规划，是从下到上的规划方法。与宏观机队规划不同，微观机队规划需要更为细致和精确的信息，因为未来时间越长，掌握的信息越少，所以微观机队规划适用于中短期的机队规划。

1) 微观机队规划的成本和需求

首先微观机队规划需要预测航线网络层次的成本和需求，也就是需要对航线网络的逐条航线预测运输需求(如人次)、不同机型每航班的成本。一个航班的成本包括燃油成本、航路成本、机组成本、起降费、旅客服务成本、机票销售成本、飞机维护成本、飞机拥有成本等。首先计算出各种机型的座公里成本，然后用航班运行成本=座公里成本×轮档距离×可用座位数的公式计算航班运行成本。

2) 微观机队规划的目标函数与约束条件

如果已经计算出机型 i 在航线 j 的执行一个航班的成本是 c_{ij}，那么可以用机队运行成本最小为目标函数，即

$$\min C = \sum_{i=1}^{K} \sum_{j=1}^{m} c_{ij} f_{ij} \tag{3.28}$$

采用成本最小为规划目标，是一种保守的规划策略。另外，也可以采用总收入最大为规划目标，或者评价机型 i 在航线 j 上使用的效用值 V_{ij}，采用如下的效用最大为规划目标：

$$\max V(j) = \sum_{i=1}^{K} V_{ij} S_i f_{ij} \Big/ \sum_{i=1}^{K} S_i f_{ij} \tag{3.29}$$

微观机队规划至少需要考虑以下约束条件：基本方程；机型飞机利用率限制；航班容量限制(航线时刻限制)，有时还需考虑：一条航线使用机型数的限制；航线适航性限制等。

3) 微观机队规划优化模型

以机队运行成本最小为规划目标的一个微观机队规划模型如下：

$$\begin{cases} \min C = \sum_{i=1}^{K} \sum_{j=1}^{m} c_{ij} f_{ij} \\ \sum_{i=1}^{K} \alpha_{ij} S_i f_{ij} \geqslant D_j, \quad j=1,2,\cdots,m \\ \sum_{j=1}^{m} t_{ij} f_{ij} \leqslant T_i, \quad i=1,2,\cdots,K \\ \sum_{i=1}^{K} f_{ij} \leqslant P_j, \quad j=1,2,\cdots,m \\ f_{ij} \geqslant 0, \quad i=1,2,\cdots,K; \quad j=1,2,\cdots,m \end{cases} \tag{3.30}$$

约束条件分别为提供的总运力大于市场需求 D_j；飞机总飞行小时数小于飞机总利用率 T_i；航班频率不能超过航班量最大值 P_j。解得频率 f_{ij} 后，可用式(3.18)计算各航线的飞机架数，将各航线的飞机架数相加得到机队各机型飞机架数。

实例讲解

2. 一个实例

某小型航空公司选择了三种机型，即机型 1 的座位数为 100、机型 2 的座位数为 150、机型 3 的座位数为 200，各型飞机每架期望年利用率分别为 $\overline{T}_1 = 2560\text{h}$，$\overline{T}_2 = 2750\text{h}$，$\overline{T}_3 = 2560\text{h}$。根据市场调查和公司销售历史数据的分析以及公司的发展战略，该公司决定 3 年内从目前的 5 条航线发展到 15 条航线。期望客座率和航线飞行时间如表 3.5 所示，试列出机队规划的数学模型，并求解该模型，给出机队规划决策建议。

表 3.5　机型和航线的有关参数

航线参数		1	2	3	4	5	6	7	8	9	10	11	12	13	14	15
客座率	机型 1	0.9	0.8	0.8	0.75	0.85	0.95	0.85	0.8	0.95	0.75	0.9	0.7	0.95	0.95	0.85
	机型 2	0.8	0.67	0.63	0.8	0.68	0.73	0.63	0.8	0.53	0.73	0.83	0.63	0.68	0.67	0.67
	机型 3	0.7	0.7	0.7	0.7	0.7	0.75	0.65	0.7	0.6	0.65	0.7	0.7	0.75	0.6	0.55
飞行时间/h	机型 1	1.74	2.61	1.39	2.32	1.64	1.06	1.93	2.81	3.23	3.05	2.89	3.84	2.19	2.37	5.01
	机型 2	1.37	2.30	1.16	2.05	1.47	0.94	1.65	2.32	3.16	2.54	2.40	3.79	1.89	2.05	4.43
	机型 3	1.35	2.11	1.05	2.01	1.31	0.91	1.22	2.11	2.48	2.51	2.18	3.21	1.50	1.48	4.40

航线需求预测等有关参数如表 3.6 所示。

表 3.6　航线需求预测等有关参数

航线号	航线	年需求量/人次	年频率限制/班	轮档距离/公里
1	NKG-PEK	500000	3800	1100
2	NKG-CTU	160000	1200	1700
3	NKG-CSX	140000	1200	900
4	NKG-CAN	450000	3200	1600
5	NKG-DLC	200000	1800	1100
6	NKG-TAO	120000	1200	600
7	NKG-XMN	120000	960	1150
8	NKG-SZX	320000	2400	1700
9	NKG-HAK	240000	2160	2200
10	NKG-KWL	180000	1800	1900
11	NKG-HKG	240000	1800	1750
12	NKG-KMG	160000	1440	2500
13	NKG-SIA	140000	1200	1300
14	NKG-SHE	98000	960	1400
15	NKG-URC	60000	840	3100

根据表 3.6 的有关数据计算航线的航班运行成本，如表 3.7 所示。

表 3.7　航线的航班运行成本　　　　　　　　（单位：万元）

航线	1	2	3	4	5	6	7	8
机型 1	3.9745	6.4641	3.7598	5.2693	4.4341	2.0720	4.9503	5.5491
机型 2	4.5950	7.0847	4.3804	5.8899	5.0547	2.6926	5.5709	6.1697
机型 3	6.4351	8.9247	6.2205	7.7299	6.8947	4.5327	7.4109	8.0098
航线	9	10	11	12	13	14	15	
机型 1	6.9237	5.8768	5.5897	7.7923	4.5167	4.9169	11.0809	
机型 2	7.5443	6.4974	6.2103	8.4129	5.1373	5.5375	11.7015	
机型 3	9.3844	8.3375	8.0504	10.2529	6.9774	7.3776	13.5415	

　　把上述参数代入模型，并注意到实例只给出了各机型一架飞机的年利用率，不能给出子机队的年利用率，暂时放弃关于飞机利用率的约束条件，得

$$\min z = 3.9745x_{11} + 6.4641x_{12} + 3.7598x_{13} \cdots + 6.9774x_{313} + 7.3776x_{314} + 13.5415x_{315}$$

$$90x_{11} + 120x_{12} + 140x_{31} \geqslant 250000$$

$$80x_{21} + 100x_{22} + 140x_{32} \geqslant 80000$$

$$\cdots\cdots$$

$$95x_{114} + 100x_{214} + 120x_{314} \geqslant 49000$$

$$85x_{115} + 100x_{215} + 110x_{315} \geqslant 30000$$

$$x_{11} + x_{21} + x_{31} \leqslant 1900$$

$$x_{12} + x_{22} + x_{32} \leqslant 600$$

$$x_{13} + x_{23} + x_{33} \leqslant 600$$

$$\cdots\cdots$$

$$x_{113} + x_{213} + x_{313} \leqslant 600$$

$$x_{114} + x_{214} + x_{314} \leqslant 480$$

$$x_{115} + x_{215} + x_{315} \leqslant 420$$

$$x_{ij} \geqslant 0, \quad i = 1, 2, 3; \quad j = 1, 2, \cdots, 15$$

应用优化平台软件求解得到表 3.8 所示的结果。

表 3.8　实例的求解结果

航线		1	2	3	4	5	6	7	8
年航班频率	机型 1	0	0	0	0	0	400	0	0
	机型 2	1583	0	0	1583	0	200	0	400
	机型 3	0	571	500	0	714	0	461	800
折合飞机架数	机型 1	0	0	0	0	0	0.1656	0	0
	机型 2	0.7886	0	0	1.1800	0	0.0683	0	0.3374
	机型 3	0	0.4605	0.1995	0	0.3402	0	0.2018	0.6500
航线		9	10	11	12	13	14	15	
年航班频率	机型 1	384	0	0	0	0	344	0	
	机型 2	0	818	400	0	0	0	300	
	机型 3	696	0	500	571	467	136	0	

续表

航线		9	10	11	12	13	14	15	
折合飞机架数	机型 1	0.4695	0	0	0	0	0.3330	0	
	机型 2	0	0.7555	0.3490	0	0	0	0.4832	
	机型 3	0.6636	0	0.4200	0.7006	0.2700	0.0786	0	

对航线的飞机架数求和得到三种机型的飞机架数分别是 1.90 架、7.92 架和 7.96 架，求整后为 2 架、8 架和 8 架，成本约为 16 亿元。

对于上述实例，需要引进飞机利用率的限制，因此可以引进整数决策变量 y_i，它表示机型 i 的飞机架数，那么可以把飞机利用率限制条件表达为

$$\sum_{j=1}^{m} t_{ij} x_{ij} \leqslant \overline{T}_i y_i \tag{3.31}$$

同时，可以考虑与飞机架数有关的成本，如停场费等，则目标函数可以改为

$$\min C = \sum_{i=1}^{K} \sum_{j=1}^{m} c_{ij} x_{ij} + \sum_{i=1}^{K} c_i y_i \tag{3.32}$$

如果设 c_1=10 万元/年，c_2=30 万元/年，c_3=45 万元/年，根据飞行时间，引入上述机队利用率约束条件，采用上述目标函数，重新优化本例的机队规划问题，可得 $y_1 = 1$，$y_2 = 4$，$y_3 = 4$，考虑航线的来回程再乘以 2 得到最终飞机架数。

3.5 机队置换计划优化

机队置换计划优化是首先根据机队规模和结构优化的结果，以及运输需求量的预测，计算出规划期内每年需要的各机型飞机架数；然后根据机队中各飞机的机龄及相应的维修费和折旧费，以及产生的预期收益，建立数学模型，使总营运成本最小或净收益最大；最后通过求解数学模型确定飞机置换计划。飞机置换计划问题包括单架飞机、单机型机队和混合机型机队三种情况。

1. 单架飞机置换计划

首先考虑单架飞机的置换问题。一般来说，新飞机的年运输量较大，经济收入高，故障少，因而维修费用较低，燃油省，但新飞机的价格昂贵，而且新飞机的折旧费可能较高（这与各公司的折旧政策有关）。随着飞机使用年限的增加，年运输量将减少，收入减少；故障变多，维修费用增加。从经济意义上看，一架飞机应该使用多少年后更新才最划算，是需要认真对待和仔细分析的问题。

2. 单机型机队置换计划

上述单架飞机置换问题不能考虑机队的增长，即机队规模的动态变化问题。机队置换应该符合机队规模决策的结果，满足动态增长的需要。某航空公司根据机队规模和结构的优化决策以及规划期中逐年运输需求量的预测结果，计算出规划期中各年需求的各机型飞机架数，然后对每一种机型，根据现有飞机的机龄及相应的营运成本、购买新飞机的引进费以及产生的期望收益，用规划的方法确定飞机置换计划，目标是使总利润最大。

3. 混合机型机队置换计划

对于单机型机队置换问题，假设规划期初所有飞机具有相同的机龄。但实际情况可能是：拥有多个机型，各机型在规划期初拥有不同机龄的飞机，不同机龄的飞机架数可能不同，因此比上面讨论的情况要复杂得多。这种属于混合机型的机队置换计划。

3.6 机队的配置优化

如果航空公司有多种不同的机型和多个营运基地，那么需要决定在各基地机场投放的机型及其数量，即机队配置问题。根据航空公司市场计划，已知各基地(或分公司)的机队承担的总运输量、各基地机场对机型的限制、不同机型飞机的架数以及不同机型飞机在不同基地的营运成本，可以确定一个使营运总成本最小的机队配置优化方案。

假设某航空公司有 K 种不同的机型和 J 个基地机场，各种机型的飞机总架数已经确定，这时就需要决定在各基地机场投放的飞机类型和数量。需要注意的是，一般地，在不同的基地机场，由于航空公司服务市场的特点(如航线的长短、需求的大小和旅客类型等)不同、公司维修能力以及航材备件等方面的限制，航空公司在不同的基地机场对投放的机型有限制。另外，如果某机型在一个基地机场投放的飞机过少，该机型的飞机将不能集中投放，造成维修和地面服务成本增加，以及飞机备件存放和管理困难，因此需要对同一机型指定一个最少投放架数。

思考练习题

3-1 航空公司机队规划主要包括哪些工作？

3-2 宏观机队规划和微观机队规划需要进行哪些需求预测？不同层次的机队规划各起什么作用？

3-3 航空公司飞机引进的方法有哪些？

3-4 机队规划基本方程表达了什么关系？

3-5 飞机选型应当遵守什么基本原则？

3-6 飞机置换计划能解决什么问题？为什么需要飞机置换？

第4章 航空运输计划

4.1 航班计划的概念

航班计划的概念

4.1.1 航班与航班计划

1. 航班的含义

航班是指飞机一次飞行的运输任务,它有一个特有的航班号,可以一次或多次起降。另外,还应包括起飞机场、出发时刻、到达机场、到达时刻。

2. 航空公司的航班类型

航空运输任务通过航班来执行,航班有定期航班、临时航班和包机航班。客运定期航班又称为正班航班,每年两季:夏秋季和冬春季,称为航季,夏秋季从每年5月的最后一个星期日到10月的最后一个星期六,冬春季从10月的最后一个星期日到第二年5月的最后一个星期六。

3. 航班时刻表的含义

航班时刻表既是运输计划的一部分,也是航空运输产品的重要属性,它是航空公司安排的运输任务的时间计划表(Flight Schedule),其中每个航班都给出以下信息:航班号;始发机场、始发时刻;到达机场、到达时刻;班期、频率。

临时航班、包机航班等一般不包括班期和频率。表4.1给出了航空公司对外发布(用于销售的)航班时刻表的一个示例。对于航空公司,航班时刻表是运输产品的广告和机票销售的依据,还含有票价信息。

表 4.1 航空公司的航班时刻表示例

航班号	出发地	到达地	预计起飞时间	预计到达时间
MU2812	北京(大兴国际)	南京(禄口机场)	2021/4/2	2021/4/2
			11:05	13:15
MU2832	北京(大兴国际)	南京(禄口机场)	2021/4/2	2021/4/2
			18:05	20:20
MU2842	北京(大兴国际)	南京(禄口机场)	2021/4/2	2021/4/2
			20:00	22:10
MU2852	北京(大兴国际)	南京(禄口机场)	2021/4/2	2021/4/2
			22:55	1:05

4. 航班计划包含的内容

在航空公司内部,航班时刻表只是航班计划的一部分。航班计划包含飞机路线和机尾号指派,广义的航班运输计划还应包括机组排班计划。因此,航空运输计划由航班时刻表、机型指派、飞机路线、机组排班部分组成。

5. 航空公司航班计划的价值

航班计划决定了航空公司的市场份额、总产量(运输量)和运输成本,也基本决定了航空公司的收益,因此直接影响航空公司的营利状况,体现航空公司的竞争力。所以,应当重视航班计划的质量,采用科学方法进行科学的决策。

4.1.2 航班计划的作用

1. 航班计划在航空公司各项计划中的地位

航班计划是航空公司其他各部门生产计划的基础,也是航空公司一切生产活动的依据。航班计划与其他计划的关系如图4.1所示。航班计划调动了机队运力资源、机组人力资源,最大限度地完成民航运输任务。

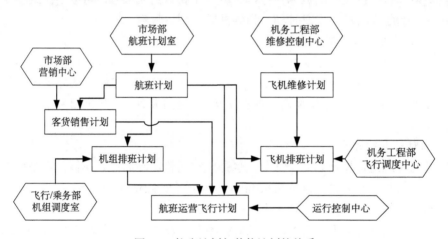

图4.1 航班计划与其他计划的关系

2. 航班计划的社会作用

航班计划具有以下社会作用:让社会大众了解运输产品;是大众安排出行的依据;为大型社会活动提供运力安排。

3. 航班计划对机场生产计划的作用

机场为做好航班地面保障工作,需要调配各项保障资源,安排生产作业计划。

航班计划是机场保障作业计划的依据,机场保障作业计划包括:旅客、货物在机场进行陆空交通的转接,服务/保障流程各环节的作业计划;航空器在机场起降停靠,接受过站地面保障的作业计划。

4. 航班计划对空管作业计划的作用

航班计划是管制扇区划分和管制员排班的依据。

为确保航班安全,航班的运行过程需要空管的指挥。空管将飞行管制空域划分为塔台管制、进近管制和区域管制,各管制区域再划分成管制扇区,每个扇区有一个管制岗位,以此把航班飞行每时每刻置于管制员的管控之下。

5. 航班计划对基地航空公司地服作业计划的作用

航班计划是地服设备和人员排班的依据。

在机场,航班的许多保障作业,如旅客值机、登机或摆渡登机、行李/货物装卸运输、客舱清洁卫生、航班配载等，均是基地航空公司的地服公司的任务，都应根据航班计划做出排班和调度计划。

4.1.3　航班计划的影响因素

航班计划的编制是一项非常繁重的工作，需要考虑的影响因素很多，既有航空公司内部的资源限制、管理制度和部门协调等，又有航空公司外部的社会经济因素，还有自然条件、运行条件等的限制。

航班计划编制人员必须经验丰富，专业知识扎实，能充分考虑各种影响因素的利弊，确保航班计划的可行、高效。

航班计划的内部影响因素包括：航线网络规划；机队规模和结构；运力的调配方式；飞机维修计划；飞机的经济参数；管理制度和部门协调。

航班计划的行业管理影响因素包括：政府的经营许可和航权的获取；时刻分配和管理制度；市场竞争与合作的宏观管理政策；行业激励政策。

航班计划的社会经济影响因素包括：运输市场需求的变化；区域经济的发展；地方政府的扶持政策；地面运输的竞争与合作。

航班运行条件的影响因素包括：机场和空域的繁忙程度；航线的适航要求；机场保障能力；新技术的应用。

在制订航班计划时应当充分考虑这些内外部因素的影响，确保航班计划的科学性、可操作性、有效性。

4.2　编制航班计划的先决条件

4.2.1　计划编制的先决条件的概念

1. 先决条件分析

编制航班计划时，应首先对上述影响因素进行定性分析，确定航班计划修订的基本思路；然后收集相关数据进行定量计算，获取编制航班计划的必要参数。这里所述的先决条件指定量分析。

2. 航线网络的条件

航线网络是航班计划编制的最重要依据之一。它既规定了航班服务的市场范围，又给出了飞机使用方式、各 OD 对运输路线和各路线的运输比例，还初步给出了各 OD 对需求大小。

如果是城市对或线形航线网络，则飞机采用基地型来回程使用模式；如果是枢纽航线网络，则采用航班波的飞机使用模式。

3. 机队运力条件

机队运力是航班计划的供给方，航班计划对飞机的需求不能超过机队的运力。

机队规模影响航班班次，机队结构对航班频率也有影响。如果大型宽体客机的比例高，则航班频率将减少；反之，小型客机占比高时，航班频率将增加。

4. 财务数据

编制航班计划需要的财务数据包括各航线的成本、收入，以及各机型的座公里成本和收入。

航班计划的编制应当寻找运力对航班的最优配置，实现航空公司营运效益最大化。

财务数据将用于计算航班计划的目标函数和评价航班计划的优劣。

5. 需求大小与分布

航班计划与需求直接相关。旅客出行需求是一个随机过程，航线需求是随时间变化的随机变量。图 4.2 为某一天旅客需求密度分布图。一天中，不同出行时间段的旅客流量不同。早出行高峰在 8:00～10:00，晚高峰在 17:00～19:00。

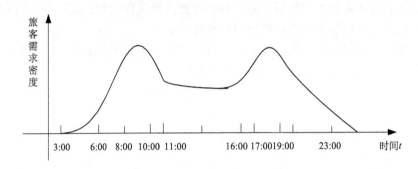

图 4.2　某一天旅客需求密度分布图

同一时点上需求具有概率分布，简称需求概率分布；各时点需求平均值随时间的变化称为期望需求分布(可用需求分布密度表示)。各航线总需求的期望值决定了航班频率和所用机型；期望需求分布决定了最优班期和航班时刻，还决定了旅客出行成本。需求概率分布可用于优化机型分配。

4.2.2　航线网络与航班计划的关系

1. 与航线网络结构的关系

根据前面的讨论，如果航线网络是城市对式的或线形的，则飞机在基地机场过夜，固定停场地点；如果航线网络是蛛网式的或者枢纽辐射式的，则飞机需分散过夜的机场。对于枢纽辐射式网络，其分散在各轮辐机场过夜；对于蛛网式网络，则各机场地位均等，飞机动态分散在各焦点机场过夜。

2. 航节需求与航线网络的关系

航节需求是计算航节的航班频率的依据，但航节需求一般不是直接预测得到的，而是用 OD 对需求和 OD 对运输路线计算得到的。

OD 对运输路线由一条或多条航节组成，航节需求等于各经过该航节的运输路线的需求之和。

不同航线网络的结构，其 OD 对运输路线的组成不同，例如，城市对航线网络，它的每个 OD 对运输路线只有一个航节。

3. 航节需求与航班计划的关系

在既定机型的条件下，航班频率与航节的期望需求成正比；航节需求分布密度则可用于计算航班的旅客计划延误时间，优化航班时刻。

　　4. 单基地和多基地与航班计划的关系

　　在基地型飞机使用模式下，飞机总是飞来回程，所以对于单基地城市对航线网络，只需在基地和通达点之间根据需求安排航班即可。

　　如果是多基地的航线网络，而且各基地独立运行，那么就如同多个单基地城市对航线网络，处理比较简单。如果多基地统一编制航班计划，那么飞机资源可以共享、统一调配，不一定飞来回程，这样可提高飞机的使用效率。

　　5. 航线联营和代码共享的关系

　　如果和其他航空公司实行代码共享和航线联营，那么应当把合作伙伴的航线和航班纳入本航空公司的航线网络中一并考虑。

　　代码共享时，和合作航空公司经营同一条航线，但可以相互借用运力，把对方的航班纳入本航空公司的航班计划中。

　　航线联营时，和合作航空公司经营不同航节，但联营的航节共同服务一个 OD 对运输，此时可以把对方的联营航节作为本航空公司航线网络的一部分，纳入航线网络中。

4.2.3　机队与航班计划的关系

　　1. 机队规模和航班计划的关系

　　如果飞国内航线，一架飞机通常平均每天执行 4 个航班；如果飞国际航线，平均每架飞机执行 1 或 2 个航班。机队规模越大，航班计划的规模越大。一家拥有 100 架飞机的国内航空公司每天大约有 400 个航班；一家拥有 500 架飞机的国内航空公司每天至少可执行 2000 个航班。

　　机队规模越大，航班计划的衔接性越好，可以执行的航班量越大。一家只有 5 架飞机的航空公司一天很难执行 20 个航班。

　　2. 机型与航班频率的关系

　　在同一条航线上，机型越大，航班频率越小，旅客计划延误时间越长，可能流失的旅客越多；但在同样的航班频率下，采用大型飞机将增加运行成本和空座成本，从而减少旅客溢出成本。

　　反之，机型越小，航班频率越大，旅客计划延误时间越短，可能损失的旅客越少；在同样的航班频率下，小型飞机的运行成本和空座成本均较小，从而增加旅客溢出成本。

　　3. 机队结构与航班计划的关系

　　在同样的机队规模下，调整机队结构，将导致不同的航班计划，或不同的航班计划执行效率。

　　大型飞机的增加，将导致运行总成本增加、空座损失增加。经营收入取决于航线网络结构和飞机的使用，所以可能增加，也可能减少。

　　小型飞机的增加，将导致运行总成本减少，但旅客溢出损失增加，航班收入减少。

　　4. 飞机利用率与航班计划的关系

　　在服务的运输市场范围不变的情况下，飞机利用率越高，需要的飞机运力越小；如果机队不变，飞机利用率越高，可执行的航班越多。

　　假设某公司拥有 100 架飞机，飞机日利用率从 10 小时提高到 11 小时，那么该公司每天将增加 100 个飞行小时；如果平均每航班飞行 2 小时，那么每天将增加 50 个航班。这是非常可观的。

5. 平均载运率和客座率与航班计划的关系

飞机的平均载运率和客座率对航班计划的影响是很大的。在需求不变的情况下，平均载运率和客座率越高，航班频率越小，需要的飞机越少。

如果航班计划不变，平均载运率和客座率越高，运送的旅客或货物越多，收入越高。

在航班时刻表不变的情况下，采用小机型，将提高平均载运率和客座率，但此时意味着旅客溢出增加，收入可能减少。

4.3   航班计划的分类

4.3.1   航班计划分类的依据

根据航班计划划分的不同目的，航班计划分类可以有以下不同分类依据。

(1)按照航空运输系统中不同的单位划分。

航空运输系统中，航空公司、机场和空管局都有航班计划。机场和空管局根据航空公司的航班计划编制自己的航班计划，因此按单位划分航班计划可以分为航空公司的航班计划、机场的航班计划和空管局的航班计划。

(2)按照航班计划的性质划分。

航班计划的性质是指是否具有长期性和定期性，由此可把航班计划分为定期航班(正班)计划、季节性加班计划、临时航班计划和包机航班计划等。其中，定期航班计划每年两季，由航空公司市场部门负责编制。运控中心负责 3 天内的临时航班计划。

(3)按照航班计划的航班类型划分。

航班类型是由航班飞行距离横跨的范围决定的。我国航班类型有国际航班(一端在外国)、地区航班(一端在港澳台)和国内航班(两端都在国内)。依据航班类型可以把航班计划分为国际航班计划、地区航班计划和国内航班计划。

4.3.2   以单位划分航班计划

1. 机场航班计划分类

机场航班计划是将各航空公司申报的航班进行融合，再制订机场保障资源的分配计划(如停机位分配计划)，形成机场的航班计划，如图 4.3 所示。

机场按照到港航班、离港航班和过站航班分别进行保障作业，因此机场航班计划可以分为到港航班计划、离港航班计划和过站航班计划。

2. 空管局航班计划分类

空管局航班计划的主体部分也来自各航空公司的航班计划，它根据临时加班计划进行调整。同时，需要对通用航空飞行进行预测，并根据军航飞行调整空域结构和航路。空管局航班计划分为进场航班计划、离场航班计划和穿越航班计划。

空管局根据这些航班计划预测某一空域的航班流量，作为扇区划分和其他空域规划的重要依据。

运行日	航班号	航空公司	进离港	机号	具体机型	机型类别	远近机位	机位号	登机口号	航站	国际国内	计划时间	预计
20120901	3U8515	3U	A	B6173	319	C	N	324		CKG	D	2012-09-01 00:05:00.0	2012-09-0
20120901	CZ6717	CZ	A	B6626	321	C	N	235	35	SYX	D	2012-09-01 00:05:00.0	2012-08-3
20120901	MF8127	MF	A	B5551	738	C	N	222	22	JJN	D	2012-09-01 00:05:00.0	2012-09-0
20120901	MF8169	MF	A	B5632	738	C	Y	725	41	XMN	D	2012-09-01 00:05:00.0	2012-09-0
20120901	SQ801	SQ	D	9VSYF	773	E	N	511	E11	SIN	I	2012-09-01 00:05:00.0	
20120901	EY889	EY	A	A6EYH	332	C	N	512		NGO	I	2012-09-01 00:05:00.0	2012-08-3
20120901	CZ6164	CZ	A	B6276	320	C	N	N107	43	HGH	D	2012-09-01 00:05:00.0	2012-08-3
20120901	KE837	KE	A	HL8241	738	C	N	207	07	PUS	I	2012-09-01 00:05:00.0	2012-08-3
20120901	MU5186	MU	A	B6331	321	C	Y	807	42	PVG	D	2012-09-01 00:05:00.0	2012-09-0
20120901	CA1138D	CA	A	B5172	738	C	N	328		HET	D	2012-09-01 00:10:00.0	
20120901	SQ810	SQ	A	9VSTE	333	E	N	509		SIN	I	2012-09-01 00:10:00.0	2012-08-3
20120901	CA9632	CA	A	B5342	738	C	N	325		ZGC	D	2012-09-01 00:10:00.0	2012-08-3
20120901	MU2468	MU	A	B5493	738	C	Y	802	44	WNZ	D	2012-09-01 00:10:00.0	2012-09-0
20120901	MF8191	MF	A	B5657	738	C	Y	724	42	CSX	D	2012-09-01 00:10:00.0	2012-09-0
20120901	CZ6118	CZ	A	B6251	320	C	Y	735	42	INC	D	2012-09-01 00:10:00.0	2012-09-0
20120901	CZ3107	CZ	A	B6136	380	F	N	221	21	CAN	D	2012-09-01 00:10:00.0	2012-08-3
20120901	ET605	ET	D	ETANP	772	E	N	208	08	ADD	I	2012-09-01 00:10:00.0	
20120901	CZ6605	CZ	A	B5112	738	C	N	231	31	WUH	D	2012-09-01 00:15:00.0	2012-09-0
20120901	HU7702	HU	A	B5521	738	C	N	103	A03	SZX	D	2012-09-01 00:15:00.0	2012-09-0
20120901	JD5188	JD	A	B6858	320	C	Y	W113	A18	BAV	D	2012-09-01 00:15:00.0	2012-08-3
20120901	JD5228	JD	A	B6898	320	C	Y	W110	A18	HET	D	2012-09-01 00:15:00.0	
20120901	CA1346	CA	A	B2511	738	C	Y	454		SYX	D	2012-09-01 00:15:00.0	
20120901	CZ3962	CZ	A	B6318	321	C	N	239	39	SZX	D	2012-09-01 00:15:00.0	
20120901	CA1886	CA	A	B6523	333	E	N	307		SHA	D	2012-09-01 00:15:00.0	
20120901	CA1636D	CA	A	B2161	738	C	N	561		SHE	D	2012-09-01 00:15:00.0	
20120901	9C8991	9C	A	B6645	320	C	Y	N102	A02	SHA	D	2012-09-01 00:15:00.0	
20120901	CA907	CA	D	B6093	332	E	Y	409	E51	MAD	I	2012-09-01 00:15:00.0	
20120901	CA1478	CA	A	B5438	320	C	N	326		URC	D	2012-09-01 00:20:00.0	2012-08-3
20120901	CA1696D	CA	A	B5341	738	C	N	318		DQA	D	2012-09-01 00:20:00.0	
20120901	PR398	PR	A	RPC8604	320	C	N	216	16	MNL	I	2012-09-01 00:20:00.0	2012-08-3
20120901	MH360	MH	A	9MMTA	333	E	N	212	12	KUL	I	2012-09-01 00:20:00.0	2012-09-0
20120901	MU5715	MU	A	B5265	73G	C	N	226	26	KMG	D	2012-09-01 00:20:00.0	2012-09-0
20120901	MU5165	MU	A	B2498	763	D	Y	602	41	SHA	D	2012-09-01 00:20:00.0	
20120901	JD5290	JD	A	B6417	319	C	Y	W108	A18	HET	D	2012-09-01 00:20:00.0	2012-09-0
20120901	HO1251	HO	A	B6768	320	C	Y	721	42	SHA	D	2012-09-01 00:20:00.0	2012-08-3
20120901	MU2602	MU	A	B5472	738	C	Y	813	44	WUH	D	2012-09-01 00:20:00.0	2012-09-0
20120901	HU7124	HU	A	B5540	738	C	N	108	A08	MDG	D	2012-09-01 00:25:00.0	
20120901	CZ6173	CZ	A	B6158	319	C	N	232	32	CGQ	D	2012-09-01 00:25:00.0	2012-09-0
20120901	CZ6126	CZ	D	B6306	321	C	N	233	33	DLC	D	2012-09-01 00:25:00.0	

图 4.3　机场的航班计划示意图

3. 航空公司航班计划分类

航空公司航班计划除了可以按照性质和类型划分，还可以根据航班计划的执行周期进行划分，一般划分如下：

(1) 日周期航班计划(每个航班每天都执行)；

(2) 周周期航班计划(航班不一定每天都执行，每个星期执行一个循环)。

在繁忙航线上的航班基本上每天都执行(日周期的)；在需求不旺或者新开辟的航线上，通常不每天执行，执行日由航班的班期决定(周周期的)。

同一条航线上一个执行周期内的航班，采用同一个航班号。例如，某航线每周有三个航班，班期分别定在周一、周二、周五，那么这三个航班将拥有同一个航班号。

4. 各类航班计划之间的关系

航空公司航班计划是机场航班计划和空管局航班计划的基础，季节性加班计划是定期航班计划的有效补充，临时航班是航班计划面对市场环境和运行环境变化的必要调整。

不管是航空公司航班计划、机场航班计划还是空管局航班计划，也不管是定期航班计划还是季节性加班计划，都可以按照航班类型划分成国际航班计划、地区航班计划和国内航班计划。

4.3.3　以航班类型划分航班计划

1. 国际航班的分类

国际航班可以根据目的地所在地区的不同划分成：美洲航班、欧洲航班；大洋洲新西兰航班；中东航班、中亚航班；俄罗斯与独联体国家航班；非洲航班、印度南亚航班；东南亚航班、东北亚航班。

2. 国内-国际联程航班分类

经过航空公司之间的合作，可以编制国内-国际联程航班计划，包括国内转国际和国际转国内。

在机场航班计划的分类中，国内航班可用"D"表示，国际航班可用"I"表示，国内-国际联程航班称为混合航班，用"M"表示。

3. 各类航班的航班号

国内航班一般由航空公司二字代码加上4位数字组成，国际航班则由航空公司的二字代码加上3位数字构成。数字的单双号表示来回程，例如，MU5728是东航的国内回程航班，CA769是国航的国际去程航班。

地区航班既有三位数字表示的，也有四位数字表示的，单双号一般也表示来回程。

4. 国际-国内航班计划的其他不同

国际-国内航班除了航班号编排方法不同，还有在其他方面不同的，包括以下方面。

(1)国际航班的最小过站时间长，一般在2小时以上，国内航班过站时间短，一般在1小时以内，当然具体最小过站时间还与机型有关。

(2)在机场的航班计划中，国际航班和国内航班是分区作业的，航站楼分成国际区和国内区，停机坪也分成国际停机坪和国内停机坪。

5. 航班计划之间的协调

机场和空管局的航班计划实际上是对航空公司航班计划的保障计划，所以机场、空管局和航空公司的航班计划必须协调决策，目前已经形成了三方协调决策机制。三方协调决策机制简称CDM，它能有效解决航班运行不正常问题。

航空公司的定期航班计划、季节性加班计划和临时加班之间，必须对飞机资源、机组资源以及重要保障资源的使用方面进行协调决策，涉及机务工程部、市场部、地服公司、飞行部、运控中心等部门。这种协调已经在运控中心的统一协调下形成机制。

如何编制航班计划

4.4　航班计划的制订

4.4.1　航班计划的编制与审批

1. 航班计划的编制问题

本节限于介绍定期航班计划的编制问题。由于我国一年有两个航季，航空公司每年需要编制两次航班计划。夏秋季航班计划必须在1月底前完成编制，冬春季航班计划必须在8月底前完成编制。

由于每年的航季时间相同，航空运输需求呈现出周期性变化的成长形态，再加上航空公司分配到的机场时刻数基本遵守祖父制，所以每年某航季的航班计划与上年同一航季的航班计划可能有 70%基本相同，因此可在上年同一航季的航班计划的基础上编制。

2．航班计划的编制方法

小型航空公司的航班计划需要有经验的技术人员手工编制；大型航空公司的航班计划一般采用航班计划管理信息系统进行编制。

根据上年同期航班计划的执行情况、机队的变化情况和新进入的航线及需求分析，编制航班计划的草案。

航班管理信息系统有航班计划优化模块，因此学习掌握航班计划的优化方法很重要。

3．航班计划的编制步骤

航班计划的草案编制如果采用优化方法和技术，通常需要分阶段逐步完成，一般划分成如下问题分别解决：航班频率优化；航班班期和时刻优化；机型指派优化；飞机路线优化。

这种分阶段优化方法存在以下两个问题。

(1)某阶段问题无可行解，此时应返回到前面步骤，修改前面的结果，以保证后阶段问题可行。

(2)得不到全局最优解。尽管每阶段都求得了最优方案，但也是阶段的最优，无法保证全局最优。

目前的技术还不能做到航班计划的一体化优化，因此分阶段优化是可行的解决方案。

4．航班计划的审批

航班计划的草案编制完成后，首先需要在各相关部门之间进行协调，由航空公司领导批准，然后提交中国民用航空局或相关民航地区管理局审批。

政府对航班计划的审批工作主要是航班时刻的协调安排，因此中国民用航空局把机场分为主协调机场、辅助协调机场和非协调机场。

(1)主协调机场的容量已经饱和，新增时刻少，时刻资源非常紧张。这些机场是国家枢纽机场，包括北京首都国际机场、上海浦东国际机场和虹桥国际机场、广州白云国际机场等，申请在此起降的航班是进行时刻协调的主要对象。

(2)辅助协调机场是航班流量比较大、容量接近饱和的机场。这些机场通常是干线机场和区域枢纽机场，包括主要省会城市的机场，以及深圳、厦门、青岛、大连等城市的机场。辅助协调机场每年新增时刻有限，如果新增航班多于新增时刻，就需要进行时刻协调，以确保航班流量不超过容量。

(3) 非协调机场一般是支线机场，其时刻资源比较丰富，在此起降的航班不需要协调时刻，申请的航班时刻一般都能获得批准。

5．航班计划的公布与进入销售网络

由政府审批过的航班计划才是正式的航班计划，才能对社会公布，航空公司才能做广告。一般夏秋季航班计划在 2 月底前获得批准，冬春季航班计划在 9 月底前获得批准。

获得批准后的航班计划，应当通过定价分析，特别是收益管理方法的应用，确定销售价格，然后进入订座系统，开始销售。

4.4.2　航班时刻的确定

1. 航班班期和航班时刻的最优化问题

有了每个航节的航班频率,接下来就是确定班期和航班时刻。

周周期航班首先根据预期日需求一周的柱状图,选择班期为需求高峰日。

选择一天内需求分布密度的高峰点附近为航班时刻,这样选择航班的旅客计划延误时间最短。

计划延误是指旅客计划(最理想)出行时间与最近一班相关航班离港时间之间的时间间隔,例如,某旅客最理想的出行时间为 9:00,而该航线市场上与之最近的航班是 10:00,则该旅客的计划延误时间为 1 小时。计划延误与该航线市场上的航班频率有关,航班频率越大,计划延误时间越短。

如果某航节一天有若干个航班,则需要根据航节需求分布密度函数,计算旅客计划延误时间,以最小化旅客计划延误时间为目标,计算出最优航班时刻。

2. 枢纽运行航班时刻的确定

枢纽运行的航班时刻不是以旅客计划延误最小为目标,而是要以最大化枢纽机场航班波之间的旅客衔接性为目标。

首先根据枢纽机场一天的航班波个数和枢纽机场出发旅客的期望需求分布,确定航班波的位置;然后根据航班衔接性确定到达航班波各航班的到达时刻,再根据各航班飞行时间确定航班的出发时刻;最后根据在轮辐机场的航班过站时间安排,调整有关航班时刻,编制完成一个衔接性好的、较高效的航班时刻表。

3. 航班时刻的经验选择

采用优化方法获得的航班时刻不一定可行,因为航班时刻还需要经过民航管理当局组织的时刻协调并批准才能有效。优化的时刻在时刻决策时仅有参考价值。

航班计划员和时刻协调员对确定航班时刻都有丰富的经验,确定航班时刻应当充分尊重他们的意见,并参考上年同一航季的航班时刻。如果这个时刻在最优时刻附近,那么就是最好的时刻。

4.4.3　航班时刻表的时空网络

时空网络

1. 时空网络的含义

为了对航班进行机型分配,需要构建时空网络。一般网络只能表示空间的连接关系,时空网络可以同时在时间和空间上表达连接关系。

首先构建坐标系,用纵坐标表示时间,一般方向向下;时间维度是连续且有方向的;横坐标是空间维度,用机场表示,横坐标是离散的,也没有方向。如图 4.4 所示,时空网络是有向网络。

2. 航班在时空网络中的表示

通过构建时空坐标系,可以在此坐标系中表示航班。

每个航班的起点和终点是时空两维的,可以理解为时空网络的节点,称为时空节点,可以将其标注在时空坐标系中。

用从起点指向终点的有向边表示航班,把所有的航班都标注在时空坐标系中。

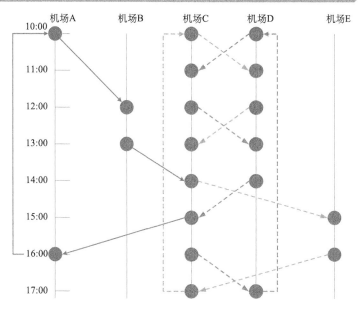

图 4.4   时空网络示意图

3. 航班时刻表的时空网络表示

对于日航班时刻表，把所有航班都画到时空坐标系中后，可把基地机场的最后一个时间节点用过夜边连接到第一个时间节点，方向向上，表示指向第二天的早晨。

每个航班到达目的地机场后和执行下一个航班之前，停留在该机场，因此在各机场的有关航班到达节点与其后出发航班的出发节点间应该画上停场边。这样就构建了航班时刻表的时空网络，如图 4.5 所示。

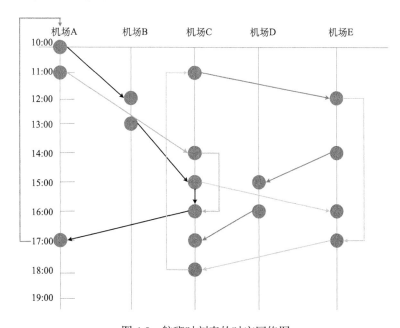

图 4.5   航班时刻表的时空网络图

时空网络有航班边(Flight Arcs)、停场边(Ground Arcs)和过夜边(Wrap-Around Arcs)三种边。

(1)航班边:航班段,从航班出发机场的节点指向到达机场的节点。

(2)停场边:飞机在该时间段内停留在该航站(机场),从同一机场的某节点指向下一节点,这种边的方向总是从上指向下,因此方向常常略去,同一机场任意两节点之间的线段都可以认为是一条停场边。

(3)过夜边:从同一机场的最后一个节点指向第一个节点,方向是向上的,表示飞机在该机场过夜,准备执行第二天的飞行任务;连接一个航班周期内(通常周期为一天)一个航站的最后一个航班起飞或到达时间节点至该航站的最早时间节点,实现航班计划的连续性。

4. 机场时间线

把时空网络中某机场的时间轴单独抽取出来,带上在该机场起降的航班边以及相应的停场边和过夜边(如果有),就得到机场时间线。

机场时间线可以横着画,例如,图4.6是图4.5中机场C的时间线。

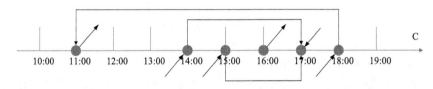

图4.6　机场时间线示意图

5. 停场边的简化

在时空网络中,每个到达航班的可能后续出发航班比较多,都需要画上停场边,以表达该飞机是否执飞该出发航班。这样画出的时空网络图的停场边很多,过于繁杂。为了便于研究机型指派问题,需要将其简化。

一种简化方法就是把所有重合的停场边合并成一条,方向与时间轴方向一致,因此免去箭头,但要记住机场时间轴上到达节点与其后的出发节点之间存在停场边。图4.7是简化后的图4.6。

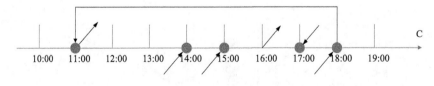

图4.7　简化后停场边的时空网络图

6. 时空节点的浓缩

对于具有大规模航班时刻表的航空公司,时空网络也是大规模的,很难手工表示出来,只能存储在计算机的数据库中。即使存在数据库中,其数据量也很大,对这么大的数据集进行决策优化计算,其计算量太大,必须设法减少数据量。一种方法就是节点浓缩,即将时间轴按时间片离散,把一个时间片内到达或出发的所有节点浓缩为一个节点,这样可以大大减少节点数。

4.4.4　航班计划的执行周期与航班班期

1. 航班计划的执行周期

前面已经定义了航班计划的执行周期，因为执行周期将影响航班计划的机型指派问题建模，所以必须再次强调。

周周期航班计划以星期为执行周期，也就是航班每星期重复执行，向社会公布的航班计划是一周的。对于这样的航班计划，必须对一周的航班进行机型指派。日周期航班计划是每天都重复执行的，只需对一天的航班做机型指派即可。

2. 航班班期

航班班期是指在一个执行周期内具有相同航班号的若干航班的执行日期，日周期航班计划的航班是每天都执行的，因此不需要专门设置班期。但是周周期的航班计划，其中有一部分航班在一周内执行的次数少于 7，因此需要决定班期，即决定哪天执行。

由于一周中每天的需求不同，班期应当安排在需求较大的日期。

3. 航节周需求分布

每个航节以每天的需求为统计量，统计处理一周中每天的需求，这样会发现每天的需求不同，同时发现每个星期相同日期的需求也是随机变量。对每天的需求计算平均值，画出一周的航节需求分布图，如图 4.8 所示。

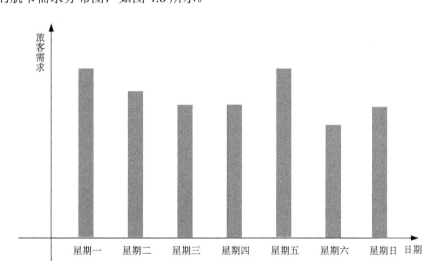

图 4.8　一周的航节需求分布图

4. 周周期航班班期的确定

周周期航班的班期应当根据航节需求分布考虑，在高峰日安排航班，如图 4.8 中的星期一和星期五，如果有三个航班，那么第三个航班可能选星期二或星期四。

5. 周周期航班时刻的确定

如果某航节一天只有一个航班，可以选在一天需求分布的高峰时点附近；如果有多个航班，可以用前面介绍的旅客计划延误时间最短的优化方法优化布局航班时刻，再根据决策者的经验做适当调整。

4.5   航班计划的机型分配问题

4.5.1   机型指派概念

在编制完航班时刻表后，需要为航班分配运力，就是机型分配(也称机型指派)。机型指派是为航班时刻表中的每一个航班分配一种机型，即把航班集合按照机型划分成若干子集，每个子集用一个机型的子机队执行。机型分配问题的目标函数可以是航班运行成本最小，也可以是航班运行利润最大。

航空公司有以日为周期的航班计划和以周为周期的航班计划，因此日周期航班计划和周周期航班计划的机型指派问题必须针对性考虑。选择时空网络构建日周期航班机型分配模型和周周期航班机型分配模型在今后的专业课中会有介绍，此处不再赘述。

4.5.2   机型指派基本约束

为建立机型指派模型，首先简单介绍机型指派问题的基本约束条件，通常包括一般约束条件和特殊约束条件。一般约束条件主要指航班覆盖约束、飞机流平衡约束、飞机数约束；特殊约束条件主要包括航线和机场的针对性约束、飞机利用率约束，以及经停航班、中转航班约束等。

1. 一般约束条件

(1)航班覆盖约束：要求为每个航班指派一种且仅一种机型。但也有研究文献要求覆盖尽可能多的航班，使收益最大，没有被覆盖的航班意味着被取消，这在国内很少见，原因是在计划阶段不会考虑取消航班，只有在天气、机械故障等不得已条件下，才考虑取消航班。

(2)飞机流平衡约束：在时空网络的每个机场节点，对于每一种机型，地面原有飞机数+到达飞机数=出发飞机数+留下飞机数，在机型指派周期开始与结束时，各航站具有相同的机型飞机数分布。例如，图4.9的节点应有如下的约束条件：

留下飞机数=2(原有飞机数)+1(到达1架)−1(出发1架)=2

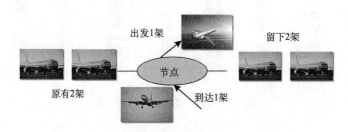

图4.9   时空网络某节点的飞机数平衡条件示意图

(3)飞机数约束：指运力限制约束，各种机型使用的飞机架数不得超过可提供的飞机架数。

2. 特殊约束条件

(1)航线和机场的针对性约束：不同机型的飞机有不同的属性，如飞行高度、速度、最大航程等，不同的航线、机场对机型有一定的限制。例如，远距离航线或国际航线，要求较大的机型；高原机场等气候条件复杂的机场对机型有特殊要求，如要求对发动机进行改装等。这些要求均体现在中国民用航空局对航空公司机型适航性的规定中。

（2）飞机利用率约束：飞机是一种极其昂贵的资源，一架大中型飞机的购买成本在几千万美元，甚至数亿美元；必须保证飞机具有较高的利用率，这也是降低航空公司运营成本、提高经济效益的有效措施之一；航空公司的飞机有飞机日利用率的考核指标，一般为 9～12 小时/天。

（3）经停航班、中转航班约束：在国内中转航班并不多，主要是一次经停航班，即一个航班由两个航段组成，例如，广州—南京—北京，在南京经停，两个航段使用同一个航班号；经停航班约束就是指对一个航班号的两个航段指派同一种机型。而中转航班会使用不同的航班号，机型甚至飞机都可能不同。

上面这些都是机型指派通常考虑的约束条件。另外，一些航线、机场对同一种机型中的不同飞机也有特殊要求，该约束在飞机排班时再考虑。

定期航班计划有以一天为周期的和以一个星期为周期的两种。以一天为周期的航班计划中各航班每日重复（周末可能适当增加或减少），以一个星期为周期的航班计划是每隔一周航班重复执行。如果以一个星期为周期的航班计划中多数航班每天重复，那么也可以在以天为周期的航班机型指派结果的基础上，再进行例外处理。由于不同的航班周期，机型指派模型不同，本节将分别讨论这两种情况下的机型指派问题。

4.5.3　机型分配实例分析

1. 实例描述

Bazargan 的著作《航空公司营运和航班计划》中有一个小例子。一个小型航空公司有两种机型：B737-800 有 9 架，162 个座位，座英里成本是 0.32 元；B757-200 为 6 架，座位为 200 个，座英里成本是 0.36 元，客英里收入是 1.2 元。航线网络包括 8 个机场：A，B，I，J，L，M，O，S，其中 J 是基地，每天执行 42 个航班。表 4.2 和表 4.3 分别是航班时刻表和飞行小时、航班飞行距离及需求期望分布。航班 i 的平均票价 $=1.2\, d_i$（元）。

表 4.2　航班时刻表和飞行小时

Flight No	Origin A/P	Dep. T.	Dest. A/P	Arr. T.	Flight hrs	Flight No	Origin A/P	Dep. T.	Dest. A/P	Arr. T.	Flight hrs
101	L	5:00	J	10:30	5.5	120	I	14:25	J	15:25	1
104	S	5:05	J	10:35	5.5	114	M	14:30	J	17:30	3
116	B	6:15	J	7:45	1.5	132	J	14:35	A	17:05	2.5
140	J	6:20	I	7:20	1	118	B	15:00	J	16:30	1.5
125	J	7:25	S	12:55	5.5	129	J	15:05	O	17:05	2
107	O	7:30	J	9:30	2	135	J	15:10	M	18:10	3
122	J	7:35	L	13:05	5.5	142	J	15:15	I	16:15	1
137	J	7:40	B	9:10	1.5	103	L	15:20	J	20:50	5.5
110	A	8:10	J	10:40	2.5	106	S	15:25	J	20:55	5.5
119	I	8:15	J	9:15	1	126	J	15:30	S	21:00	5.5
113	M	9:10	J	12:10	3	123	J	16:00	L	21:30	5.5

Flight No	Origin A/P	Dep. T.	Dest. A/P	Arr. T.	Flight hrs	Flight No	Origin A/P	Dep. T.	Dest. A/P	Arr. T.	Flight hrs
131	J	9:30	A	12:00	2.5	109	O	17:10	J	19:10	2
102	L	9:45	J	15:15	5.5	112	A	18:00	J	20:30	2.5
105	S	9:50	J	15:20	5.5	133	J	18:05	A	20:35	2.5
117	B	10:00	J	11:30	1.5	136	J	18:10	M	21:10	3
128	J	10:05	O	12:05	2	115	M	18:15	J	21:15	3
134	J	10:35	M	13:35	3	121	I	18:30	J	19:30	1
141	J	12:00	I	13:00	1	124	J	19:00	L	0:30	5.5
108	O	12:20	J	14:20	2	127	J	20:00	S	1:30	5.5
138	J	12:30	B	14:00	1.5	130	J	21:00	O	23:00	2
111	A	13:10	J	15:40	2.5	139	J	21:30	B	23:00	1.5

表 4.3　航班飞行距离和需求期望分布

Flight No	Origin A/P	Dest. A/P	Dist（Miles）	Demand	Std Dev.	Flight No	Origin A/P	Dest. A/P	Dist（Miles）	Demand	Std Dev.
101	L	J	2475	175	35	122	J	L	2475	150	30
102	L	J	2475	182	36	123	J	L	2475	145	29
103	L	J	2475	145	29	124	J	L	2475	125	25
104	S	J	2586	178	35	125	J	S	2586	148	29
105	S	J	2586	195	39	126	J	S	2586	138	27
106	S	J	2586	162	32	127	J	S	2586	121	24
107	O	J	740	165	33	128	J	O	740	132	26
108	O	J	740	182	36	129	J	O	740	129	25
109	O	J	740	170	34	130	J	O	740	117	23
110	A	J	760	191	38	131	J	A	760	168	33
111	A	J	760	171	34	132	J	A	760	160	32
112	A	J	760	165	33	133	J	A	760	191	38
113	M	J	1090	198	39	134	J	M	1090	165	33
114	M	J	1090	182	36	135	J	M	1090	184	36
115	M	J	1090	168	33	136	J	M	1090	192	38
116	B	J	187	115	23	137	J	B	187	147	29
117	B	J	187	146	29	138	J	B	187	135	27
118	B	J	187	120	24	139	J	B	187	146	29
119	I	J	228	135	27	140	J	I	228	105	21
120	I	J	228	109	21	141	J	I	228	115	23
121	I	J	228	98	19	142	J	I	228	118	23

2. 实例的机型分配优化模型

目标函数为

$$\min z = 171882.4x_{101,1} + 180448x_{101,2} + 193779.2x_{102,1}$$
$$+ 188448x_{102,2} + \cdots + 12467.2x_{142,1} + 16048x_{142,2}$$

机型指派约束为

$$x_{101,1} + x_{101,2} = 1, \cdots, x_{142,1} + x_{142,2} = 1$$

节点飞机流平衡条件(如机场 L 的 6 个节点)为

$$G_{L1,1} = G_{L6,1} - x_{101,1}$$
$$G_{L2,1} = G_{L1,1} - x_{102,1}$$
$$G_{L3,1} = G_{L2,1} + x_{122,1}$$
$$G_{L4,1} = G_{L3,1} - x_{103,1}$$
$$G_{L5,1} = G_{L4,1} + x_{123,1}$$
$$G_{L6,1} = G_{L5,1} + x_{124,1}$$

飞机架数限制条件为

$$G_{L6,1} + G_{S6,1} + G_{B6,1} + G_{O6,1} + G_{A6,1} + G_{16,1} + G_{M6,1} + G_{J42,1} \leqslant 9$$
$$G_{L6,2} + G_{S6,2} + G_{B6,2} + G_{O6,2} + G_{A6,2} + G_{16,2} + G_{M6,2} + G_{J42,2} \leqslant 6$$

3. 优化模型的解

经过求解，得到机型指派解如表 4.4 和表 4.5 所示。

表 4.4 给出了 B737-800 分配的航班，共 30 个；表 4.5 给出了 B757-200 分配的航班，共 12 个。表 4.6 给出了过夜边的飞机架数。请同学们讨论这个解。

表 4.4　B737-800 分配的航班

Flight No	Origin A/P	Dest. A/P	Fleet Type	Flight No	Origin A/P	Dest. A/P	Fleet Type
101	L	J	737-800	132	J	A	737-800
104	S	J	737-800	129	J	O	737-800
116	B	J	737-800	142	J	I	737-800
140	J	I	737-800	103	L	J	737-800
107	O	J	737-800	106	S	J	737-800
122	J	L	737-800	126	J	S	737-800
137	J	B	737-800	123	J	L	737-800
119	I	J	737-800	109	O	J	737-800
102	L	J	737-800	112	A	J	737-800
117	B	J	737-800	115	M	J	737-800
128	J	O	737-800	121	I	J	737-800
134	J	M	737-800	124	J	L	737-800
141	J	I	737-800	127	J	S	737-800
108	O	J	737-800	130	J	O	737-800
120	I	J	737-800	139	J	B	737-800

表 4.5 B757-200 分配的航班

Flight No	Origin A/P	Dep. T.	Dest. A/P	Arr. T.	Fleet Type
125	J	7:25	S	12:55	B757-200
110	A	8:10	J	10:40	B757-200
113	M	9:10	J	12:10	B757-200
131	J	9:30	A	12:00	B757-200
105	S	9:50	J	15:20	B757-200
138	J	12:30	B	14:00	B757-200
111	A	13:10	J	15:40	B757-200
114	M	14:30	J	17:30	B757-200
118	B	15:00	J	16:30	B757-200
135	J	15:10	M	18:10	B757-200
133	J	18:05	A	20:35	B757-200
136	J	18:10	M	21:10	B757-200

表 4.6 各机场分配的过夜飞机

机场	B737-800	B757-200	机场	B737-800	B757-200
L	2	1	O	1	—
S	2	—	A	—	1
B	1	—	I	—	—
J	3	2	M	—	2

4. 关于解的讨论

(1)飞机全部用完，最小总成本为 3284901 元。

(2)基地机场有 5 架飞机过夜，其他还有 6 个机场有飞机过夜，只有 1 个机场(I)无飞机过夜。

(3)机型 B737-800 是一种比 B757-200 经济性更好的飞机，所以 9 架飞机承担了 30 个航班，而 6 架 B757-200 只分配了 12 个航班。

(4)B737-800 分配到的一般是需求期望和方差相对较小的航班，B757-200 分配的是需求期望和/或者方差较大的航班。请同学们思考该问题。

5. 使用飞机架数最少的解

把目标函数换成使用飞机架数最少：

$$\min z = G_{L6,1} + G_{S6,1} + G_{B6,1} + G_{O6,1} + G_{A6,1} + G_{I6,1} + G_{M6,1} + G_{J42,1}$$
$$+ G_{L6,2} + G_{S6,2} + G_{B6,2} + G_{O6,2} + G_{A6,2} + G_{I6,2} + G_{M6,2} + G_{J42,2}$$

约束条件不变，求解得到最少使用的飞机架数为 13 架，其中 B737-800 还是 9 架，而 B757-200 只需要 4 架；这更进一步说明了 B737-800 的经济性更好。

6. 机型结构与机型分配的解

如果保持总架数不变，改变机队结构，也就是改变 B737-800 和 B757-200 的架数，但总和不变，寻找这 42 个航班的最优机队结构，得到的结果如表 4.7 所示。

表 4.7　机队结构分析

B737-800 的架数	B757-200 的架数	每天的最小总成本/元
9	6	3284901
8	7	3295120
6	9	3328928
11	4	3274896
15	0	3311760
0	15	3570912

综上所述，最优结构是：B737-800 为 11 架，B757-200 为 4 架，这说明 B757-200 的经济性没有 B737-800 好，但也不能不用 B757-200。

4.6　飞机维修路线问题

飞机路线优化模型

1. 飞机路线问题的概念

在对航班时刻表做完机型分配(指派)后，已经把航班集合按照机型分割成若干子集，每种机型执行分配到的航班子集。接下来，需要进一步把各子集的航班在对应的子机队的飞机间进行分配，每架飞机执行其中 1 个或几个(一般每天不多于 6 个)航班。

但是这次对每架飞机分配到的航班不能是无关的，要求是一架飞机可以连续执行的航班构成的子集。也就是说，后一个航班的出发机场与前一个航班的到达机场相同，出发时间与前一个航班的到达时间之差大于等于机场最小过站时间(Minimum Connection Time, MCT)。这样由前后航班相互衔接而成的航班子集称为飞机路线，从子机型的航班子集进一步给出每架飞机的路线问题称为飞机路线问题。

2. 飞机维修的具体情况

飞机维修分为定时维修和视情检修。视情检修在飞机过站时完成，定时维修分 A 检和 C 检。C 检是大修，一般需要停场 10 多天甚至一个月，由飞机维修计划决定，C 检期间飞机无法使用。A 检一般只需要几个小时，通常在一天的航后完成，不影响航班运行。

航班计划可以使用的飞机都是不执行 C 检的飞机。当飞机需要执行 A 检时必须回到基地过夜，不需要 A 检时可以在外场过夜。

根据飞机的日利用率，可以把 A 检的周期折合成天数，如 3～5 天，形成的飞机路线的长度等于飞机的 A 检周期(天数)，要求确保每条飞机路线至少有一天在基地机场过夜，所以称为飞机维修路线问题。

3. 飞机维修路线问题的优化模型

首先根据航班衔接条件，将某机型的航班子集连接成一条条飞机 A 检周期的维修路线。这种飞机维修路线很多，从中选出好的维修路线即可。

设 0-1 型决策变量为

$$x_j = \begin{cases} 1, & \text{航班环} j \text{被选中} \\ 0, & \text{航班环} j \text{不被选中} \end{cases}$$

目标函数可以是以下几种。

(1) 使经停(过站)航班最多。相对于转机来说，旅客更喜欢经停，因此经停多可提高旅客的满意度。

(2) 最小化虚拟成本(给不希望有的航班环赋以成本)。

(3) 最大化维修机会。用在基地机场过夜的次数来度量维修机会。

约束条件包括以下方面。

(1) 航班覆盖约束，即每天的各航班必须且仅有一架飞机执行。

(2) 使用的飞机不超过机型飞机总架数。

优化模型为

$$\min z = \sum_{j \in R} C_j x_j \text{ 或 } \max z = \sum_{j \in R} m_j x_j$$

$$\text{s.t.} \quad \sum_{j \in R} a_{i,j} x_j = 1, \quad i \in F$$

$$\sum_{j \in R} x_j \leqslant N$$

$$x_j = 0,1, \quad j \in R$$

其中，R 是飞机维修路线的集合；N 是该机型的飞机架数。

4. 一个实例的解问题

通过前面的日周期航班计划实例分析，得到 B757-200 分配的 12 个航班形成的子集，现在为这 12 个航班优化飞机维修路线。A 检执行周期是 3 天，有 455 条飞机维修路线，表 4.8 是其中的几条。

表 4.8 B757-200 飞机路线示例

样例号	第一天				第二天				第三天			日利用率
	高日利用率											
1	FLT131	FLT111	FLT133		FLT110	FLT138	FLT118	FLT133	FLT110	FLT138	FLT118	
	J-A	A-J	J-A		A-J	J-B	B-J	J-A	A-J	J-B	B-J	21
2	FLT110	FLT138	FLT118	FLT136	FLT113				FLT138	FLT118	FLT133	
	A-J	J-B	B-J	J-M	M-J				J-B	B-J	J-A	17
	中日利用率											
3	FLT136				FLT113	FLT133			FLT110	FLT138	FLT118	
	J-M				M-J	J-A			A-J	J-B	B-J	14
4	FLT133				FLT111				FLT131	FLT111		
	J-A				A-J				J-A	A-J		10
	低日利用率											
5	FLT138	FLT118			FLT138				FLT118			
	J-B	B-J			J-B				B-J			6

数学模型如下：目标函数是 A 检机会最大化。

$$\max z = \sum_{j=1}^{455} m_j x_j$$

航班覆盖约束，表示航班 i 是否在飞机路线 j 中，如对于航班 125，3 天都要执行，则每天的飞机路线需要含有 125，因此有

$$x_1 + x_2 = 1, \quad x_3 + x_4 = 1, \quad x_5 + x_6 = 1$$

B757-200 一共有 6 架，因此飞机架数约束为

$$x_1 + x_2 + \cdots + x_{455} \leqslant 6$$
$$x_j = 0,1, \quad j = 1,2,\cdots,455$$

求解时发现上述模型不可行，主要是飞机不够用，因此将飞机架数约束删除，重新求解，得到的最优解如表 4.9 所示，可知需要 8 架飞机才行。

表 4.9   飞机路线问题的松弛解

航班环	第一天	第二天	第三天
1	125	105	138-118
2	110	131-111	131-111-133
3	113-135	114	136
4	131-111-136	113-136	114
5	105	138-118	125
6	114	135	113-135
7	138-118	125	105
8	133	110-133	110

5. 飞机路线问题的可行性与航班时刻的调整

上述问题主要是由航班时刻的衔接性不够好造成的，例如，航班 125 和 105 的时刻不能相互衔接造成每天只能执行一个航班，因此需要更多飞机。如果将它们的时刻稍做调整，如表 4.10 所示，则它们就可以衔接了。

表 4.10   调整后的 105 的航班时刻

航班号	起飞机场	出发时间	到达机场	到达时间	飞行时间/小时
125	J	7:25	S	12:55	5.5
105	S	13:50	J	19:20	5.5

再次求解得到表 4.11 的最优解，现在 6 架飞机够用。其实，在对航班 113、114 和 135 的时刻做适当调整后，飞机还可以进一步减少到 4 架。

表 4.11   时刻调整后的飞机路线最优解

航班环	第一天	第二天	第三天
1	125-105	135	114
2	110-138-118-136	113	131-111-133

续表

航班环	第一天	第二天	第三天
3	113	131-111-133	110-138-118-136
4	131-111-136	113-136	114
5	114	125-105	135
6	135	114	125-105

6. 航班时刻的可衔接性与飞机利用率

由前面描述的航班计划的编制步骤可以得出以下结论。

(1)前步骤最优可能导致后面步骤不可行。航班时刻最优可能导致飞机路线问题不可行。

(2)前步骤最优可能导致后面步骤不最优。例如,机队规划最优,可能导致机型指派不是最优的(最优指派的机队结构是 B737 机型 11 架,不是 9 架;B757 机型 4 架,不是 6 架)。

(3)旅客计划延误最小得到的航班时刻可能导致较差的航班衔接性,航班衔接性不好会降低飞机利用率,因此增加飞机架数,导致运行成本增加。

思考练习题

4-1 航班计划对于机场、航空公司以及空管部门分别有哪些重要作用?

4-2 简述航班计划编制的步骤。

4-3 单基地与多基地航班计划的编制分别需考虑什么因素?两者有什么不同点?

4-4 在进行周周期航班计划的机型指派时,同一航班号的航班在不同的日期有可能分配了不同的机型,其原因是什么?

4-5 由于民航运输相对于火车、轮船和汽车运输而言,受到的客观条件影响较大,航空公司执行航空运输计划时,航班实际出发时间与计划出发时间可能会不一致,请问哪些因素可能会影响航班计划的正常执行?如何优化航班计划可以提高其抗干扰性?

4-6 不同类型的机场配置航班时刻资源时所考虑的因素是不同的,请问枢纽机场和轮辐机场的航班时刻配置分别有什么特征和规律?如何进行航班时刻的优化可以提高枢纽机场的衔接能力?

4-7 繁忙机场时刻资源具有严重稀缺性,而航空公司为了提高营利水平会争夺需求旺盛的时刻资源,请问机场以及相关部门应如何协调时刻资源的分配?

第5章　航班运行控制

5.1　航班运行控制概述

5.1.1　航班运行控制的基本概念

什么是运行控制(Operation Control)？运行控制是航空公司的生产指挥调度职能，由运行控制中心执行该项职能。生产调度的目的是保障飞机的安全运行和保证航班计划的正常执行。

航班执行分航班执行前、执行中和执行后的相关工作。所有关于保障航班正常执行的管理工作称为航班运行控制。广义的航班运行控制包括航空公司的航班运行控制、机场的航班运行控制和空管局的航班流量管理。

航班运行控制需要完成的工作可以按照航班执行前、执行中以及执行后进行分类讨论。

执行航班计划需要资源，包括空域资源、时刻资源、服务资源、保障资源，因此需要对资源进行科学分配，才能确保航班的正常执行。在航班执行前的运行控制需要完成如下工作：为航班的执行分配各种服务和保障资源(航空公司、空域、航油和机场的任务)；为旅客登机做好服务工作(航空公司和机场的任务)；为货邮、行李做好地面运输和装机工作(航空公司和机场的任务)；为航空器做好航前保障工作(航空公司、航油和机场的任务)。

航班执行中的运行控制需要完成的工作如下：机位推出(机场)；航空器滑行(塔台管制)；航空器起飞排序(塔台、进近管制)；航空器飞行过程的管制和突发事件的处置(航路管制、航空公司)；航空器到达降落目的地机场(进近、塔台管制)；航空器滑行至机位(塔台管制)；进入机位(机场)。

航班执行后的运行控制需要完成的工作如下：旅客下机(机场、航空公司)；航空器航后保障(航空公司)；行李卸机并运输到行李认领大厅(航空公司)；货邮卸机并运输到货站(航空公司)。

以上工作在执行过程中可能会出现各种问题，例如，出现某些资源的临时短缺，影响航班正常执行，产生不正常航班，严重时(恶劣天气)出现大面积的航班延误，需要及时处理。处理航班运行中的突发事件也是航班运行控制的重要任务。

航空公司、机场和空管局都设立专门部门，负责航班运行控制工作。航空公司设立运行控制中心专门负责航班运行控制的各项工作；机场设立运行监控中心负责机场运行各项保障任务；空管局设立区域管制中心和终端管制区，负责管理相关区域的航班飞行活动。

5.1.2　运行控制中心的主要职能

1. 航班的日常运行控制

航空公司的运行控制中心(Flight\Airline Operations Control Centre，FOCC\AOCC)主要负责航班的日常运行控制。航班日常运行控制的主要职责是负责航班计划的执行。执行计划包括三个主要活动：执行原计划；针对微小的变动对计划进行更新；针对不正常情况调整计划（Rerouting）。运行控制中心是航空公司对航班运行进行日常组织和指挥的核心部门，也是应急救援指挥中心的常设机构。为完成运行控制的职责，运行控制中心应根据中国民用航空局 CCAR-121FS 规章和航空公司自身《运行手册》的有关规定，制订航班运行计划，对公司航班进行签派放行和运行控制。

在运行控制中心的日常运作中，还应对机坪现场进行管理，并为飞行提供航行情报保障服务。同时，需要与航空电台（Aeronautical Radio）和 SITA 网络连接，收发电报信息。在做航班计划调整时，需要利用由电报、传真、电话、租用线路、民航高速数据网组合起来的信息收集和交流媒介与维修工程人员、旅客服务人员和机场服务人员等进行通信，在某些情况下，运行控制中心还需要连接 VHF、HF、卫星通信线路，与机长、空中交通管制中心或其他相关部门联系，以便及时地收集和传送数据。

2. 运行控制中心的集中统一控制

航线、飞机和机组是航空公司的三大资源，如何合理利用资源是航空公司关切的问题。20 世纪八九十年代开始，各航空公司不断扩张，相继成立不少具有法人资格的分公司，同时将飞机和机组进行了相应分配。这种做法在初期确实起到抢占市场的作用，但是弊端也逐渐暴露出来。

首先，飞机的固定执管使得运力无法灵活调整。由于各公司的财务独立核算，各自都有每年的营业考核指标，而航班的结算又与飞机相关，若某航班是由某架飞机执行的，则该航班的收入归该飞机的执管公司所有，所发生的成本费用也由该公司承担。这样，每个公司为了完成各自的生产任务，都希望执行客座率高的航线。在公司遇到不正常等情况时，利益驱使各分公司不愿从公司全局出发，执行"亏损"的航班任务，造成公司运行上的困难，甚至导致不好的影响。

其次，机组的固定归属也使机组资源不能有效使用。航空公司培养一名空勤人员（尤其是飞行员）所花费的费用很高，因此能否较好地利用现有的机组资源是企业节约成本的一个重要方面。某些分公司的航班任务因机组缺乏而不能执行，其他分公司却可能因市场原因使得机组任务不饱和。不同分公司之间的机组互相借用可能会受到很多条件的限制（如工资结算，分公司之间是否需要费用补偿等），操作起来非常困难。

最后，航线的重复设置是另外一个弊端。对于一条客座率高的航线，各分公司之间互不相让，重复设置航班，使得本来效益很好的航线变得亏损，甚至在旅客较少的情况下也不愿意将航班取消。在某些机场还存在一些奇怪的现象，同一家航空公司的不同分公司在相邻的位置设置属于自己的售票窗口，互相竞争客源，甚至不惜降低票价。这些都造成了公司内部的无为竞争，在旅客总体数量不变的情况下增加了运行成本。

国外各主要航空公司在 20 世纪六七十年代也经历了类似的过程。目前，几乎都已将分公司改成了运行基地，机组由公司统一排班，飞机也由公司统一调度，这样做的好处是显而易见的。运行控制中心的建立使集中统一控制在技术上成为可能。新的运行体制必将推动航空公司改革经营模式，逐渐走上集中统一控制之路。

另外，对航线、飞机、机组三大资源的统一调配，不仅提高了资源利用率，增加了营业收入，还降低了运行成本；同时也保障了飞行安全，提高了航班正点率和航班计划的可执行性，以及旅客的满意度。

3. 运行控制中心严格控制运行成本的有效措施

运行控制中心不仅需要保障航班执行工作，同时还要考虑如何有效控制和降低运行成本。在航空运输经济部分我们能够知道，航空公司的运行成本是指航班在运行期间所要支付的飞机租赁(折旧)、燃油消耗、旅客餐食、起降、航路等费用。其中，仅燃油消耗一项就占了航空公司总成本的 15%左右。因此，如何有效控制和降低运行成本已成为公司营利的重要手段。

为建立一个有效的运行体制，需要从以下几方面对成本进行有效的控制。

1) 节约燃油成本

节约燃油成本的控制主要通过按实时飞行计划加油和利用地区燃油差价加油来完成。

(1) 按实时飞行计划加油：在运行控制中心建立之前，由于缺乏必要的技术手段，油量的计算是通过使用最大业载、平均高空风、选取最远备降场来完成的。这样，航班常常加油过多，造成燃油的不必要浪费。目前的运行控制中心拥有先进的飞行计划和载重平衡系统，可以获得实时的客、货数据和有效的气象、航行通告资料。因此，油量的计算更加科学、准确，既保证了安全，也有效节约了成本。

(2) 利用地区燃油差价加油：各国、各地区的燃油价格往往是不同的，飞机在这些地区之间飞行时，可以利用其燃油差价，在价格低的地区多加油，在价格高的地区少加油，达到节约成本的目的。运行控制中心可以计算飞机的最佳加油量(加油过多，会影响到下一个航班的业载)，最大限度地携带可供下一个航班使用的油量。

2) 根据市场情况适时调整运力

众所周知，航空公司的航班计划(一年两季的计划)是由市场部门制定的。他们根据销售历史数据和预测决定不同季节在不同航线航班数量的增减，以及投入的座位数的多少。在运行控制部门接管航班计划时，已经确定了航班的时刻和机型。在国外，航空公司运行控制中心拥有先进的计算机管理信息系统，它们要做的是根据航班运行情况对短期的运力进行调整以及对不正常航班进行监控和处理。在国内，由于国内旅客中，商务旅客所占的比例较大，他们出行的随意性大、计划性差，这就导致出行当天买票的旅客比例较大，并被认为"无规律性，不易掌握"(实际有规律可循)，这就要求国内航空公司运行控制部门能根据市场的短时变化，对航班进行调整，以控制成本，节支增效。常用的调整策略有改机型、并班和补班。

(1) 根据市场情况，对短期计划进行调整。根据市场情况，可能临时加班或取消航班，有时可能有包机或专机航班。运行控制中心必须根据这些非计划安排对次日(或三日内)的运力进行估算，如果无法满足所有的航班需要，则必须调整航班计划，以免造成被动，加大运行成本。

(2) 对不正常情况的快速和正确处理。航空公司的运行环境一般不稳定，受天气和机械故障等因素的影响而造成的航班延误与取消，将造成额外的运行成本。这种成本占公司总成本的 2%～3%，甚至更多。不正常情况可能发生在任何时候，甚至航班被中断并飞往备降机场，严重时将造成大量航班延误或取消。研究表明，对不正常情况处理的好坏，可使此项成本在 20%～30%变化。运行控制中心有了计算机决策支持系统，摆脱了手工操作和仅凭经验决策的方式，可以及时获得有效的数据和信息支持，快速、准确地做出决策，使不正常原因造成的额外成本尽可能减小。

4. 运行控制中心保障飞行安全的基本工作

运行控制与安全息息相关。安全对一个航空公司来说是至关重要的，空难事故的发生不仅给国家和人民的生命财产带来损失，也给航空公司带来致命的打击。毋庸置疑，安全要靠飞行人员的正确操纵驾驶、机务人员的维修保障。然而，仅靠这些是不够的，航行签派人员的资料准备、航行保障、签派放行、跟踪控制也是保障安全的要素。随着航空企业规模的不断扩大，以及机队和航班量的不断增加，运行控制中心必须负责飞行前的地面准备和协调、飞行中的监控、紧急情况下的快速反应，让飞行人员更加专心于飞行安全。

运行控制中心一般通过以下手段来保障安全：提供详细可靠的航行资料；建立自己的气象系统、随时掌握天气状况；制作详细、及时、准确的飞行计划；严密的跟踪监控。

5.2　我国航班运行管理体制的演变

5.2.1　改革前的民航飞行管理

中国民用航空局成立于 1949 年 11 月 2 日，根据当时民航飞行任务少和实行计划经济的制度，民用航空实行政企合一的管理体制。之后建立了中国民用航空局、民航地区管理局、民航省、市、自治区管理局和航空站等四级民用航空管理机构，在四级民用航空管理机构内，相应地设立四级指挥调度室，即中国民用航空局指挥调度室、民航地区管理局指挥调度室，以及民航省、市、自治区管理局指挥调度室和航空站指挥调度室，各级指挥调度室都有相应的指挥调度职责。

(1)中国民用航空局指挥调度室(简称总调)，负责审核民航国内干线、国际航线和地区管理局之间的飞行计划；监督和检查各级指挥调度室的飞行组织与指挥工作；掌握国际飞行、专机飞行、跨地区管理局的飞行和特殊的飞行。

(2)民航地区管理局指挥调度室(简称管调)，负责审核所属各省、市、自治区的飞行计划；监督和检查所属指挥调度室的飞行组织与指挥工作；掌握本地区范围内的飞行情况；直接组织和指挥本区域内的飞行。

(3)民航省、市、自治区管理局指挥调度室(简称省、市、区调)，负责审核所属航空站的飞行计划；监督和检查所属指挥调度室的飞行组织与指挥工作，直接组织与指挥本区域范围内的地方航线和通用航空飞行，以及指定区域内的国内干线和国际航线的飞行。

(4)航空站指挥调度室(简称站调)，负责计划、组织和指挥航空站区域内的飞行。

民航的飞行保障部门有航空气象、航行情报、通信导航、装载服务、工程机务、场务、油料、卫生等部门。各飞行保障部门在指挥调度室的统一指挥下，按照各自的职责进行飞行保障工作。

5.2.2　改革后的民航航行业务管理

1987 年和 2002 年，我国民航先后进行了两次重大的管理体制改革。随着民用航空管理新体制的建立，组织与实施民用航空飞行的各级指挥调度室的机构和职责也随之改变。飞行的管制工作由各级民航空管局、管制中心和机场的航务管理机构负责，飞行的组织工作由航空公司的飞行签派机构负责。

1. 航务管理机构

在各级民航管理局和机场管理当局内成立航务管理机构(航务管理中心、航务管理站)。航务管理机构由航行调度、航行管制、航行情报、气象、通信导航等部门组成，负责受理安排申请的飞行计划，提供空中交通管制、航空通信、航空导航、航空气象、航行情报、告警和搜寻援救服务。

空中交通管制工作由空管局负责，分别由空中交通服务报告室、塔台空中交通管制室、进近空中交通管制室和区域空中交通管制室负责实施。中国民用航空局和地区管理局的调度室分别监督、检查、协调全国和本地区管理局内的飞行组织与实施工作。各级空中交通管制室、调度室的职责包括以下方面。

(1)空中交通服务报告室(简称报告室)，负责审理进、离本机场航空器的飞行预报和接受飞行计划申报；办理航空器离场手续；向有关管制室和单位通报飞行预报与动态；掌握和通报本机场的开放与关闭情况。

(2)塔台空中交通管制室(简称塔台管制室)，负责塔台管制区内航空器的开车、起飞、着陆和与其有关的机动飞行的管制工作。

(3)进近空中交通管制室(简称进近管制室)，负责一个或几个机场航空器进、离场的管制工作。

(4)区域空中交通管制室(简称区域管制室)，负责本管制区内航空器飞行的管制工作。中低空区域管制室还受理本管制区内通用航空的飞行申请，并负责管制工作，同时受理本管制区内在非民用机场的起飞、着陆工作，而航线由民用航空部门保障的飞行申请，负责管制工作和向有关管制室通报飞行预报与动态。

(5)民航地区空管局调度室(简称管调)，负责监督、检查本管内的飞行，协调本管内管制室之间以及管制室和航空公司运行控制中心之间的飞行工作的组织与实施；控制本管内的飞行流量，处理特殊情况下的飞行，承办专机飞行，掌握重要客人、边境地区、科学实验和特殊任务的飞行。

(6)中国民用航空局总调度室(简称总调)，负责监督、检查全国的国际飞行、外国民用航空器的飞行和跨地区管理局的高空干线飞行，协调地区管理局之间和管制与航空公司航务部门之间的组织与实施飞行工作；控制全国的飞行流量，组织、承办和掌握专机飞行，处理特殊情况下的飞行，承办国内非固定干线上的不定期飞行和外国民用航空器非正常航班的飞行申请。

2. 飞行签派机构

在航空公司内设立飞行签派机构，负责放行航空器并实施运行管理，其职责如下：

(1)布置飞行任务，组织飞行的各项保障工作。

(2)拟订航空公司航空器的飞行计划，向空中交通管制部门提交飞行申请。

(3)督促检查并帮助机长做好飞行前的准备，签发放行航空器的文件。

(4)及时与空中交通管制、通信、气象、航行、情报、机场等单位联系，取得飞行和保障飞行方面的情报。

(5)向机长提供安全飞行所必需的航行情报资料。

(6)掌握本公司航空器的飞行动态，采取一切措施保证飞行的正常和安全。

(7)航空器遇到特殊情况时，协助机长正确处置。

(8)航空器不能按照原定计划飞行时，及时通知有关部门，妥善安排旅客和机组。

飞行的组织与实施是航空公司飞行签派机构和空中交通服务报告室的主要工作之一。航空公司的飞行计划是航空公司为完成生产任务而安排的一系列飞行任务。为完成飞行计划，航空公司必须有步骤地组织与实施飞行的全过程，这个过程就是运行控制与管理。运行控制是指使用飞行动态控制系统和程序对某次飞行的起始、持续和终止行使控制权的过程，这个过程需要明确完成工作的程序和严格分工职责；运行管理是对整个飞行活动及其相关活动的检查、调整、通报和调配。

进入 21 世纪以后，各航空公司在飞行签派室的基础上扩展功能，组建运行控制中心，全面负责本公司的航空运输生产运行管理和协调工作。

本节主要介绍了改革前后航班运行管理体制的演变过程。

运控中心职能

5.3　航空公司运行控制中心

5.3.1　运行控制中心介绍

航空公司运行控制中心是负责本公司航班运行控制的集中管理部门，它的主要职责如下。

(1)航班运行前的准备工作。这部分工作包括制订装载配平(地服部负责)飞行计划、收集航行情报、航前(过站)机务检查(机务部负责)、旅客值机、候机登机、货邮行李装机(地服部负责)、加油加水、配餐(相关单位负责)等各项航前保障。

(2)航班运行中的监督管理。监视航班执行过程中的天气情况、飞机状态、航班客舱情况，遇有特殊情况或突发事件时，运行控制中心应当帮助或指示机组进行特情处置。

(3)不正常航班的管理。航班运行发生不正常时，需要立即提出航班恢复方案，并指示各相关部门做好服务和保障工作。例如，做好旅客安抚、改签、退票和餐饮等服务工作，如果延误时间较长，要做好解释、信息沟通工作，尽量满足旅客提出的合理要求，根据公司政策规定给予旅客适当的补偿。

航空公司运行控制中心的组成包括：公司值班领导；运行控制中心值班经理；签派员；情报员；通信员；机务工程部席位；市场部席位；飞行部席位；客舱部席位；地服部席位。

航空公司运行控制中心一般都配有航班运行管理信息系统，不同的席位使用该系统的不同功能模块，还配有通信设备和计算机网络系统、大型显示系统，并且配备专用的特情处置会商会议室，在出现严重航班延误或者严重突发事件时，公司值班领导和各相关部门领导集中在这里会商解决办法。

航空公司运行控制中心组织、指挥结构如图 5.1 所示。

5.3.2　不正常情况下 AOCC 核心人员的工作

当出现飞机故障、航班延误等不正常情况时，签派值班主任(计划协调人员)是航空公司运行控制活动的核心，他们是运行控制中心(AOCC)中被授权和负责正常航班的执行与解决不正常航班有关问题的人员。签派值班主任利用各种信息渠道获得决策分析数据，通过分析这些信息，修改航空公司的系统资源计划，包括航班延误、飞机和机组的计划调

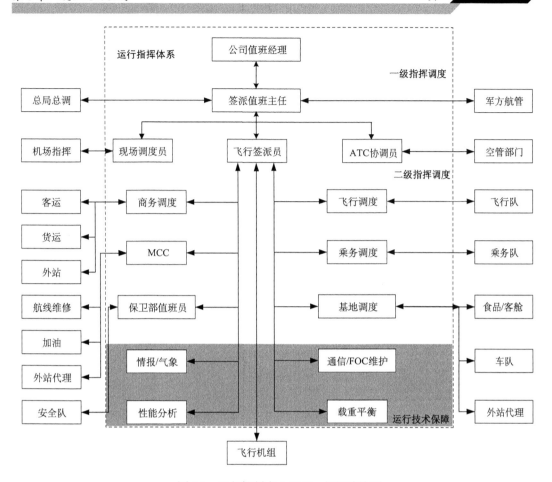

图 5.1　运行控制中心组织、指挥结构图

整(Irregular Routings)和增加航班等，然后将修改过的计划发送到相关部门和工作岗位。这些称为即时操作计划(Current Operational Schedules，COS)。AOCC 主要关注航班和计划管理，所以计划协调人员需要与各种关键的人员和部门保持联系。航班计划调整的信息流如图 5.2 所示。

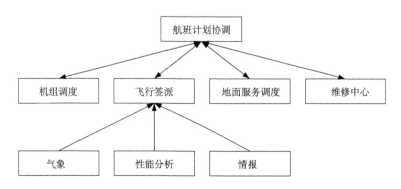

图 5.2　航班计划调整的信息流

不正常情况下的旅客服务管理也是实时决策问题，涉及旅客冲突防范、服务资源调度、服务流程优化、服务环境监控、服务评价等一系列问题。这些问题的解决将有助于航空公司提高服务竞争力、维护正常的航班运行秩序和航空公司声誉，以及在某种程度上减少航班延误补偿的经济损失。

航班延误责任的归属涉及多方利益，也是航空公司与旅客关于延误纠纷的核心问题。目前由于缺乏科学合理的延误责任鉴定方法，也没有建立起相关的监控体系和信息系统，国内出现了航班延误后旅客"不闹不赔，小闹小赔，大闹大赔"的恶性循环，对构建和谐的客户关系造成了不良影响。这是一个需要认真解决的问题。

在不正常航班计划恢复技术方面，国内中小航空公司目前仍采用手工调整计划的方式，大型航空公司虽引进了国外的专业管理系统，但由于内部管理体制和观念不同，信息系统的优势没有充分发挥出来，引进的系统几乎成为手工操作替代品。

本节主要介绍了航空公司运行控制中心的职责以及在飞机故障、航班延误等不正常情况下运行控制中心核心人员的工作。

5.3.3　美国航空公司运行控制的介绍

他山之石，可以攻玉。理解和消化国外的研究成果有助于开发符合我国实情的信息系统与优化调度技术。本节将简单介绍目前美国主要航空公司运行控制的先进做法。

在美国，航空公司依靠大量的决策支持工具进行决策，在不正常情况发生后首先考虑尽快恢复航班计划，然后考虑如何减少潜在的收益损失。在实际的调度中，计划控制人员通常考虑的是某个给定航班上已订座旅客数，而不是该航班的实际价值，必要时会根据情况将旅客流等因素一并考虑，如旅客航班衔接性(Connectivity)、旅客好感(Goodwill)、旅客流量等。在进行计划调整时，以任务匹配为出发点，需要考虑航班出发时刻、机组调度、旅客流分配和每日计划循环的平衡等多方面的因素。

美利坚航空公司(American Airlines)将任务匹配(Mission Compatibility)描述为做这样的决策：调整应使后继影响尽可能小，即后继的航班运行计划变动最小，而且能在短时间内生成可行的方案。因此，美利坚航空公司通常优先考虑航班延误，其次考虑取消的必要性。

美国联合航空公司(United Airlines)使用一种实时决策支持系统(System Operations Advisor, SOA)，包含状态监视(Status Monitor)、延误和替换建议(Delay and Swap Advisor, DSA)模块、延误和取消建议(Delay and Cancellation Advisor, DCA)模块，但是该系统做延误和取消的决定是分别进行的。现在已对该系统进行了进一步的改进和集成。

达美航空公司(Delta Airlines)在亚特兰大机场(Atlanta Airport)的运控中心负责监控日常运作中出现的天气状况、航班计划、飞机维修计划等问题，提前调整飞机的运行计划，使其更好地避开恶劣天气。公司开发了旅客重订(Rebook)系统，可以及时地向旅客通报航班取消和延误情况，当航班计划调整后，机组排班系统可以生成新的机组排班计划。

近几年，美国许多航空公司开始采用"抢先决策"(Preemptive Decision Making)来生成航班取消计划，该计划在一个机场或地区受到实际的恶劣天气影响前实施。大陆航空公司(Continental Airlines)研究了一个关于应对恶劣天气工作流程计划，旨在最小化预计受影响地区的飞机和机组的数量。控制人员相信这些措施有利于提高公司的运行效率，因为这使得计划更容易恢复和极大地加快正常运作的重新实施。然而，实际上有可能收益并不会遭受到不正常情况的影响，他们的计划运行收益可能要打折扣。

西北航空公司(Northwest Airlines)研发了一个名为"Thinning of Flights"的程序，它综合考虑了操作和经济方面的因素。由于受天气影响，机场容量减小，该程序针对减小了的机场容量进行调整，使得运行计划与减小的容量相适应，同时保证收益最大化和最小化对旅客、机组和维修计划的扰动。该程序的指导原则是安全地、尽可能快地且高效地恢复到正常运作。

本节主要介绍了美国航空公司运行控制的相关案例，从中探究运行控制中心是航空公司的运输指挥核心部门。从以上的介绍可以看出，运行控制中心是航空公司运输生产指挥的心脏，其职能重要且职责繁多。

5.3.4　飞行计划和航行情报

在航空公司运行控制中心最重要的工作是飞行计划和航行情报。制订飞行计划是签派员的重要工作，签派员根据航线适航性、气象条件和飞机飞行性能进行飞行计划设计。飞机的飞行性能包括起飞性能、爬升性能、巡航性能、下降性能、着落性能、续航性能、燃油特性等，主要指飞机在各种不同温度、气压等大气条件下的飞行机动性能，如加速度、转向角和爬升角等，燃油特性可以用单位时间耗油量或每公里耗油量表示。

1. 飞行计划基础

飞行计划是针对具体航班而言的。在航班起飞前，根据具体的气象资料、航行情报、飞机性能、空中领航和航行规则，确定该航班的业载以及完成本次航班飞行所需的飞行时间和燃油量。这项工作就是制订航班飞行计划，其目的是保证飞行的安全和降低航班运行的成本。

制订航班飞行计划是一项非常专业性的工作，涉及许多专业知识和专门技术，这些在后期的专业课程中会进行介绍，本节主要讨论飞行计划优化的问题。

飞行计划的优化是要在保证安全的前提下，尽量提高航班运行的经济效益，也就是让成本最小化。燃油消耗是最主要的飞行成本，制订飞行计划时，需通过减少燃油消耗来达到降低成本的目的。

2. 航班的飞行剖面

飞行计划是航班飞行的过程设计，包括确定最大起飞重量和最大着陆重量、设计飞行剖面、计算燃油量和飞行时间。飞行剖面规定了飞机飞行过程各阶段的飞行参数，包括预计空间位置(坐标)、耗油量/存油量和时间点，并规定必要的备降机场和备降飞行剖面。飞行计划剖面如图 5.3 所示。

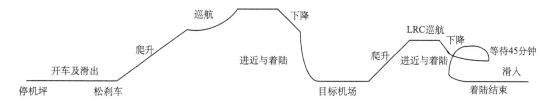

图 5.3　飞行计划剖面图

飞机在停机坪开车及滑出，进入起飞阶段，首先是爬升，然后是巡航，接近目的地机场时开始下降。

起飞总油量 ＝ 轮档油量 ＋ 备份油量

轮档油量（Block Fuel）＝ 航程油量 ＋ 开车滑出油量 ＋ 滑入油量

备份油量 ＝ 备降油量 ＋ 等待油量 ＋ 公司备份油量

备降油量（Diversion Fuel）＝ 从目标机场复飞、爬升、巡航、下降、进近直到备降场着陆（不含等待）所用油量

公司备份油量 ＝ 完成上述飞行剖面后还剩的保底油量（对国际航线还应加上航线应急油，即 10% 航程时间的巡航油量），它一般由各公司自行规定

轮档时间（Block Time）＝ 航程时间 ＋ 开车滑出时间 ＋ 滑入时间

备降时间（Diversion Time）＝ 从目标机场复飞、爬升、巡航、下降、进近直到备降场着陆的总时间

3. 航行情报

航行情报是制订飞行计划的另一个重要依据。根据国际民用航空组织的规定，任何类型的民用航空器运行前，必须准备涉及所运行机场设施、航路、航图、导航设施和气象等情报资料。例如，航空器运营人必须了解进入和跨越他国领空的规定以及所遵循的操作，也必须了解哪些机场是可用的，哪些导航设施、气象设施、通信设施、交通服务设施是可用的，以及使用上述设施的程序和规定等。这些信息在使用中变化很少，具有相对稳定性，通常以手册的形式发布，包括 AIP（Aeronautical Information Publication）、Jeppesen 手册、机场使用细则、航线手册、高（中、低）空航线图、通信导航、国际国内航路航线规定和各种比例尺的地形图等资料。

制订飞行计划时，必须及时了解一些临时或短期内有可能影响飞行的设施变动信息，如航路导航设施、通信设施、通信频率、交通管制设施的变化，以及临时进离场程序的建立和废除、临时危险区域的位置、生效时间和取消时间等。这些信息通常以航行通告的形式发布，影响期一般不超过 3 个月，内容可能包括：机场的开放、关闭；航路的建立、撤销或改变；飞行情报区、管制区、禁飞区、危险区、限制区、空中走廊的规定；通信频率、呼号和位置的改变；机场区域内有碍飞行的障碍物的设置或者拆除；释放气球、炮射、人工降雨、滑翔飞行、跳伞、火箭发射、航空演习以及有碍飞行的其他情况等。

航行情报必须完整正确，因为它直接关系到飞行的安全，对制订经济有效的飞行计划十分重要，对于选择航路和备降机场，以及计算飞行时间都十分重要。航行情报还会影响燃油消耗，如风向能造成油耗的变化，以上海到乌鲁木齐为例，在大的逆风和小的逆风情况下全程飞行时间相差 1 个多小时，耗油差异约 2 吨。

本节主要介绍了航空公司运行控制中心中最重要的工作，即飞行计划和航行情报。

机场运行控制

5.4　机场运行控制

5.4.1　机场运行控制的分类

机场运行是航空运输运行的重要环节，它主要围绕航班运行展开，为了使机场的航班

正常运行所进行的各项服务和保障工作都属于机场运行控制的范围。

机场运行控制一般可分成三大模块：陆路交通管理模块、航站楼运行控制模块和飞行区运行控制模块。

(1)陆路交通管理模块的主要任务是对机场范围内和进出机场的道路交通进行管理，以及对机场的停车场和航站楼的车道边进行规划和管理，确保机场的集疏运系统畅通无阻和航班的正常运行。

(2)航站楼运行控制模块的任务是为出港旅客的登机过程服务和到港旅客的下机过程服务以及中转旅客的中转服务。登机过程服务包括办理各种登机手续、场内运输、餐饮零售、候机登机以及有关航班运行的信息；下机过程服务包括廊桥或者悬梯和摆渡车服务，另外还需提供行李托运、搬运和认领等服务，对于国际航班旅客还需提供边检、海关和检验检疫等服务。一般地，机场航站楼还为旅客提供银行(取汇款、换外汇)、急救站(急病救治)、旅行社(当地旅游)以及无线网络等服务。中转服务主要包括中转值机、安检和候机登机服务。

(3)飞行区是指航空器活动的区域,图5.4是上海浦东国际机场一号航站楼飞行区一角。飞行区运行控制模块的任务主要针对航空器保障作业展开，包括运行指挥、运行标准、机坪秩序、场务灯光和登机桥等管理工作，如图5.5所示。

①飞行区运行指挥中心承担飞行区用户之间的协调和调度以及负责与航站楼运行控制模块、陆路交通管理模块之间的协调和沟通工作，负责机位上飞机的推进、推出管制(机场地面管制)。

②运行标准控制部门承担桥位分配、航班信息制作以及确定机场是否符合适航条件。

③机坪秩序管理部门负责对维护机坪、专机坪、停机坪和服务车道秩序的管理工作。

④场务灯光保障部门负责驱鸟、净空、道面、辅助设备设施和助航灯光系统运行管理工作。

⑤登机桥管理部门负责登机桥运行管理工作。

图 5.4　上海浦东国际机场一号航站楼飞行区一角

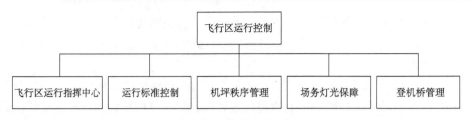

图 5.5　飞行区运行控制中心的工作职责

另外，飞行区管理部门不仅应负责飞行区设施设备的维护维修工作，还应监督和审核飞行区施工质量和有效控制成本支出，负责飞行区通行许可和安全保卫等方面的工作。

5.4.2　机场运行控制的任务

总体上，机场运行控制的任务包括资源的分配和调度、现场监视、安全护卫、设备维护、应急救援和现场指挥。

其中，机场生产资源多种多样，主要包括以下方面。

(1)旅客服务资源，具体涉及以下设备或系统：值机设备；行李传送系统；旅客运输系统；安检设备；候机厅及娱乐、网络设备；登机桥、摆渡车及客梯；航班信息显示系统。

(2)货邮行李装卸运送设备，包括传送带车、平台车、拖盘、拖车。

(3)航空器保障和运行资源，包括停机坪、等待坪、滑行道、联络道、跑道、加油设备、餐食车、清水车、污水车、垃圾车。

现场监视包括航站楼内和飞行区场面的安全监视。安全护卫包括隔离区各通道口的安检和护卫、旅客安检和停机坪护卫。设备维护是对各种保障和服务资源进行维护、保养和维修，保障其正常运行。应急救援是在发生紧急情况和突发事件时所需采取的应急处置和救援措施，以保障航空器和旅客的安全。现场指挥是指对运行设备和人员进行调度与安排，确保航班正常运行。

本节主要介绍了机场运行控制的分类及相应需要完成的任务。

5.5　空中交通管制

空中交通管制服务

1. 空中交通服务

除了航空公司及机场的运行控制，还有空中交通管制服务。空中交通服务包括空中交通管制服务、飞行情报服务和告警服务。空中交通管制服务就像交警上路执勤，指挥车辆安全有序、高效通行。飞行情报服务，例如，我们选择一条路线到达目的地，其中一段路今天修路不能通行，交管部门就要提前发布通告，让驾驶员提前准备绕行方案。告警服务指的是一旦出现特殊情况，我们就要通知并协助机场的应急救援部门或者是社会的应急救援部门采取行动，对需要这种服务的航空器开展搜寻和救援。

空中交通管制服务工作是由管制员负责，涉及的任务有：防止航空器在空中相撞；防止航空器在机场机动区与障碍物相撞；加快空中流量；保持有序的空中交通流。

2. 空中交通管制系统的分类

航班从机位推出后就交给空管进行管制(有些机场已经接管了地面管制)。从地面滑行开始，经过以下空域：出发机场终端区；出发进近区；航路；到达进近区；到达机场终端区。航班到达目的地机场着陆后，在地面滑行进入机位，完成航班飞行过程。

按照管制范围的不同，航班飞行过程分别由空管的塔台管制、进近管制、区域航路管制进行管理。

(1)出发塔台管制包括：从机场推出管制接过飞机；滑行排序(从机位推出管制已于2014年交机场管理)；起飞排序；交给进近管制。

(2)出发进近管制包括：从塔台管制接过飞机；保证飞机安全间隔；进近定位点排序；交给区域(航路)管制。

(3)航路管制包括：从进近管制接过飞机；保证飞机安全间隔；航路交叉点排序；不同管制区的飞机交接；交给进近管制。

(4)到达进近管制包括：从区域管制接过飞机；保证间隔；进近排序；交给塔台管制。

(5)到达塔台管制包括：从进近管制接过飞机；着落排序；根据停机位位置安排滑行路径；交给机场推进管制。

以上不管哪部分，飞机运行都由管制员进行管理。管制员负责航班管制的边界都由扇区定义，每组管制员管理一个扇区，进入该扇区的飞机由这组管制员负责。

以上是每一个航班飞行过程中接受空管管制的典型经历。可以看出，运行着的每一架飞机每时每刻都有一个管制席位照管，飞行员需要根据管制员的指令进行改航、加速、减速、上升高度、下降高度等操作，确保飞机安全飞行。

3. 管制员工作的重要性

调查表明，世界民航史上发生的空难中有接近50%的事件是发生在飞机起飞或降落阶段那短短几分钟的时间内，因此对于负责指挥飞机起飞和降落的塔台管制员，再微小的错误操作都有可能造成无法挽回的事故。

因此，塔台管制员在工作中需要高度集中注意力，紧盯雷达屏幕和跑道，以确保工作的严谨性。由于工作的高强度，因此按照规定，塔台管制员的连续工作时间不能超过2个小时。如果遇到航班流量高峰或者是恶劣天气，这2个小时还要不停地和飞机机组通话，并且发布的每一个指令都必须深思熟虑，这既是对生命的敬畏，更是对神圣责任的担当。

本节主要介绍了空中交通管制服务的任务及相应分类，并强调了管制员工作的重要性。

5.6　不正常航班恢复问题

不正常航班问题

1. 不正常航班的概念

随着国民经济的高速发展和航空运输市场需求量的不断增长，国内各家航空公司相应加大了运力的投入。美国波音公司预计，未来20年，中国航空公司将购买8600架新飞机，价值1.4万亿美元，同时需要1.7万亿美元的民用航空服务，运力的增长使航班量迅速增加。目前，我国空中交通流量分布不均衡，起降架次排名前十位的机场的总起降次数占到全国总起降次数的一半以上，京、沪、穗机场到达终端区和华东部分区域空中交通容量已基本处于饱和状态，致使航班延误不断增加，给航空运输企业和旅客带来了很大的直接和间接经济损失。

严格地说，按照航班计划执行的航班才能称为正常航班，否则称为不正常航班。由于航空运输生产的种种不确定因素容易造成航班计划的偏离，完全的正点难以实现，而且一定范围内的延误给旅客和航空公司造成的损失是可接受的，一般规定航班降落时间(航班实际到港轮档时间)比计划降落时间(航班时刻表上的时间)延迟 15 分钟以上或航班取消的情况称为延误，即为不正常航班。根据该定义进行统计，我国大陆 2013 年的不正常航班为76.9 万班次，2017 年增加到了 114.4 万班次，五年间年均增长 10.5%，远高于航班量的增长速度。若以旅客服务成本、飞机空中/地面等待成本和机场服务成本等计算延误成本，2002年国内航班延误总成本已达 21 亿元。

2. 不正常航班产生的原因

航空运输是一个十分复杂的系统，导致航班运行出现不正常的原因很多，既有可以控制的人为因素，也有不可预测和控制的非人为因素。仅中国民用航空局发布的《民航航班正常统计办法》中所列航班延误原因就多达五大类 29 种。

(1)天气原因，如大雾、雷雨、风暴、跑道积雪、结冰、低云、低能见度等危及飞行安全的恶劣天气使机场所在地区的天气达不到起降标准，航行途中绕过恶劣气象区域等。

(2)空中交通原因，如空中流量控制、重要飞行、科学实验、上级发出的禁航令、为特殊航班让道等。

(3)机场保障原因，如机场安检、联检原因、机场关闭、地面通信导航、加油、意外安全事故等。

(4)旅客自身原因，如旅客办完乘机手续后到附近购物、用餐、打电话，没有听到登机广播通知，或旅客违反规定携带超大行李上机等。

(5)航空公司原因，如运力调配不正确、飞机故障和机务维护、航班计划局部不可行或与其他生产计划不协调、机组临时缺乏等。在所有导致航班运行不正常的原因中，属于航空公司的原因占据相当大一部分。以 2015 年为例，全国客运航空公司共执行航班 337.3 万班次，其中正常航班 230.5 万班次，不正常航班 99.9 万班次，平均航班正常率为 68.33%。不正常航班中，空管原因(含流量原因)延误 306493 班，占不正常航班总数的 30.68%；天气原因延误 295005 班，占不正常航班总数的 29.53%；航空公司原因延误 190809 班，占不正常航班总数的 19.1%；军事活动原因延误 140060 班，占不正常航班总数的 14.02%。以上四种原因为影响航班正常率的主要因素，占不正常航班总数的 93.33%。

航空公司为提高市场竞争力和最大化利用飞机资源，航班计划基本上没有为应对各种意外的变化留下松弛时间(Slack Time)。飞机资源的备份成本极高，航空公司不愿意专门为应付航班变化而让飞机空闲待命。这也是造成不正常情况下运力调配困难的主要原因之一。另外，航班计划的运作环境是不确定的，除了考虑飞机可用性、机组可行性和维修计划约束，机场跑道条件、是否属于高原地区、是否需要机务跟机、航线限制等因素都会增加计划调整的复杂性。

3. 不正常航班的管理及处置

航空公司不正常航班管理工作的两个重要内容是加强航班运行控制和旅客服务管理。

对于一个航空公司，不正常航班相关运行成本可能花费每年收入的 3%，因此节省的潜能和空间是明显的。美国作为世界民航发达国家，较早开始注重对航班正常工作的数据统计和研究。通过研究航班正常历史统计数据，可以发现航空公司航班正常率的高低与公司营利水平存在一定联系。2000 年欧洲效益较好的 10 家航空公司，其国内航班正常率平均为

74.5%,每提高一个百分点的航班正常率可以提高利润 400 万~1600 万元。从统计数据来看,航班正常性保持较好的航空公司,其营利水平也较高。提高一个百分点的航班正常率就可以节约 1300 万元,相当于增加利润 1300 万元。美国西南航空公司的航班正常率一直保持在美国航空运输统计的前五名,正常率在 80%以上,同时它的营利能力也在 18%以上。例如,1992 年达美航空公司报道的约 95000 起不正常航班,影响到 850 万旅客,损失了近 5 亿美元(不包括旅客满意度的损失)。据估计,一个好的航班恢复处理过程,可以减少至少 20%的成本损失。随着中国民用航空局对不正常航班管理的加强,提高不正常航班的运行控制现代化管理水平也越来越被国内航空公司所重视,优化控制、算法设计、管理创新已成为国内航空公司不正常航班管理的热点问题。

从根本上讲,不正常航班问题是世界各航空公司都普遍面临的难题,要根除航班不正常是几乎不可能的事情。当不正常情况出现时,运行调度人员根据航班的计划时间、飞机的航线、飞机的维护和保养计划,以及机组的编排计划等一系列信息,考虑飞机资源的重新分配,提出飞机指派的调整方案,尽量使航空公司的航班在较短时间内恢复正常。调度人员在人工决策时,一般的指导原则是:采用最直接简单的调整方案,使得受影响的航班最少。他们通常考虑的是尽量少取消航班,这是因为取消航班对旅客造成的影响最大,给航空公司造成的经济损失也比较严重。在航空业发达的美国,航空公司的飞机拥有量大,航班密度高,运输市场竞争激烈,对不正常情况的调整通常会限定恢复期,要求在飞行日的某一时刻开始,所有的航班都能按航班时刻表执行。我国航空公司在不正常航班的恢复调整中一般都采取能延误则延误,迫不得已再取消的策略,而且通常不会对计划的恢复设时间限制,只要求调整方案保证在飞行日结束恢复原计划的机队配置,尽可能不影响次日计划的执行。

从解决不正常航班问题的过程来看,由于飞机的维修保养大部分是在飞行日所有航班任务结束后进行,计划的调整主要是进行飞机和机组调配。飞机的调配是为了重新部署飞机的资源,使得在未来的某一时刻,各架飞机能够在所要求的时间处于正确的机场位置,满足更改后航班执行的需要。同样,要根据改变的机型、航班时刻来调配机组,使得机组的重新部署和飞机的调配方案协调一致。这两个问题是密切联系的,是整个航班调整计划的相对独立又相互依赖的两个方面。一般认为,在整个不正常航班情况下,关于飞机调配的决策对航空公司的收益影响最大,因此这一步也是最重要的。但往往机组调配在整个不正常航班恢复过程中是一个瓶颈问题,这是因为机组指派可行性要求严格而复杂,给问题的解决带来了困难。

本节主要介绍了有关不正常航班的调度问题,提出了利用加强航班运行控制和旅客服务管理进行航空公司不正常航班的管理工作。

5.7　航空运输环境保护

1. 航空运输引起的环境问题

航空运输环境保护已经引起人们的高度重视。中国民用航空局把建设绿色民航作为一项战略任务加以执行,《国务院关于促进民航业发展的若干意见》中提出了民航要做到安全、绿色、高效和服务四个方面全面发展,绿色具有与安全几乎同等重要的意义。

　　航空运输引起的环境问题主要有尾气排放、燃油泄漏、噪声污染和土壤侵蚀。

　　(1)尾气排放。航空运输引起的尾气排放主要来源于航空器以及地面运行设备(牵引车、加油车、行李车等)。航空运行过程中，发动机排放出的 NO_x、CO、HC、SO_x 以及粉尘等物质是造成环境污染的重要来源之一，这些污染物气体会严重污染空气环境，影响周围居民的身体健康。此外，航空运输排放出的 CO_2 等温室气体也加剧了全球变暖现象，相关数据显示，全球航空的 CO_2 排放量几乎占据了总量的 2%～3%。近年来航空运输业获得了高速的发展，运输量以及飞机起降架次的增加必然会引起更多的尾气排放，且航空运输不同于其他交通运输方式，其排放主要集中于高空，污染涉及范围广，气体会随空气流动从而进一步增加污染范围，高空二氧化碳排放带来的温室效应也要远大于地面二氧化碳排放。

　　(2)燃油泄漏。燃油成本占据了航空公司成本的很大一部分，是航空公司重要的运营成本。航空器的正常运行离不开航空燃油的消耗，燃油泄漏一方面会为公司带来巨大的经济损失，甚至可能引发安全问题，另一方面泄漏的燃油也会影响周围环境。但是，当飞机遇到紧急情况迫降时，常常要求飞行员主动放掉部分燃油，这是由于飞机重量大于最大着陆重量，如果强行降落，可能会导致起落架及机身产生损坏，造成更加严重的事故，因此飞机需要放油以使重量满足要求，从而安全着陆。虽然空中放油是出于安全目的，但每年全球各地都会发生多起紧急迫降事故，飞机会向大气中排放大量的燃油，经过雾化处理后的燃油落到了水和土壤中，会对环境造成一定危害。

　　(3)噪声污染。航空器噪声是指航空器在起飞、降落、滑行、空中飞行、试车等活动时产生的噪声，上述活动多发生于机场附近区域，因此又可称为机场噪声。航空噪声具有影响范围广、低频噪声突出等特点，会严重影响机场周围居民的正常生活及身心健康，长期生活在噪声中会严重影响到人的中枢神经功能，造成人体神经衰弱以及神经系统失调，导致心脏供血不全的症状。此外，噪声还会对听觉系统造成不可挽回的损害。噪声污染是一个普遍且严重的问题，近年来逐渐受到重视，我国也在针对该问题的解决进行积极探索，早于 1996 年就公布了《中华人民共和国环境噪声污染防治法》，但是相关法律条文不够具体，更多的只是定性的规定，关于具体如何控制噪声、如何进行惩罚缺乏统一的标准。

　　(4)土壤侵蚀。土壤侵蚀指土壤受到风力、水力等外部作用，从而被破坏、搬运、沉积的过程。按照侵蚀应力划分，可分为水力侵蚀、重力侵蚀、冻融侵蚀、风力侵蚀以及人力侵蚀等，其中机场建设属于人为侵蚀。机场建设项目虽然能够大力带动当地经济，但也产生了一系列的弊端，如机场占地面积大，土石方数量大，在建设过程中会毁坏耕地、移动大量土地，堆积的小山坡会在其他应力的作用下产生侵蚀，如果防治不当便会导致地区出现水土流失现象。此外，机场的建设规模大，服务周期长，一经建设几乎是永久占用，原有土地生态难以得到恢复，对周围自然环境会造成长期的不利影响。

　　2. 航空运输环境保护

　　1)对机场周围环境的污染

　　随着民航运输事业的迅速发展，飞机噪声污染已成为突出的社会问题。据调查，2016 年我国飞机噪声污染严重的机场有 27 个(约占全国民用机场总数的 14%)，其中北京首都机场最为严重。估计北京首都机场噪声污染治理(拆迁、建筑隔声等)费用高达约 5 亿元。飞机噪声不仅制约了航空运输事业的发展，而且影响社会稳定。此外，飞机在低空排放出的 HC、CO、NO_x、SO_2 等污染物气体会严重影响机场周围居民的身体健康。例如，NO 和

CO 与血红蛋白间的结合能力较强，会导致人体因缺氧而出现中毒症状；HC 可形成光化学烟雾影响居民出行安全；SO_2 与大气中烟尘间的协同作用会增加呼吸道疾病的发病率。水污染也是机场周围的一个重要环境问题，机场用水量大，且飞机排放出的气体会污染水资源。因此，必须做好机场周围环境的保护工作，才能保证航空运输事业的顺利发展。

针对机场周围的环境保护问题，需要中国民用航空局、航空公司、机场、周围建筑部门等多方的共同努力。一方面，可通过加强基础设施建设或采用技术手段解决环境问题，例如，通过建设噪声防护林、设置绿化隔音带等减少噪声，也可为飞机安装尾气处理装置，或采用清洁能源代替传统燃料以解决机场周围的排放问题。另一方面，可采用征收费用的方式处理尾气排放较大或起降噪声大的飞机。此外，环境保护工作的实施也需要政策的支持，我国应进一步完善污染物排放及噪声污染的相关法律法规，对民航企业的飞机噪声和污染物排放提出要求，让相关的管理部门能够有法可依，从而达到治理机场周围环境问题的目的。

2）机场营运环境的问题

航空运输对机场周围环境的要求很高，为了保证航空运输能够顺利运行，必须做好机场营运环境的保护。当前机场营运环境的主要问题是机场净空保护和鸟击飞机事件。

机场安全高效的运行与周围地形及建筑密切相关，为了保障飞机的飞行安全，需要对机场周围沿航线一定范围的空域提出要求，保证飞机在起飞和降落过程中不会受到障碍物的干扰，这个区域称为机场净空区，该区域需符合一系列的标准，因为净空环境的好坏会直接影响飞机的飞行安全以及旅客的生命财产安全。在机场的净空保护区域内，不允许修建超过机场净空障碍物限制高度的建筑物或设施，也不允许焚烧产生大量烟雾的农作物秸秆、垃圾等物质，空中的漂浮物、烟尘等也会破坏净空条件。

鸟击飞机事件是威胁航空安全的重要因素之一。机场一般选址在远离城市的郊区，周围人类建设及活动较少，适合鸟类生存，所以在机场附近的低空空域中，飞机在起降过程中常常会与鸟类发生碰撞。鸟击对飞机的发动机动力系统破坏严重，如果鸟被吸入进气口，可能导致涡轮发动机扇叶变形，甚至导致飞机失速乃至坠毁。此外，鸟击还会对飞机的机翼、风挡等造成破坏，影响飞行员驾驶。为了避免鸟击飞机事件引发的安全事故，需要在机场建设之初就对周围的生态环境进行评估，避免在鸟类聚集多的地区建造机场，还可通过目视、雷达侦测的方式观察鸟情。另外，还可通过恐吓、迁移栖息地等主动方式驱赶鸟类离开机场空域。

由上述内容可以看出，航空运输环境保护包括两个方面：一是做好机场周围环境的保护，使机场建设和营运不致对周围环境造成不良影响；二是做好机场营运环境的保护，使航空运输能安全、舒适、高效地运行，而且有利于机场的发展。

3. 航空运输运行控制对环境保护的促进

民航运输治理环境问题的措施主要包括运行措施、技术措施和市场措施，而利用航空运输运行控制促进环境保护属于运行措施。由于技术措施的发展周期长，而基于市场措施改善环境问题的研究仍有待探索，目前仍未全面实施，运行措施因其研究周期短、易于实施的特点成为当前改善环境的主流措施。

航空运输运行控制可以在绿色民航建设方面大有作为，根据 IATA 的统计数据，高效的运营效率可为航空公司每年节约 10%左右的燃油成本，还可大幅度减少航空气体污染排放。通过优化空域结构(包括航路)、滑行程序、飞行程序、飞行计划和优化航班流量管理等科学手段和技术，可以减少燃油消耗(节能)和尾气排放(减排)。我国航线存在弯曲程度较高、开放程度低等问题，这就导致飞机飞行距离增加、运营时间长。为了应对这种情况，有必要优化航线结构，实行航线航路截弯取直，提高临时航线的使用效率，有效减少不必要的燃油消耗及气体排放。例如，中国国际航空公司通过调整"北京—迪拜"的飞行航线，使得飞行距离缩短了 600 海里以上，可为航空公司节省约 8.6 吨的燃油消耗及 27 吨左右的尾气排放。由于天气因素、空域结构以及运输需求等因素的影响，我国机场航班延误状况较为普遍。为了保障飞行安全，飞机需在空中等待或在滑行道上消耗过多的时间，造成大量的燃油消耗，空管水平的提高、空域结构的优化都有利于减少运行时间和资源浪费。例如，2005 年美国将其国内航班飞行的最小垂直间隔降低为原来的一半，增加了空域容量，这为美国减少了 4 亿美元的航空燃油费和 5000 万美元的航空排放费用。此外，滑行程序和飞行程序的优化也可以降低噪声的影响，并且可通过避开敏感点设计进离场航线、采用降噪进近飞行程序等措施减少飞机噪声对机场周围居民生活的干扰。例如，采用持续爬升的飞行理念可减少平飞阶段，从而实现快速爬升，以达到节能降噪的目的。

　　本节主要介绍了航空运输环境保护，以及运行控制过程中可以促进对环境的保护。

思考练习题

5-1　运行控制中心进行成本控制的措施有哪些？

5-2　航行情报有什么作用？

5-3　机场运行控制可分为哪三大模块？分别有哪些任务？

5-4　什么是空中交通管制？它一般分为哪几个阶段？

5-5　不正常航班问题是世界各航空公司都普遍面临的难题，要根除航班不正常是几乎不可能的事情，请问可以通过哪些手段来降低不正常航班可能造成的影响？

5-6　航空运输可能对环境造成哪些不良影响？航空公司可以通过哪些措施来推进绿色民航的建设？

第6章　民航运输商务

开展商务活动是民航运输企业获取收益、经营发展必要的工作。只有具备良好的商务环境、选择科学的商务模式，航空运输企业才能充分利用自身的资源创造经济效益和社会效益。因此，民航运输商务活动也是航空运输企业进行飞行服务、满足市场需求的重要工作。本章主要介绍民航运输商务活动的内容、航空运输商务环境、航空运输联盟以及不同的航空公司商务模式。

6.1　民航运输商务概述

商务是指一切与买卖商品服务相关的商业事务。狭义的商务概念即指商业或贸易；商务活动是指企业为实现生产经营目标而从事的各类有关资源、知识、信息交易等活动的总称。

商务是企业单位的相关事务，特别指与本单位商业活动相关的经营业务。具体来说，商务活动是围绕企业产品开展的与上下、前后、左右客户之间的各项业务活动的总和。

6.1.1　民航运输商务的基本概念

民航运输商务是围绕着航空承运人获得飞机的使用权、飞机能够在两地之间的空域和地面运行、航空承运人与消费者之间的服务交换所进行的所有活动的总称。民航运输商务活动涉及的主体多、内容广、流程复杂，可以从不同的分类标准认识民航运输商务。

按航空运输的对象，民航运输商务可以分为航空客运商务与航空货运商务。航空客运商务是以满足旅客运输需求而开展的各类商务活动；航空货运商务是以满足货物运输需求而开展的商务活动。两类运输对象构成了航空运输市场总体，客货运在飞机的使用、资源的投入、活动的流程和内容上都存在较大的差异。

按航空运输服务主体，民航运输商务可以分为航空公司商务与机场商务。航空公司商务是以提供客货运输服务进行的商务活动，机场商务则是服务于航空公司，为航空公司、旅客、货主(货代)提供必要的设施和运输保障。

按运输范围，民航运输商务可以分为国内航空运输商务与国际航空运输商务。国内航空运输商务是满足国内运输而开展的各类商务活动，国际航空运输商务是在全球范围内开展的商务活动，涉及的主体、内容更复杂。

6.1.2　航空公司的商务活动

航空公司是航空运输产业链的核心企业，其关系到整个产业链的价值功能的实现。按照与航空运输服务关系的密切程度，可以将航空公司的商务活动分为三个部分，具体为航空公司主业商务活动、航空公司延伸商务活动和航空公司多元化经营商务活动。航空公司主业商务活动是航空公司运营业务的主体，也是收益的主要来源，其内容与旅客或者货物运输直接相关。

1. 航空公司主业商务活动

航空公司主业指围绕客货运输开展的商务活动，一般包括：经营国际、国内定期和不定期航空客、货、邮和行李运输；国内、国际公务飞行业务；飞机执管业务，航空器维修；航空公司间的代理业务；与主营业务有关的地面服务和航空快递(信件和信件性质的物品除外)等。航空公司通常从以下方面进行具体的商务活动。

(1)获得航权、开设航线。航空公司获取航权、开设航线是运营的基础，也是投入运力的主要市场。航空公司开设航线的前提是获得航权，特别是在国际航空运输市场，航空公司要根据获得航权类型开通相应的航线，并且要按照规定投放运力及进行市场销售。

(2)建立运营基地。基地是航空公司资源投放的主要城市(机场)，是航空公司经营机构所在的城市。例如，中国南方航空公司的主运营基地是广州；中国东方航空公司的主运营基地是上海。随着航空运输市场的快速发展和航空公司规模的增大，航空公司也会建立多个运营基地，如中国南方航空公司就是广州、北京双基地运营模式。航空公司的基地决定了运力主要投放的机场和航线网络的覆盖区域。基地的选择主要考虑城市的地理区位、经济发展、地方政策、机场规模和其他相关资源(如是否为开放口岸)等因素。

(3)科学规划机队。在机队规划章节，已经分析了航空公司如何科学地购买、租赁、配置以及退役飞机。航空公司商业运营的基本内容就是将获得的运力投放至航线市场，满足不同区域的 OD 需求，从而获得收益。因此，航线、运营基地、机队规划是航空公司商业活动的基础。

(4)协调时刻和航班计划。在经营过程中，航空公司需要根据市场需求的变化调整航班计划，协调航班时刻。在我国，航班计划分为冬春和夏秋两季，航空公司要按照中国民用航空局的规定编制航班计划并对外公布，并在运营中严格按照公布的航班计划执行。

(5)飞行业务。航班保障与飞机维修都是飞行业务的重要工作。航班保障是从航班起飞到航班降落的整个过程中确保飞行的安全，可以分为正常航班的保障和不正常航班的保障，主要包括航油、航材、机供品等资源的保障，以及飞行人员和服务人员的保障及特殊情况下的飞行安全保障。

(6)市场营销。航空公司通过设计不同的航空服务产品、销售渠道以及机票销售计划满足客货运输需求；打造航空公司品牌、制定市场竞争战略、提升市场竞争力也是航空公司的重要商务活动。

航空公司属于特殊行业，需要进行专业人才的招聘与培养；另外，还需要开展适航审定和安全审计的相关工作。

2. 航空公司延伸商务活动

航空公司延伸商务活动是利用自身资源优势开展的其他与民航服务相关的业务。航空客运与旅游业密切相关，所以大多数航空公司都会开展旅客服务业务，如为旅客提供自由行产品和酒店预订服务等；利用航空公司运输的大量客流资源，提供广告服务；一些大型航空公司为充分利用自身的资源，为其他航空公司提供航空配餐、飞机维修和飞机租赁等服务。

3. 航空公司多元化经营商务活动

某些航空公司实施多元化经营战略，因此会开展多元化的经营活动，包括期货、证券、保险业务，以及实业投资、酒店业、电子商务、物流服务、房地产以及软件开发等。

例如，东方航空物流有限公司(简称东航物流)是中国东方航空集团有限公司旗下的现代综合物流服务企业，总部位于上海。东航物流可以利用东航 600 余架客机腹舱和 9 架全货机的航空运力及遍布全国、辐射全球的航线网络，在上海虹桥国际机场和浦东国际机场均设有运营基地，拥有 6 个近机坪货站(含海关监管仓库、跨境电商示范园区)，总面积达 125 万平方米；在昆明、西安、北京等东航的主要枢纽机场还设有多个货站，集供应链管理、航空运输、卡车运输、海运、仓储、装卸、快递、报关、进出口贸易等业务功能于一体；在运营实践中培育和形成了综合物流服务所必备的方案设计、优化、组织、实施、管理等全程物流服务能力，可根据客户的需求提供"一站式"物流解决方案。除了物流服务，东航物流旗下的"东航产地直达"能够提供跨境电商服务，它充分利用全球的航空运输资源实现了多元化经营。

6.1.3　机场的商务活动

除了航空公司，民航业的另一个服务主体就是机场。机场也会开展不同的商务活动，同样按照与民航运输服务关系的密切程度，可以分为机场主业航空商务活动与机场非航商务活动。

1. 机场主业航空商务活动

机场主业航空商务活动指机场以航空器、旅客和货物、邮件为对象，提供飞机起降与停场服务、旅客综合服务、安全检查服务以及航空地面保障服务。机场公司相应取得包括航班起降服务、旅客综合服务、安全检查服务、航空地面服务和机场建设费返还收入。

航空主业包括：飞机起降服务；停机坪服务(停机位指派、飞机加油等)；飞机场面运动监视与保障；旅客到、离港服务；旅客行李服务；旅客候机、登机服务；航空代理服务(为非基地航空公司提供值机、机务、签派服务等)。

随着航空物流的发展，机场航空货邮服务的重要性日益突出。航空货邮服务主要是机场成为物流集散、信息和控制等功能实现一体化运作的物流据点，主要完成收发货、理货、装卸搬运、装机准备、仓储、订单拣取、配送以及流通加工等作业，确保货物运输的安全、快捷，实现航空物流服务功能。

2. 机场非航商务活动

机场非航商务活动又可称为航空性延伸服务业务，主要是指除航空服务业务外，由机场依托航空服务业务提供的其他服务。机场公司航空性延伸服务业务种类较多，服务收费主要依据市场情况和服务质量等因素，主要包括货邮代理业务、航空食品、特许经营权业务、租赁业务、地面运输业务、广告业务等。依托于航空业务形成的旅客与货邮吞吐量规模优势，以及航站楼周边产业规模逐步扩大优势，机场可以发展航空性延伸服务业务。针对不同的航空性延伸服务业务，可以采取分类经营，例如，广州白云国际机场，针对货邮代理业务、地面运输业务、广告业务等，实施自主运营模式，以保证利润逐步增加；航站楼商业业务以授权或出租经营场所的经营模式为主，面向社会公开招商，收取租金。

零售餐饮与广告业务是机场最主要的收入来源。在一些大型、枢纽机场，非航业务的收入已经超过航空主业的收入，主要原因是机场巨大的客流量带来的零售、餐饮和广告收入。有些机场利用场道资源开展会展业务，如航空展览，也成为重要的商务活动。

我国机场的航空服务业务及部分航空性延伸服务业务的收费定价由中国民用航空局和

国家发展和改革委员会共同制订，对收费标准进行管控和调整。根据《关于印发民用机场收费改革方案的通知》（民航发[2007]158 号）、《关于印发民用机场收费改革实施方案的通知》（民航发[2007]159 号）、《关于印发通用航空民用机场收费标准的通知》（民航发[2010]85 号）和《关于印发民用机场收费标准调整方案的通知》（民航发[2017]18 号）等规定，民用机场的起降费、停场费、客桥费、旅客行李和货物邮件安检收费由中国民用航空局依据机场管理机构提供设施及服务的合理成本、用户的承受能力等因素核定基准价；头等舱、公务舱休息室出租、办公室出租、售补票柜台、值机柜台出租等实行市场调节价，由机场管理机构根据其提供设施和服务水平与用户协商确定，并通过航空价格信息系统备案；航空性延伸服务业务的其他收费项目由机场管理机构或服务提供方遵照有关法律法规执行。

6.1.4　航空运输产业价值链

民航运输产业价值链以航空公司等民航运输企业为核心，上游是飞机制造商、飞机租赁商、航油航材供应商、机场服务等企业，以及交通管理机构、民航管理机构、金融企业、咨询企业等。下游主要是围绕客运和货运展开的各种代理商、服务商以及最终客户，如图6.1 所示。我国民航运输产业价值链中的价值流向基本是单向的，比较注重各环节之间的固定联系。处于价值链上游的各种供应商与航空公司之间、成员之间都是按固有协议进行协作与配合。从本质上说，民航运输的实质就是服务，民航运输企业作为提供民航产品和服务的企业，满足客货运需求是核心；而处于价值链上游的企业，主要关注的是飞机、航材、航食、航油等资源的交易；在价值链下游的企业，货运、客运的各级代理商注重的是如何利用民航产品和服务交易的达成实现自身业绩的增长。

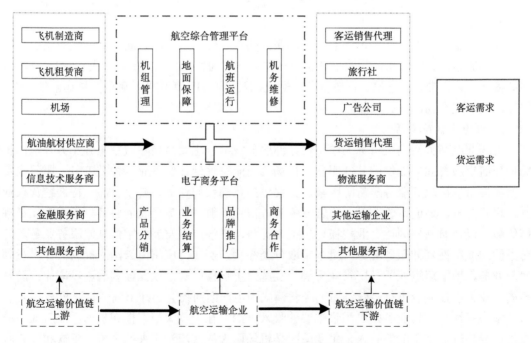

图 6.1　航空运输产业价值链示意图

随着信息技术、网络技术、电子商务的快速发展，航空运输产业价值链中各类企业的商务活动也发生了巨大的变化。例如，航空公司加入飞机制造商的电子商务平台，飞机制造商根据航空客货运输需求规模的变化制订自己的采购计划和生产计划。航空公司建立电子商务平台，进行产品分销、业务结算、品牌推广以及这种商务合作；同时，航空公司还建立航空综合管理系统，主要包括机组管理系统、地面保障系统、航班运行系统和维修系统等。因此，民航运输产业价值链越来越依靠信息的收集、组织、选择与分配来实现企业的经营活动。价值链中，信息流动呈网状结构，信息的沟通更加快速和完整，能顺应信息时代的发展，更好地支持我国民航运输企业的各类商务活动。

6.2　航空运输商务环境

航空运输商务环境主要指航空运输企业从事商务活动的背景与条件，通常将航空运输商务环境分为管制化商务环境和非管制化商务环境(本书中航空运输即民用航空运输，不包括其他类型的航空运输)。

从传统意义上说，航空运输业是一个高度法规化的特殊行业，包括技术和经济两个方面。技术主要指航空公司的营运基础设施，如机队、IT 系统、机务维修和其他专门知识；经济包括与航线系统有关的运输权、机场时隙、旅客资源以及航空公司品牌等。航空运输主要服务于公众和国家利益，国内与国际运输都会制定相关的运输规则，这是一种保障航空运输安全、市场稳定的有效手段。

6.2.1　航空运输管制化商务环境

航空运输管制化商务环境主要包括航空管制和市场管制两个方面。航空公司要严格按照航空服务协议所规定的运营范围进行航线运营，这个主要体现在国际航空运输中。航空服务协议是两个国家之间有关航权的政府间的协议，它规定了国际市场的收费价格、航班频率和运载能力等。

1. 航空管制

航空管制也称飞行管制，是有关部门根据国家颁布的飞行规则，对空中飞行的航空器实施的监督控制和强制性管理的统称。航空管制的主要目的是维持飞行秩序、防止航空器飞行安全事故的发生。

航空管制是世界上各个国家对自有领空进行管理的一种手段，一般都有明确的立法和规定。航空管制起源于 1919 年的《巴黎公约》，在公约中承认每个国家对其领土上方的空域拥有主权，因此该国负责规定其空中交通的性质和范围。

中国民用航空局对领空的使用范围有明确规定，超过民用航空范围的空域由中国人民解放军空军单位进行管理，具体可以参考《中国民用航空空中交通管理规则》。

航空管制分为空域控制权(空域使用权的管制)和空域管理权(飞行器使用空域的管制)。两权可以合一管理，也可以分立管理，具体包括空域的划设、通/商用航空器航行权、通/商用航空器使用空域的规则。

在中国，民用航空的空中交通管制空域分为塔台管制区、进近管制区和区域管制区。塔台管制区一般包括起落航线、仪表进近程序航线、第一等待高度层及其以下的空间和机场机动区。进近管制区是塔台管制区与区域管制区的连接部分，是机场管制区域除塔台管制区外的空间。区域管制区分为高空管制区和中低空管制区，在我国领空范围内，7000 米（含）以上的空间划分若干高空管制区，7000 米（不含）以下的空间划分若干中低空管制区，各区域管制区的具体范围由中国民用航空局规定。

空中交通运行管制除了能够确保空中交通安全，先进的空中交通管制技术将有助于更高效的导航和航线管理，例如，全球定位导航技术为更精确的飞行路径提供了技术保障，在有限的空域中，最大限度地提高了飞行流量和客货运输量。另外，利用某些市场化机制如航路、时隙的市场化定价来分配空中交通能力的稀缺资源可以减少拥堵，更有效地分配资源，创造最大的效益。

2. 市场管制

市场管制主要包括市场准入和市场行为管理，与航空运输企业经营密切相关。市场准入是市场管制的重点，而市场准入的基础就是航权，特别是国际航空运输。

市场准入包括：航空公司成立、航线进入与退出；非公有企业、外国承运人进入民航市场；与外国承运人签订运输联盟；航空器适航管制等。

《大型飞机公共航空运输承运人运行合格审定规则》是中国航空公司成立的法律依据，中华人民共和国交通运输部公布了最新的《大型飞机公共航空运输承运人运行合格审定规则》于 2020 年 7 月 1 日起施行。

中国民用航空总局、中华人民共和国对外贸易经济合作部、国家计划委员会令第 110 号《外商投资民用航空业规定》（简称"110 号令"）自 2002 年 8 月 1 日起施行，对于外商投资民航业范围、投资方式、投资比例、经营活动、审批程序等作出规定，并于 2005～2017 年陆续发布施行了 6 项补充规定。但我国对外商投资管理规定不断发展变化。国务院于 2020 年 6 月发布的《外商投资准入特别管理措施（负面清单）（2020 年版）》中明确了国家对外商投资实行准入前国民待遇加负面清单管理制度，其中涉及民航领域的主要有公共航空运输、通用航空和民用机场。为贯彻落实国务院有关工作部署，全面清理与现行开放政策及《中华人民共和国外商投资法》不相符的法规、规章和规范性文件，经国务院批准，《外商投资民用航空业规定》及其 6 个补充规定于 2021 年正式废止。民航领域外资准入将根据 2020 版外资负面清单及后续修订执行。对港澳台、国际协定以及自贸试验区等有更优惠开放措施的，符合条件的投资者可适用更优惠措施。此次废止 110 号令及其补充规定，标志着民航外资政策管理方式由正面清单模式转向负面清单模式，将有利于在民航外商投资方面进一步实现相关政策透明、扩大开放、平等内外资市场待遇、简化管理程序等。废止 110 号令后，民航业的自主开放已经大大超越我国在世界贸易组织多边框架下的开放承诺，在世界范围内也属于较高开放水平。

市场行为管制主要包括价格管制、市场监管和行业标准管制。价格管制主要是运输价格及各种收费的管制权力。航空市场价格管制的目的是确保航空运输企业的有序竞争，通过对企业市场行为的规范，实现行业的健康发展。中国民用航空局于 2020 年 9 月 24 日公布了最新的《国际航空运输价格管理规定》，进一步规范国际航空客货运输价格。在中国民航"十四五"发展规划中也明确要着力推进民航运价及相关领域收费改革。通过利用各类企业经营、市场竞争、运输服务标准、市场监管等手段，不断优化航空运输商务环境。

3. 国际航空市场准入的基础——航权

航权指缔约国一方给予另一方的航空器飞行和运输的权利，标明了在批准的航线或该航线的航段上，使用批准的航空器(或者替代的交通工具)，可以被运送的是什么人或什么物。航权具体表示为运送旅客、货物和邮件的权利，是运输业务的一种空中自由。

航权是国家主权的象征，是重要的国家资源，也是在国际航空运输中都必须遵守的游戏规则。对于航空承运人，获得的航权是航空公司的市场资源，是一种可以交易的无形商品。在航空公司的国际化战略中，航权成为航空公司构建国际航空枢纽的保障。航权的价值和使用方法取决于航权所有人所在地域、运量基础、公司定位。

航权包括基本的市场准入权或经营权，具体为业务权、航线权、指定权、运力权、定价权等五种基本的权利；同时，还有商务和相关活动的权利，即辅助权利，如产品分销、旅客服务等。

业务权包括九种，在国际运输中主要采用业务权对等交换的规则。航线权是确定具体的通航点，包括始发点、中间点、目的点、以远点，即明确起止机场、经停机场等具体的信息。指定权是由缔约一方通过书面形式向缔约另一方指定的，在规定航线上经营协议航班的航空运输企业。运力权是根据市场需求情况，由双方政府事先确定或批准协议航线上的运力，并给予不同程度的伸缩性。定价权是双方指定承运人应向双方政府提交进、出其领空的运价，该运价需由双方政府批准才能生效，即双批准模式。

管制化的商务环境对市场准入、所有权及控制、竞争、安全责任等产生了直接影响。航空公司开展航空业务，特别是国际业务的基础是航权中的九种业务权，只有获取相关的业务权，才可能开设航线，投入航班运营。

6.2.2　航权——九种业务权

航权

1. 第一航权：飞越权

飞越权是不经停而飞越另一国领土的权利。如图 6.2 所示，A 国为承运人国籍国或者航权国，C 国为第三国，B 国为双边协议的另一缔约国或者授权国，飞机从 A 国起飞，在获取第一航权的条件下，才可以从 B 国领空飞越，因此第一航权可称为飞越权。

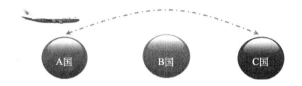

图 6.2　第一航权示意图

2. 第二航权：技术经停

技术经停是飞机在另一国做非商务运输目的的降停，即在缔约另一国领土内做加油、维修、配餐等方面的技术经停，不上下客货。如图 6.3 所示，A 国为承运人国籍国或者航权国，C 国为第三国，B 国为双边协议的另一缔约国或者授权国，飞机可以在 B 国降落，但只能加油、维修、配餐，而不可以上下客货，从事商业运输，因此第二航权可称为技术经停权。

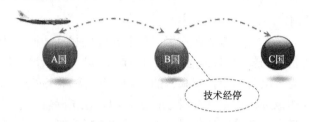

图6.3 第二航权示意图

3. 第三航权：运送客货到目的国

第三航权是卸下来自航空器所属国领土的客、货、邮的权利。如图 6.4 所示，A 国为承运人国籍国或者航权国，B 国为双边协议的另一缔约国或者授权国，在取得第三航权的条件下，A 国的飞机可以在 B 国降落，卸下所载运的客、货、邮，因此第三航权就是运送客货到其他目的国的权利。

图6.4 第三航权示意图

4. 第四航权：目的国上客货权

第四航权是在授权国领土内装上客、货、邮运往飞行国籍国的权利。如图 6.5 所示，A 国为承运人国籍国或者航权国，B 国为双边协议的另一缔约国或者授权国，在取得第四航权的条件下，A 国的飞机可以在 B 国装上客、货、邮，飞回本国。因此，第四航权就是在目的国装上客、货、邮进行商业运输的权利。

图6.5 第四航权示意图

第一航权至第四航权是国际航空运输中最基本也是最主要的航权，开展国际运输都无法脱离这四种航权。

5. 第五航权：第三国运输权

第五航权是装卸前往或来自任何其他缔约领土的客、货、邮的权利。如图 6.6 所示，A 国为承运人国籍国或者航权国，B 国为双边协议的另一缔约国或者授权国，C/D/E 国为其他缔约国。A 国航空公司的飞机前往 C 国（获得准许的国家），并将从该国载运客货前往 B 国，或者从 B 国载运的客货卸到该国。第五航权是承运人国具有装卸前往或来自任何其他缔约国领土的客、货、邮的权利，第五航权又可称为第三国运输权。其中，C 国为中间点、D 国为以远点、E 国为以前点。因此，第五航权会涉及多个国家的航空运输协议。

图 6.6　第五航权示意图

6. 第六航权：桥梁权

第六航权是经过承运人本国进行前往或来自任何其他国家航空运输的权利，是第三航权及第四航权的有效结合。如图 6.7 所示，A 国为承运人国籍国或者航权国，B 国与 C 国为双边协议的另一缔约国或者授权国，承运人可以经过 A 国，在 B 国装上或者卸下来自 C 国的客货；或者在 C 国运输前往或来自 B 国的客货。第六航权实际是将第三航权与第四航权结合，将 A 国作为 B/C 国之间运输的桥梁，因此可以称为桥梁权。

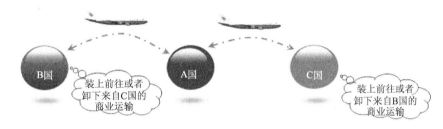

图 6.7　第六航权示意图

7. 第七航权：完全第三国运输权

第七航权是不需要从本国始发，直接在对方国与第三国间进行航空运输的权利。如图 6.8 所示，A 国为承运人国籍国或者航权国，B 国与 C 国为双边协议的另一缔约国或者授权国，A 国承运人可以不从本国起飞，直接运营 B 国与 C 国的航线，因此为完全第三国运输权。

图 6.8　第七航权示意图

第五航权、第六航权和第七航权需要承运人国与他国进行双边或者多边谈判，签订航空运输协议。

8. 第八航权：连续的国内载运权

第八航权是飞入授权国领土，在该领土内进行航空运输的权利。如图 6.9 所示，A 国为承运人国籍国或者航权国，B 国为双边协议的另一缔约国或者授权国，A 国承运人可飞入 B 国，在 B 国国内 A 点和 B 点之间进行客货运输，是一种连续的他国国内载运权。

图 6.9   第八航权示意图

9. 第九航权：完全的国内载运权

第九航权是完全在授权国领土内进行航空运输的权利。如图 6.10 所示，A 国为承运人国籍国或者航权国，B 国为双边协议的另一缔约国或者授权国，A 国承运人可以不从本国起飞，直接在 B 国国内从事客货运输，是一种完全的国内载运权。

图 6.10   第九航权示意图

第八航权和第九航权都涉及他国国内运输权，在考虑领空保护以及国内市场竞争等问题后，一般不会开放这两类业务权。

管制化政策虽然可以保障稳定的运营环境，但限制了航空公司的运营效率。随着航空市场规模的增长以及市场竞争的加剧，航空运输环境也逐步发生了变化。运输自由化与天空开发的发展，使得航空公司也逐步突破航权的限制，可以在更大的范围内提供航空运输服务。

6.2.3   放松管制与航空自由化

航空运输逐步从管制化环境发展到市场开放阶段是以 1978 年美国政府签署《航空放松管制法案》为重要标志。航空运输商务环境进一步发展到航空自由化，即天空开放阶段。

1. 放松管制

1978 年美国政府签署的《航空放松管制法案》部分地将对航空旅行的控制从政治领域转移到市场领域。美国民用航空局曾控制航空服务的准入、定价，以及航空公司间的协议、合并和消费者问题。但航空旅行的经济自由化是一系列"解除管制"行动的一部分，这些行动的基础是越来越多的人认识到行政控制的经济性不符合公众的持续利益。航空旅行是一个同时涉及流量和网络的典型行业，而网络效率的高低关键在于网络与流量运行和投资决策的密切协调。

在管制环境下，投资和经营决策受到高度限制。美国民用航空局限制了航线和入境，控制了价格，这意味着航空公司只能在基本服务、机组人员质量和频率上竞争，这导致票价和航班频率都很高，而客座率(旅客人数占座位数的百分比)很低。20 世纪 70 年代早期，美国国内航班的客座率只有大约 50%。放松管制法案实施后，航空公司重新配置了航线和设备，从而提高了运力利用率。这些措施不仅使航空旅行大众化，还使航空旅行人数大幅增加，价格下降。

根据国际航空运输协会的数据，自 1978 年放松客运管制到 21 世纪初期，航空公司的实际机票价格下降了 44.9%，旅客每年可从航空管制的放松中节省 194 亿美元。

在放松管制之后，航空公司迅速构建中枢辐射式航线网络，选择某一机场(中心)作为若干始发城市(辐条)航班的目的地。由于使用的飞机的大小根据轮辐上的旅行而不同，而且枢纽允许旅客旅行被合并到“枢纽”，载运率增加，从而允许票价下降。轮辐模式在传统运营商中幸存下来，但是低成本航空公司通常是点对点飞行，同样也可以利用规模经济和密度经济来获得价格优势。

放松管制后，航空公司建立了高度复杂的定价模型，其中包括不同航空旅客的服务质量/价格敏感性，并为每个旅客提供不同的票价/服务质量套餐。低成本航空公司的价格结构能够更好地满足消费者(尤其是商务旅行者)对低价机票的需求，在线网站价格透明度的提高以及对旅行社依赖程度的降低也是票价降低的重要影响因素。价格的降低进一步促进了航空运输规模的增长。

2. 航空自由化

航空自由化是指航空运输经济自由化，实质上是对航空运输管理体制的改革，是放松管制在航空运输领域更广泛、更深化的运用。从政府对航空运输经营活动的详尽管理过渡到更多地依靠市场力量予以调节，给予了企业更多的经营权利和灵活性。

某些国家(如美国)称国际航空运输自由化为放松管制，国际民用航空组织则采用“自由化”这个提法。国际民用航空组织建议各国政府对民航运输业这类资本密集型和技术密集型的产业，应尽可能减少限制，给予航空公司、机场及相关服务业更多的自由度。但需要注意的是，这些“自由”仅限于经济意义上的行为而绝非安全与保安方面的放任。对于国际航空运输，在尊重各国主权的前提下，各国之间互相给予自由进入对方航空运输市场的权利，即相互开放航空运输市场(天空开放)。

《开放天空条约》成功地消除了许多竞争障碍，它允许航空公司拥有外国合作伙伴、进出本国的国际航线，并摆脱了许多传统形式的经济管制。一个全球性的产业如果能有一套具有全球视野的规则，将会发展得更好。然而，这些协议仍然无法使航空运输企业获得大多数行业在其他全球市场竞争时所拥有的自由。

在实际运营中，航空自由化主要体现在航线、第 1～5 种业务权、承运人指定、运力、运价、代码共享、包机、地面服务、结汇等不受限制，以及保障同等商业机会和公平竞争等方面。按照航空运输环境从管制化(传统双边或多边协议)，到非管制化(市场开放)，再到自由化(天空开放)三个阶段，市场准入、承运人指定、运力安排和运价管理四个方面存在的主要差异请参考表 6.1～表 6.4。

1)市场准入

如表 6.1 所示，对于通航地点，如在美国，传统双边协定是由缔约国指定，发展到由各州指定通航点，而天空开放阶段则无通航点限制；航权交易主要为有限制的第五航权，发展到第五航权无限制，但不允许“国内航权”，不提供“第七航权”；传统双边协定不包括包机权利，而市场开放阶段和天空开放阶段开放包机权利。

表 6.1　市场准入政策的变化

发展阶段	通航点	业务权	包机权利
传统双边协定	缔约国指定	有限制的第五航权	无
市场开放阶段	在美国，由各州指定通航点	第五航权无限制，但不允许"国内航权"，不提供"第七航权"	开放
天空开放阶段	无通航点限制	第五航权无限制，但不允许"国内航权"，不提供"第七航权"	开放

2) 承运人指定

如表 6.2 所示，对于承运人的数量，传统双边协定主要是指定单一承运人，在市场开放阶段和天空开放阶段为多家承运人；对于承运人国籍，指定国必须对承运人有实际所有权和有效控制权，外资最高持股比例的限制。

表 6.2　承运人指定政策的变化

发展阶段	指定数量	国籍
传统双边协定	指定单一承运人	指定国必须对承运人有实际所有权和有效控制权，外资最高持股比例的限制
市场开放阶段	指定多家承运人	
天空开放阶段	指定多家承运人	

3) 运力安排

如表 6.3 所示，对于航班班次与运力，传统双边协定采用联营协议，运力对等分配；而市场开放阶段和天空开放阶段没有限制。对于机型方面，传统双边协定需经双方协商，市场开放阶段和天空开放阶段则没有限制。

表 6.3　运力安排政策的变化

发展阶段	班次与运力	机型
传统双边协定	联营协议，运力对等分配	经双方协商
市场开放阶段	无限制	无限制
天空开放阶段	无限制	无限制

4) 运价管理

如表 6.4 所示，在运价管理方面，传统双边协定采用国际航空运输协会运价协调机制，两国政府共同批准；市场开放阶段采用始发国原则、双不批准原则；在天空开放阶段，则自由定价。

表 6.4　运价管理政策的变化

发展阶段	运价管理	
传统双边协定	国际航空运输协会运价协调机制	双批准原则
市场开放阶段	始发国原则	双不批准原则
天空开放阶段	自由定价	

除了以上四个方面，航空自由化还包括产品分销、公平竞争及保障、运输条件和旅客保障等。

产品分销包括销售网络准入、电子商务、计算机订座系统等，主要是航空运输产品全球销售的自由化问题。公平竞争及保障包括所适用竞争法的集中整合、国家援助、社会政策的协调、航空公司和保险公司服务的可持续发展、避免掠夺性降价和倾销、对发展中国家的优惠措施和有效参与等。运输条件和旅客保障是减少因放松管制带来的旅客服务质量下降，由美国航空运输协会、亚太航空运输协会和国际航空运输协会推荐的旅客保障操作。

3. 欧美航空运输自由化发展

由于全球经济一体化的影响，世界民用航空运输业自由化的发展已经成为不可阻挡的趋势。九大业务权的前五种已经成熟完善，在各国的实践中逐渐开始发展后四种航权。九种航权的核心意义是确定国家领空主权，所以完全开放航权的国家少之又少，大部分国家都通过协议对航权进行一定限制。

比较典型的航权开放案例是国家之间相互签署天空开放协议，此协议的主要内容便是解除国家之间对航班的运力和运价限制以及进一步开放航权。2001 年美国签署了世界上第一份航空运输自由化多边协议，签署国家包括新加坡、新西兰、文莱和智利，截至 2019 年已经有 126 个国家签署了天空开放协议。目前比较典型的多边天空开放协议使用者是欧洲联盟(简称欧盟)和东南亚国家联盟(简称东盟)。联盟国家间的航班不再对航点、班次和运力进行限制。

美国航空运输自由化框架中包括有关第五航权的规定；不限制运载量、费用及航线数量；可以进入对方国家的所有地点；不限制承运人的名称；不允许拥有第七航权或者第八航权；要求国家所有权的权威性和有效的管理控制手段等内容。

在全球范围内，美国与欧洲是两个航空自由化比较成功的范例，但二者又截然不同。欧盟是将许多具有明显特点的各国国内航空市场整合在一起成为单一市场，从而改变了以前通过一系列双边航空协议所连接的市场格局。欧盟航空自由化发展框架中允许欧盟内的航空公司自由经营欧盟内任何机场之间的航线(但仍要受到基础设施的限制，如起降间隔、噪声控制等)；允许多个承运人经营同一条航线，取消双方的互惠原则；允许使用国内航线权，这将使得某些航空公司失去其在国内市场的垄断地位；从经济层面上增加航空定价的自由权限；与欧盟以外国家的航权谈判由欧盟当局而不是由某个特定国家负责执行；逐步削减政府给航空公司发放的津贴补助等。

4. 中国航空运输自由化发展

在 2002 年中国加入世界贸易组织之后，加速了逐步实施既定的"积极、渐进、有序、安全"的国际航空自由化进程，这是中国改革开放的必然结果，也是民航业发展的结果。2004 年 7 月 24 日，中国和美国签订了具有里程碑意义的《中美航空协定》。这是中国民航历史上首次大规模地开放航空市场，也为中国航空公司进入世界航空市场奠定了坚实的基础。2007 年 5 月，第二次中美战略经济对话进一步扩大了两国航空运输市场的开放范围，预示着中国正积极参与全球航空运输自由化。

2018 年 5 月，中国民用航空局印发新的《国际航权资源配置与使用管理办法》(简称《办法》)，内容制定了新的国际航权资源配置规则、航司申请流程以及航班计划规定。《办法》遵循公共利益最大化、促进枢纽建设、引导有序竞争、资源使用效率最大化和提升综合竞争力五大原则。《办法》将国际航线划分为一类国际航线和二类国际航线。一类国际航线是指我国至航权开放国家的航线或航权部分开放国家的协议开放航线。二类国际航线是指一类国际航线以外的航权受限市场的国际航线，分为二类远程国际航线和二类非远程国际航线。中国国内航点至美洲、欧洲(不含俄罗斯)、大洋洲、非洲航点的二类国际航线为二类远程国际航线，其他为二类非远程国际航线。中国对于一类国际航线，不限定承运人数量以及运营班次。对于已有二类远程国际航线，《办法》要求逐步引入竞争，中方航空公司份额低于70%且平均每周班次达到14班的航线或承运人独家运营超过6年的航线可以新增一家承运人；新开辟的二类远程航线，开通3年内不批准其他航空承运人新进入该航线；对于二类非远程航线则不限制承运人数量。

截至2019年10月，中国民用航空局共批复新开、增班和延期国际客运航线约571条，涉及51个国家。按航权批复类型分，一类国际客运航线97条，占比17%；二类远程国际客运航线57条，目的地集中在欧洲以及北美洲地区，占总批复数量的10%；二类非远程国际客运航线417条，占比73%，非远程国际航线中亚洲最多，占总审批航线量的72%，非远程国际航线目的地以日本、韩国为主，占亚洲审批航线总数的70%以上，马来西亚、印度尼西亚、泰国、新加坡、柬埔寨、缅甸也是2019年国际新航线的热门国家。从2019年航权审批结果来看，我国国际航空运输市场正在不断开放，中国与东盟国家以及澳大利亚地区的航线不再受到航权和运力的限制。东盟国家丰富的旅游资源为我国区域枢纽机场和二线机场带来新的发展机遇。

2020年6月，中国民用航空局正式出台《海南自由贸易港试点开放第七航权实施方案》，海南自由贸易港将分阶段、分步骤试点开放第七航权，海南自由贸易港也由此成为中国最开放的天空。中国在2003年开放了海南的第三、第四、第五业务权，海南国际航线数量由2003年的5条增加到2020年的103条，通达境外城市62个，海南省入境旅游人数由2003年的29.3万人次增加到2019年的142万人次，入境旅游收入由6.6亿元增长到60亿元以上。第七航权开放政策能够吸引航空公司增开航线航班，增加运力投放，加密布局国际客货运航线，提升国际客货运输网络化和通达性；将促使更多航空公司在海南建立运营基地或航空货运转运中心，改善客源结构，增加客货来源，形成旅客、货物的中转和集散枢纽。

6.3　航空联盟商务

在许多市场中，市场准入受到双边协议的管制，航空公司并不能自由决定在哪个市场扩展，并且随着市场竞争的加剧，需要通过与另一家航空公司的联盟，形成合作伙伴的关系，来提升整体的服务能力和竞争优势，因此航空联盟成为航空公司重要的商务行为。

6.3.1　航空联盟的概念及原因

航空联盟的概念，来源于更早以前就存在航空公司之间的代码共享与延远航代理制度。实际上，航空公司联盟是航空公司之间合作的一种形式，有广义和狭义的区别。广义上的联盟是指航空公司之间各种形式的合作协议的总称，狭义上的联盟是指战略联盟。航空公司战略联盟，是指两个或两个以上的航空公司为共同提高相对于竞争对手的竞争优势，共享包括品牌资产和市场扩展能力在内的稀缺资源，从而提高服务质量，并最终达到提高利润的目的而组成的长期联盟伙伴关系。实践中，航空公司联盟是指联盟各方的管理层通过达成联盟协议，将双方的主要航线网络连接起来，在关键领域进行合作。

航空联盟是涉及两家或者多家在联盟过程中保持自主经营的航空公司之间的合作。联盟有两个基本要求：①必须是两家以上的航空公司加入联盟；②在紧密合作的联盟内部，各航空公司还要保持自主经营。

在全球经济一体化、信息技术迅猛发展和许多行业通过大企业兼并、联合进而形成寡头垄断的大背景下，联盟是航空公司对全球经济、信息技术及竞争环境变化的一种战略反映，也是国际总体竞争环境变化的产物。竞争变化等外部因素是推动航空联盟迅猛发展的原因之一，但决定性因素只能是企业自身利益的驱使。因此，航空公司联盟的动因可分为外部因素和内部因素。

1. 外部因素

(1)旅客需求的变化。随着经济的发展和全球一体化的发展，国内运输已经不能满足旅客的出行要求。由于公务或旅游探亲需求越来越国际化，以及目的地越来越分散化，旅客在选择航空公司时对其国籍的要求逐渐减少，而更加偏好可提供高密度航班及全球任何地点的无缝连接服务的航空公司。因此，对无缝衔接的旅行产品的需要催生了航空公司的联盟。

(2)技术和基础设施的变化。一方面是与航空运输密切相关的技术发展，包括引入飞远程航线的中型飞机、互联网销售、空域和机场的拥挤问题等；另一方面是信息网络技术的发展，使得航空公司的信息发布、沟通更为方便及时，确保了航空公司能够在全球范围内寻找合作伙伴，并与合作伙伴的交流沟通变得可能。另外，合作双方的经验、优点也能得以快速传递和学习。

(3)航空管制的壁垒。目前国际航空运输大多处于双边管制之下，航空公司很难将旅客送至其他国家的城市。国际航空运输市场的进入、运营和退出关系到政府间双边协定和多边协定的严格制约，欧盟成员国之间除外，大多数国家对于航空公司股权结构中外资股份有严格限制。因此，联盟成为满足旅客全球化、多样化、分散性需求的主要方法。

2. 内部因素

(1)航空公司资源的互补与共享。一个公司不可能拥有全部的资源，尤其是航线资源。航空公司通过联盟，与伙伴共享资源，包括共同承担风险、扩大运营规模、开发新市场或引进新技术、联合攻击竞争者等，因此可拓展自身的航线市场、增强竞争优势、提升竞争能力。协同效应是指联盟后两个或两个以上的企业的总体效益大于各个独立企业利益之和。航空公司之间的代码共享能够提高长距离航线上的客座率，降低平均成本；联盟双方可以互相使用对方的机场地面服务设施和销售网络，降低成本投入，提高设备利用率，从而降低运营成本。

(2)学习效应。通过联盟，航空公司可以从合作伙伴处习得新的经验教训、知识能力，包括管理经验、先进技术、市场开拓能力等。联盟有利于航空公司相互学习彼此的优点、扬长避短，提高自身竞争能力。

放松管制开放市场导致了竞争的加剧，随后也导致了为巩固市场份额和降低成本的战争。航空联盟的发展历史表明，对市场的权威控制成为联盟的重要原因。在航空业内的一些法规，如政府对航空业内兼并与收购的严格控制、对航空公司国外所有权的限制、双边协议对市场的保护，使得航空公司控制市场面临困难，因此联盟成为一种有效手段。

虽然航空联盟的原因包括很多方面，但是其中最主要的原因就是寻求更大的市场份额以及实现更低的运营成本，而旅客则能够享受到更加便捷的航空服务，如更多的航班时刻和目的地选择等。航空联盟的出现改变了市场竞争格局，由之前单个航空公司之间的竞争变为联盟之间的竞争。航空联盟作为顺应航空运输业发展自然衍生出的一种模式，无论是对航空公司还是旅客以及整个社会福利而言，都具有重要的价值。

6.3.2　航空联盟的类型

航空联盟类型

根据合作的形式和内容，航空运输联盟可以分为市场联合、航线联营和资产联合。

1. 市场联合

销售合作两家或者多家航空公司利用各自或者共同的销售渠道，在目标市场进行联合销售，目的是提高市场销售额、市场占有率等，属于航空公司在市场层面的合作，主要包括代理销售、舱位互租、常旅客计划合作、特许经营权和共同营销。

(1)代理销售(比例协议)就是如果B航空公司在其运营的航线上运输A航空公司销售的旅客，A航空公司按照比例协议支付费用给B航空公司，这是一种最简单的商业协议。

(2)舱位互租是A航空公司在自己的航班上为B航空公司提供舱位，该舱位由B航空公司进行销售，并支付舱位租用费。

(3)常旅客计划合作是两家或者多家航空公司对旅客积分互认，进行里程累积合作。

(4)特许经营权是A航空公司允许B航空公司使用其名字、飞机的专用标志、制服以及品牌形象等。这种模式常应用于在干线航空公司和支线航空公司的合作中，支线航空公司只能按照特许权限进行运营，为其合作人提供支线运输服务。

(5)共同营销是两家或者多家航空公司联合进行市场营销活动，并进行联合广告、联合销售等，如2020年由瑞丽航空有限公司、青岛航空股份有限公司和奥凯航空有限公司联合推出的"周末随心飞"产品。

2. 航线联营

航线联营，一般是两家或几家具备良好合作基础的大型航空公司，通过成本共摊、风险共担以及利益共享，对彼此共飞航线上展开的联合运营，它是一种全方位、多体系、深层次的合作关系。因此，可以认为航线联营是航空公司运营层面的联合。

航线联营，最早源于20世纪90年代初。1992年，美国与荷兰首次签订了天空开放协议；次年，美国西北航空公司和荷兰皇家航空公司获得北大西洋航线上的反垄断豁免权；1997年，双方签署了一份为期10年的联营协议。由此，航空公司航线联营的新时代正式开启。从市场发展的角度来看，航线联营能够避免航空公司在共飞航线上的恶性竞争，可以为航空公司带来一系列好处。自跨大西洋航线伊始，航线联营的合作理念逐渐渗透到欧亚航线、跨太平洋航线、拉美航线以及其他国际航线，逐渐成为航空公司之间越来越受欢迎的合作模式。

航线联营主要涉及代码共享、联合购买、维修和航食等基本合作形式，还包含共同定价、编排航班、收益管理、开发市场、组织营销等深度的合作交流，由此带来高水平的协同效应，实现彼此之间的"虚拟融合"，是航空公司合作中较深层次的一种方式。

代码共享是指在由某航空公司实际承运的航班上，挂有两家或者多家航空公司的航班号，这样可以使代码共享的航空公司在不实际投入运力的情况下进入某航空市场。代码共享可以在某条航线，也可以在航线网络中使用。代码共享是 20 世纪 90 年代航空公司之间最为盛行的合作商业模式，也是最初航空联盟的基本形牵。代码共享中的代码是指航空代码，由航空公司向国际航空运输协会申请，经协会批准以后使用，用以识别不同的航空公司身份的标记。代码共享最早出现于美国航空市场，2013 年中国民用航空局在其发布的《国内航线航班代码共享管理办法》中定义："一家航空公司(实际承运人)通过协议约定允许另一家或多家航空公司(缔约承运人)在自己的航班上使用对方航班代码的经营行为"。以双边协议的代码共享航班为例，参与双方一个是承运方，也就是实际负责用自己的实体飞机执行代码共享航班的航空公司；另一个是营销方，也就是只用自己的航班号销售该航班，但是具体的实际航班并不是由其执行。代码共享对于航空公司的市场开拓成本和投入资源的降低是显而易见的。

联合购买是航空公司联合进行飞机以及零部件、备件的购买和储备，通过增加设备的购买批量，获得折扣价格，降低成本。航空公司也可以联合维修，以降低飞机维修成本。

航线联营更具广度和深度，能够通过打造优势互补、资源共享的平台，最大限度地发挥协同效应，最终实现市场扩展和收益增长。相较于航空公司数量较多、合作方式繁杂、管理条款繁多的传统航空联盟，航线联营更为灵活。作为航空联盟中的一种合作方式，航线联营发展至今开始摆脱联盟的制约，出现航空公司跨盟合作的趋势，即几家不同联盟的大型航空公司在已有的合作基础上进行更深度、更高效、更直接的合作。由于参与航线联营的航空公司数量较少，仅针对某一特定市场的共飞航线更容易产生效益，航空公司也具备更强的执行力。面对合作中产生的冲突，联营各方可以及时进行协商和调整，实现共同利益最大化；联营各方对航线联营进行大量的资源投入，使得彼此之间可以充分共享资源，有效解决了航空联盟所不能满足的资源获取需求，为航空公司带来一定的利益。但与此同时，航线联营涉及包括航线运力、航班时刻、枢纽机场等在内的大量专有性资产投入，依据社会困境理论，航空公司都抱着试图享有对方资源却减少自身资源投入的心理，双方容易产生信任危机，这种损坏联营的整体利益并引起联营合作意愿降低的行为，是造成合作不稳定的原因之一。

3. 资产联合

资产联合是航空公司之间的股权并购、合资经营等以资本关系为纽带的顶级合作模式，相对于市场合作、航线联营等这种以契约关系为基础的合作模式，资产联合对航空公司的行为取向具有更强的制约。

例如，通过股权合作巩固联盟，并控制合作方避免与第三方协作的一种方式。股权投资是指一方航空公司购买另一方航空公司的股权，其可以是单向的，也可以是双向的，可以是双方，也可以是多方。通常同属于一个国际联盟内成员间交叉持股比较普遍，如天合联盟内部美国达美航空公司、法国法航-荷兰皇家航空公司、中国的东航及廉价航空维珍旗下的亚特兰大航空公司互相交叉持股，达美航空公司和东航分别购入法航-荷兰皇家航空股权，而法航-荷兰皇家航空公司买入亚特兰大航空维珍的股票。航空联盟框架下的股权投资行为是为了提高投资双方或多方合作的紧密度，提升双方或多方代码共享、航线联营等合作的程度。

6.3.3　三大航空联盟介绍

迄今为止，全球共有三大航空联盟，分别是星空联盟(Star Alliance)、天合联盟(SkyTeam)和寰宇一家(Oneworld)。现有的三个联盟占据了近全球 RPK 的一半，决定了全球航空运输整体的发展。

星空联盟成立于 1997 年，总部位于德国法兰克福，是世界上第一家全球性航空公司联盟。星空联盟的英语名称和标志代表了最初成立时的五个成员：北欧航空公司、泰国国际航空公司、加拿大航空公司、汉莎航空公司和美国联合航空公司。它将航线网络、贵宾候机室、值机服务、票务及其他服务融为一体，无论客户位于世界何处，都可以提高其旅游体验。目前星空联盟内 26 家成员航空公司可以飞往全球 1300 个目的地机场，主要联盟成员如图 6.11 所示。中国国际航空公司为星空联盟成员。星空联盟的宗旨是"通过既定流程，在管理联盟产品和服务组合中发挥领导地位"，把整个星空联盟紧紧团结在一起，为成员航空公司的客户营造舒适完美的飞行体验。星空联盟成员航空公司在机场的活动区域彼此临近，同时设立衔接中心，为旅客提供更便捷的中转服务、设施共享、航行时刻表分析，并引进创新技术使服务更专注高效。联盟成员航空公司掌握地面服务和机上服务的操控权。

图 6.11　星空联盟成员航空公司

天合联盟是 2000 年 6 月 22 日由法国航空公司、达美航空公司、墨西哥国际航空公司和大韩航空公司联合成立的。联盟成员在航班时刻、票务、代码共享、乘客转机、飞行常客计划、机场贵宾室、降低支出及软硬件资源与航线网等多方面进行合作，强化联盟各成员的竞争力。目前 19 个成员航空公司通过广泛的全球网络合作，每年接待 676 亿旅客，他们每天搭乘 15445 架次航班，前往 170 个国家的 1036 个目的地，图 6.12 为天合联盟成员航空公司。中国东方航空公司和厦门航空公司是天合联盟成员。中国南方航空公司曾加入天合联盟，但于 2019 年退出。

图 6.12　天合联盟成员航空公司

寰宇一家是全球第三大航空联盟，成立于 1999 年，成立之初总部位于加拿大温哥华，其后于 2011 年 5 月 26 日将总部迁往美国纽约。其创始成员有美国航空公司、英国航空公司、国泰航空公司和澳洲航空公司。目前 14 家成员航空公司可以飞往全球 1010 个目的地机场，图 6.13 为寰宇一家的成员航空公司。

图 6.13　寰宇一家成员航空公司

全球三大航空联盟的发展已经接近 20 年，尽管航空联盟已经经历了快速增长的时期，但这并不意味着航空联盟的发展进程就此终结。三大航空联盟不约而同地在多个场合表示，目前它们的经营重点不再是大力增加更多的航空公司成员，而是努力发展更多面向客户服务的业务，为现有的公司成员提供更具吸引力的产品。同时，根据航空市场的竞争情况及其发展趋势，努力找到更好的方法来帮助成员公司适应低成本和混合航空公司崛起扩张带来的新竞争形势。

6.3.4　不同类型航空公司的联盟目标

总体来说，航空公司的联盟目标主要有以下三个。①市场防御目标：旨在降低航空公司环境的不确定性，加入联盟会减弱或者完全消除与合作航空公司的竞争，巩固承运人对外部竞争者的地位。②市场进攻目标：更好地连接服务、枢纽机场的支配地位等都有利于航空公司的市场进攻。③寻求效率目标：通过资源联合增加效率，如共享机场设施、建立维修合资企业及航材库等。

不同类型的航空公司的联盟目标也存在差异。根据航空公司的规模与航线特点，将航空公司分为本地优势运营商、远程航线运营商和全球连接者。本地优势运营商主要经营区域短程航线和中程航线，通常为区域性航空公司，机队主要以中型飞机为主，公司规模中等；远程航线运营商主要经营洲际航线，通常为某个国家的大型航空公司，机队结构多样化，既有服务于区域的中型飞机，也有可洲际远程飞行的大型飞机，公司规模较大；全球连接者服务全球航空市场，一般为秉持国际化战略的大型航空公司。

三类公司的联盟目标可参考表 6.5。由此可知，本地优势运营商和远程航线运营商联盟的目标主要是市场防御和学习，包括学习技术与管理能力，以及企业文化，借助远程航线运营商或者全球连接者的优势资源来提升自身的运营及市场竞争力。全球连接者的目标主要是市场进攻和寻求效率，通过资源联合，增强枢纽控制、提升网络价值。

表 6.5　不同类型航空公司的联盟目标

联盟目标		本地优势运营商	远程航线运营商	全球连接者
市场防御	市场地位改善	√		
	竞争培训	√	√	
市场进攻	价值提升	√	√	√
	网络扩大			√
	枢纽控制			√
寻求效率	资源的共享利用			√
	规模和密度经济			√
	学习	√	√	

6.4　航空公司商务模式

商务模式是对一个公司、企业或者某一产业在市场上创造价值的方式的描述。简单地理解，商业模式是一个企业满足消费者需求的系统，这个系统组织管理企业的各种资源(资金、原材料、人力资源、作业方式、销售方式、信息、品牌和知识产权、企业所处的环境、创新力)，形成能够提供消费者的产品和服务。成功的商业模式具有三个特征：能提供独特价值、难以模仿、能够产生收益。具体而言，商务模式包括八个方面：①产品/服务理念(何种顾客获得何种利益)；②沟通理念(这种利益如何在相关市场上沟通)；③收益理念(收益是如何产生的)；④成长理念(企业是如何成长的)；⑤核心竞争力(企业必须具备哪些核心竞争力)；⑥组织形式(企业的范围是什么)；⑦合作理念(选择哪些合作伙伴)；⑧协调理念(使用哪种合作方式)。

根据商务模式的内涵，理想的航空运输商务是要建立一个应有尽有的、无歧视的航空产品/服务的市场。但旅客的真实需求和追求的利益存在差异，例如，时间敏感型旅客，关注的是航班时刻、航班频率等，追求高效快捷的出行；价格敏感型旅客，关注的是低廉的机票价格；享受型的旅客，关注的是舒适的机上服务等。航空公司看待该问题的不同角度以及自身资源的差异性决定了不同的商务模式。

航空公司根据业务规模分为大型航空公司、中型航空公司和小型航空公司。根据服务性质分为定期航班服务航空公司和不定期航班服务航空公司。根据服务旅客类型分为包机公司、服务价格敏感型旅客的航空公司和服务价格不敏感型旅客的航空公司。

根据不同的航空公司类型，以及全球航空运输业的发展现状，可以分为四种最主要的航空公司商务模式：包机航空公司商务模式、低成本航空公司商务模式、全服务航空公司商务模式和专一化航空公司商务模式。

6.4.1　包机航空公司商务模式

包机业务可以分为定期包租和不定期包租。定期包租，如旅行社的旅行团包机。不定期包机，如重大体育赛事包机、社会活动包机等。包机需求是旅游或者其他活动的衍生需求，其产品设计取决于旅游产品的设计，但也具备几个特点：航班时刻是不定期的，需要预订时刻；包机航班存续时间短；季节性强，一般集中在旅游旺季；航班班次要根据旅游人数确定，受到旅行社的限制。

包机公司一般无宣传，也没有太多的广告预算，往往是将包机服务打包在旅游产品中进行销售，不直接面向消费者/旅客，不需要建立面向旅客的销售系统。

包机航空公司商务模式的收益获得方式包括以下几种。

(1)特殊定价方式：按照飞机飞行小时总体成本，与包机方制定包机价格，不按每座位价格销售。

(2)大幅降低成本方式：高密度舱位布局、高客座率(甚至达到100%客座率)；简化航站与地面服务；减少客舱服务；无销售费用和宣传费用。

(3)辅助产品销售方式：可以在飞机上销售其他产品，包括餐食、娱乐等。

(4)预付费方式：一般要预付包机费用，并且结算周期短，资金周转率高。

包机航空公司一般专注于客流非常密集的旅客度假航线，采用更大的机型，实现更高的客座率，如北欧至西班牙航线、北欧至地中海航线，都是欧洲热门的度假航线。包机公司也关注缝隙市场，即客流较小，市场高峰期短，对于提供定期航班运输又不足以营利的市场，如希腊的小岛和一些冬季滑雪胜地。除此之外，包机航空公司还关注远程航线，同样也具有非常明显的季节性，高峰期客流量大，但持续时间短，淡季客流量迅速减少，如欧洲至东非或者西非的航线。

包机航空公司商务模式的核心竞争力包括成本管理能力、提前计划优势、财务优势。包机航空公司一般提前 6～12 个月签订包机合同，根据需求确定航线、班次和机型，安排空勤人员，实现供需的最优匹配，在降低成本的情况下，实现预期收入的稳定性。这类公司一般采取易于管理的组织结构，来降低成本和提高管理效率。包机航空公司的合作伙伴有旅游集团/旅行社、其他包机航空公司等，与旅游公司、酒店、地面运输进行垂直整合，可实现对旅游市场的控制。与其他航空公司及服务企业进行横向兼并，不仅可以解决航空公司运力过剩的问题，也能够实现规模经济效应。

6.4.2　低成本航空公司商务模式

低成本航空公司是秉持总成本领先竞争战略的航空公司，其核心就是一切从简。世界上最成功、最营利的企业均将那些看起来过于复杂的业务流程进行了简化。在美国，低成本航空公司提供了 30%以上的定期国内航班服务；在欧洲，这一数字接近 40%。即使在低成本航空公司出现较晚的亚太地区，短短十几年的时间，东南亚的低成本航空公司市场份额从零迅速攀升至近 60%，这充分反映出全球旅客对低成本航空公司的巨大市场需求，这些需求仍将继续扩大。低成本航空公司已经成为全球航空企业的主流商务模式，其主要特点为低票价和简化服务。低成本航空公司是市场开放的产物，大多数为非国际航空运输协会会员，其核心业务是进行旅客运输，采用点对点航班服务、追求高日利用率，无贵宾室、不分旅客等级，不提供机上免费服务，采用二线甚至三线机场，采用单一机型，不用全球订座系统、单一销售渠道，实现低成本(是传统航空公司的 50%左右)的目标。典型的低成本航空公司有中国的春秋航空公司、美国的西南航空公司、欧洲的瑞安航空公司、易捷航空公司等。

1. 产品/服务

1)简化机队

大多数成功的低成本航空公司均遵守"机队通用性"的理念，整个机队就只有一种机型。这种机型具有高的可靠性和经济性，如波音 737 系列。由于使用一种机型，航空公司可以节省大量的机组培训费和机务维护费。

2)低起降费

航空公司为了降低成本，通常选择不繁忙机场起降，这样航空公司只需支付很低的起降费，对于不繁忙机场同样由于获得了业务而增加了收入，因此是双赢的局面。此外，航空公司能够在这些机场得到快速发展，并得到很好的时刻，而在繁忙机场是很难做到的。

3)点到点航线结构

任何航空公司在枢纽机场提供中转流程服务都会带来额外的成本开支。在办理值机手续时，不仅要向旅客发放第一段航班的登机牌，还要为旅客准备后续航班的登机牌，为此航空公司要在信息通信方面进行大量的投入。另外，行李直挂服务也是由航空公司来完成的，从而产生高额的费用。为了能够方便旅客中转，航空公司必须要安排自己的航班波，因此导致机场的实施使用极不平衡，在繁忙期，设施不够用，而在非繁忙期，设施又大量闲置。机场为了增加收益，必然会对在繁忙期使用机场设施的航空公司收取更高的费用。而点到点的航线结构避免了上述情况的发生，不需要为中转旅客服务，乘机手续简单，通过高航班频率节省了旅客的旅行时间，从而受到旅客的欢迎。

4) 提高飞机利用率

在不繁忙机场，机场设备可以充分利用，航空公司就能缩短地面过站时间，提高飞机利用率。例如，美国西南航空公司的地面过站时间为20～25分钟，而传统航空公司的地面过站时间为40～60分钟。缩短地面过站时间需要相关的地面服务保障工作的统一协调，例如，不使用廊桥，旅客可以从前后舱门同时上飞机，节约登机时间；办理值机手续时不分配座位号，旅客就会争前恐后地上飞机寻找最满意的座位。另外，由于成本领先航空公司不提供机场餐饮服务，因此不会产生客舱垃圾，这样节约了清洁时间，也不需要往飞机上运送餐食，这些都大大节省了飞机过站时间。

5) 减少机上服务

低成本航空公司在飞机上的餐饮服务非常简单，甚至不提供任何餐饮服务。由于不需要厨房设施，飞机的购置成本降低，而且能安排更多的座椅，这些措施都降低了航空公司的运营成本。

2. 消费者沟通

低成本航空公司直接面向消费者/旅客，因此简化了分销渠道，采用互联网直销模式是低成本航空公司解决分销问题的主要方法。不依赖中间商，包括旅行社、销售代理商以及全球分销系统，实现产品的直销是低成本航空公司常用的模式，例如，英国的易捷航空公司，从1995年开始，从没有向任何旅行代理商支付过一分钱的代理手续费用，也没有向任何一家全球分销系统支付过订座费用，从而大大节约了支出。

3. 收益模式

1) 简化运价结构

与传统航空公司不同，低成本航空公司在同一时间只有一种销售价格，只销售点到点航程的机票，以简化座位管理系统。

价格只有在销售条件发生变化时才变化，如当某个销售价格达到预订的销售数量、临近航班起飞时间、在高峰期或者旺季。

成本领先航空公司也会采用收益管理技术，但是过程却与传统航空公司有很大不同。一个航班只有一种票价，当然这个会随着时间变化，通常是预定的时间越早票价越便宜，越临近航班起飞时间，票价越贵。在某一时间只有一种票价，订座过程也变得非常简单，大大节约了航空公司的座位控制成本。机票售出后，不改签、不退票，如需改签、退票，要支付昂贵的手续费。

2) 持续地降低成本

(1) 降低直接运营成本，包括飞行成本(机组人员费用、油料成本、机场起降费、航路费等)；机务维修成本(使用新飞机，维修成本低；外包维修业务，降低维修管理费用，减少维修资金投入；单一机型，降低航材储备成本)；飞机折旧、租赁和保险费(签订优惠的飞机租赁合同、批量购买飞机降低飞机购置成本；提高飞机利用率，降低飞机折旧成本)。

(2)降低间接运营成本，包括航站及地面服务成本(外包飞机、旅客、行李服务；简化客舱清洁)；租用服务柜台和办公室；销售、宣传费用(去中介化、无纸销售、强化宣传)；行政管理成本(外包服务，人力成本低，权力集中，管理效率高)；高密度客舱布局和高客座率(增加座位数量，分担运营成本；提高客座率，提高营利能力)。

3)辅助性(非航空业务)收入

(1)机场餐饮服务收费：可以在飞机上购买饮料和简餐。

(2)订票中的附加产品销售：保险费、酒店预订、租车、旅游服务等。

(3)利用航空公司资源赚取收入：如航空公司网站上投放广告、飞机座椅上投放广告。随着低成本航空旅客载运量的快速增加，广告费成为航空公司的重要非航空业务收入。

(4)传统免费项目的收费：选座费、毛毯费、行李费等。

(5)个性化服务收费：优先登机服务费、座位扩容费(对大体重旅客的一种收费)。

正是采用了以上策略，低成本模式成为实现连续营利且能高速发展的有效商业模式。

4. 企业发展

低成本航空公司采取的是简单的业务扩张模式，一旦某条航线运营成功，再开辟下一条航线。低成本模式发展的初期，先以区域型航空服务为主，在取得市场竞争优势后，再开辟新的航线，这是采取一种稳定的扩张策略。现阶段，低成本模式开始在国际远程航线实施，出现了远程低成本航空公司，其逐步地挤占传统航空市场。

5. 核心竞争力

低成本航空公司的核心竞争力主要体现在高市场份额与突出的成本管理能力。低成本航空模式往往采用集中化市场营销策略，即航空公司集中自身的优势资源到一个特定市场，获取高市场占有率。其追求的目标不是更大范围的航线网络，而是目标航线上的高市场份额与竞争优势。

6. 组织形式

低成本航空公司往往采取易于管理的组织结构，从而降低成本和提高管理效率。

7. 合作及协调

低成本航空公司一般无合作，只对其所需要的产品和服务进行购买，鲜有与上下游企业或者其他航空公司的战略合作，一般不加入航空运输联盟。

综上所述，低成本航空公司商务模式采取的是总成本领先战略，赢得成本优势主要有两种手段：控制成本需求和重新配置价值链。低成本航空公司不仅能够创造出新的休闲旅游市场，而且能够从传统运营商那里吸引许多商务旅客，因此成为现阶段最具竞争力的商务模式之一。

6.4.3　全服务航空公司商务模式

全服务商务模式

全服务航空商务模式是最主要的商务模式之一，秉持全服务航空商务模式的航空公司被称为全服务航空公司。全服务航空公司通常采用差异化服务战略，强调服务质量和品牌价值，提供多样化航空服务内容(商务、休闲、货运等)以及覆盖全球的航线网络。归纳起来，全服务航空公司主要通过差异化市场营销策略进行企业运营，可以包括三个方面：①有形资产的差异化，如使用大型客机，更舒适的机舱布局；②无形资产的差异化，如不同的服务标准满足不同旅客的需求，品牌价值的提升；③经济手段的差异化，如复杂的价格系统和销售网络。下面介绍全服务航空公司商务模式的主要特点。

1. 产品/服务

差异化产品/服务是全服务航空公司商务模式最主要的特点，可以从航线/航班、机票价格、机票销售、服务手段和品牌形象等方面设计航空公司特色化的内容，以满足不同类型旅客的需求。表 6.6 是全服务航空公司常用的产品/服务策略。

表 6.6　全服务航空公司常用的产品/服务策略

产品类型	航空公司	旅客感知
航线/航班	辐射式、覆盖全球的航线网络、航班量大、时刻多	航班中转、航班选择多、通航点多
机票价格	收益管理系统	多等级舱位、复杂多变的价格
机票销售	多渠道销售	航空公司销售、代理人销售、网络销售系统
服务手段	差异化服务	两舱服务、贵宾室、机上娱乐、机上餐饮、增值的地面服务等
品牌形象	客户关系管理、常旅客计划	里程积分及兑换、服务升级

2. 消费者沟通

由于全服务航空公司的目标市场范围广、消费行为多样化，航空公司根据与消费者的不同关系阶段，如表 6.7 所示，从消费者识别、改善关系、信息告知到消费者吸引，建立并维持稳定的客户关系。航空公司采取一系列的方式，建立了一套完善的消费者沟通与管理体系。

表 6.7　旅客沟通与关系维系的方法

阶段	目标/策略	主要方式
识别	收集关于个人购买情况或是购买倾向的资料，建立旅客资料	对不同的服务项目进行调整账户记录；发放问卷调查，收集资料
改善	改善那些不符合旅客要求的或是超出顾客期望的服务	收集旅客对服务或是忠诚项目的态度；联系不活跃的旅客；进行总体质量管理，保持发展
告知	增加旅客对航空公司及其忠诚计划的认识，以促进品牌忠诚度	信息报告书，包括关于新产品、服务或者优惠的告示，主要机构部门的地址列表等
吸引	向旅客推荐新的服务、产品或部门，通过面对面交流达成更多的交易	特别服务介绍；跟踪保证人；优惠服务的扩展(如使用机场的商务休息室)；纵向、横向销售；补充新会员
维持	发展忠诚建立计划，目的是留住旅客，强化与旅客之间的关系	会员杂志；举办并邀请参加活动；会员卡；奖励计划；改进支付方案

3. 收益模式

全服务航空公司有复杂的收益管理系统。针对旅客运输，以预测为核心，科学地实施超售、价格动态管理、座位分配优化(舱位设置优化)、团队管理、季节性(节假日)管理、网络化全航程收益管理等方法，使每个座位的收益总和达到最大化。

通过多样化的收入来源和管理手段，以弥补其总运营成本高的不足。多样化收入来源主要有旅游服务、航空增值服务、金融投资、广告等收入。有些全服务航空公司也提供货运服务，利用全货机或者客机腹舱进行航空货运，并结合地面运输提供的物流服务而获取收益。

4. 企业发展

航空枢纽是全服务航空公司成长的战略资源，枢纽化运营可以给全服务航空公司带来多方面的发展优势。

(1)网络经济效应，航空公司可以通过规模经济、范围经济和密度经济降低单位运营成本。

(2)利用复杂的产业链来维持枢纽的运转，这需要航空公司与上下游企业保持密切的合作，包括机场、空管、维修、销售等单位。

(3)进行联盟是全服务航空公司保持其竞争优势的重要手段。

(4)全服务航空公司的差异化定价策略也是满足差异化消费需求的重要策略。

5. 核心竞争力

基于系统理论的网络管理能力是全服务航空公司的核心竞争力，主要是对飞机流与旅客流进行控制的过程，即航空公司资源规划的能力，具体包括：①航线网络规划与设计(优化航线网络结构、发布科学的航班时刻表)；②航班计划与资源调度(动态控制航班生产计划、优化人、财、物等资源调度)；③收益管理(购买或者开发收益管理系统)。

6. 组织形式

全服务航空公司通常是大型航空公司甚至是国际化航空公司，一般具有复杂的企业组织形式，其特点为：以网络管理能力为核心；营销、部分服务外包；内部分化为股份公司，建立多层级公司管理制度。

7. 合作及协调

全服务航空公司拥有为数众多的合作伙伴。例如，在网络上与其互补的航空公司合作，形成航空联盟，通过控股或者复杂的特许经营协议形式进行联盟管理，获取联盟收益；与支线航空公司合作，形成干支结合的运营模式；与各类服务商合作，包括机场地面服务、酒店、旅游服务商等；与分销商合作，建立复杂的销售网络；与上游供应商合作，包括航油、航材、航信供应商，形成供应链竞争优势。

6.4.4　专一化航空公司商务模式

专一化航空公司注重增加产品的附加价值，如服务对象专一化、地域专一化等，具体包括高端旅客商务模式和支线航空商务模式。

(1)高端旅客商务模式为高端商务旅客提供定制化、差异化的航空服务，增加旅客的附加服务价值，并通过高票价获取收益。

(2)支线航空商务模式是在特定区域内提供航空服务，航线少，航程短，主要为全服务航空公司提供客源，实现旅客的集散功能。专一化航空公司通过与全服务航空公司的合作，获取收益，企业生产运营、票价制定等都在全服务航空公司的指导下进行。

思考练习题

6-1　航空运输管制化环境和非管制化环境的特点是什么？为什么要放松管制，逐步实现天空开放的商务环境？

6-2　航空管制是有关部门根据国家颁布的飞行规则，对空中飞行的航空器实施的监督控制和强制性管理的统称，具体包括哪些内容？

6-3　请描述第五航权。

6-4　航空公司进行联盟的原因有什么？主要的联盟类型有哪些？

6-5　不同类型的航空公司进行联盟的目标有什么不同？

6-6　全服务航空公司的核心竞争力有哪些方面？

第7章 航空运输市场

7.1 航空运输市场需求

航空运输企业经营离不开对航空运输市场的分析与研究，制定有效的市场营销策略是决定企业发展的关键。制定航空运输市场营销策略的基础是准确掌握航空运输市场需求的特点，因此本节首先介绍运输市场、航空运输市场的内涵。

7.1.1 运输市场

运输市场是市场的一种特定存在形式，它由运输需求者、运输供给者和运输中介三个主体构成，其内涵如下。

(1)运输市场是运输产品交换的场所。运输需求方、运输供给方相互联系，在条件具备的情况下，发生交换行为。

(2)运输市场是运输产品供求关系的总和。运输市场由不同的运输产品、劳务、资金、技术、信息等供给和需求所构成，强调买方、卖方力量的结合，根据供求状况调整运输生产经营活动和市场各方的利益。

(3)运输需求是运输市场发展的关键要素。运输企业只有了解产品的需求状况，才能把握市场，使营销管理工作具有针对性。企业生产经营活动的一个重要原则就是面向消费需求，以市场为导向。

随着社会分工和专业化生产的发展，区域间的客货交流日益增长，作为交换位移这种特殊产品的运输市场就成为很多商品交换的前提和基础，运输市场及其机制的健全与完善成为影响商品交换的一项重要因素，因此运输市场是整个国民经济市场体系的重要构成。

7.1.2 航空运输市场的特点

航空运输市场是满足航空运输需求，实现航空运输产品交换关系的总和。除了具有一般运输市场的特点，还有其特性，主要表现在以下方面。

(1)航空运输市场构成要素多。一般情况下，存在航空运输供给方和需求方，有可供交换的运输劳务，以及可接受的运输价格和其他条件，具体包括航空公司、旅客或货主、机场以及其他民航服务机构。

(2)航空运输需求的多样性与灵活性。航空运输只能在具备起降条件的两个机场之间进行，因此航空运输具有明确的方向性，不同方向上的位移需求不能代替、不能累加。运量和运距的不同决定了运输市场上需求对运输生产方式的选择，运量小而运输距离长最适合航空运输。由于航空运价高，而且需要地面运输衔接，如果空运的优势不能充分体现，就很容易被其他运输方式所替代，这使得航空运输需求具有一定的灵活性。

(3)长期需求的稳定性和短期需求的波动性。航空运输需求随着经济发展稳定增长，但也具有明显的季节性波动特征。例如，在美国，每年的 3~8 月是航空客运的旺季，尤其是 6~8 月，这与旅游休假的习惯有很大关系；在我国每年第二三季度为旅游旺季。因此，航空需求的季节性波动加剧了航空运能与需求的不平衡。

　　(4)航空运输生产、经营受到较严格的国家管制。从航空公司购买运力、申请航线、航班时刻以及机票价格的制定等一系列活动都必须在国家的指导下进行，这样才能确保航空运输市场的稳定和国有资产的保值增值。

　　航空运输需求是一种派生需求，在旅游、探亲访友或商务活动需求的条件下，产生了航空运输需求。航空运输需求极易受外界环境和因素的影响，其需求不完全受供给规律的支配，航空公司的座位数即运力投放量在一定时间内是有限的，而需求具有明显的季节性，航空公司一般不会减少淡季的座位数，也不会大幅增加旺季的座位数，因此多样化的营销手段被运用于航空运输市场。

7.1.3　航空运输需求的基本内容

　　航空运输就是满足旅客/货主快速空间位移的需求，这种需求包含某一特定航空公司的航线、航班、运输安全、机型、票价、运输服务方面的要求。

　　航线是旅客/货主 OD 需求的具体化，也是航空运输企业进行市场营销活动的基础。航班强调的是能否满足旅客的出行时间，特别是航班能否按时起飞，是否发生航班延误是影响旅客需求的关键要素。飞行安全是消费者对航空运输服务商提出的最基本要求。不同飞机具有不同的技术经济性，从旅客的角度看，消费者更愿意选择安全性、舒适性高的机型。票价也是旅客需求的重要内容，并且价格的高低直接导致需求的增加或减少。航空运输是服务性行业，具有全程服务性的特点。旅客对于航空公司提供的服务内容以及服务标准都非常敏感。

7.1.4　基于 OD 的航空运输需求类型

　　旅客 OD 就是旅客出行的起始地和目的地，即旅客的行程。航空旅客出行往往需要考虑出发机场以及目的地机场，那么不同的 OD、机场辐射范围均会影响旅客航空出行选择，也会直接影响航空公司的航线结构及运力投放。

　　1. 典型旅客 OD

　　最典型的旅客 OD 是最常见的旅客出行，即单一目的地的航空需求，两点之间的往返运输。如图 7.1 所示，旅客从出发地点经过地面运输到达机场，乘坐飞机到达目的地机场，再通过地面运输到达终点，整个行程结束。该类需求包括出发地、起始机场、目的地机场以及目的地。对于区域范围内的单一机场，旅客通常要考虑通达该机场的交通方式的时间、成本以及便利性，这些也成为影响航空出行需求的重要因素。

　　2. 区域市场的 OD 需求

　　区域市场涉及两个以上的机场，旅客 OD 也会包括多个航段。如图 7.2 所示，A、B、C 三个机场分别辐射不同的区域，除了区域内运输，以 A 机场为中转机场，航线可以满足 A、B、C 之间六个 OD 的需求。那么航空公司开设航线时就必须科学设计，如果利用最少的运力投入，最低的成本满足六个不同的 OD 需求，则旅客会在所有提供航空运输服务的公司中选择最合适的航班。

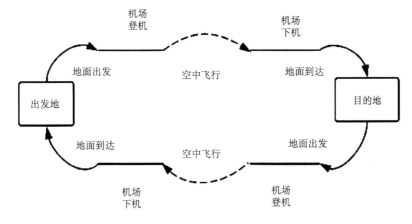

图 7.1　典型旅客 OD 需求

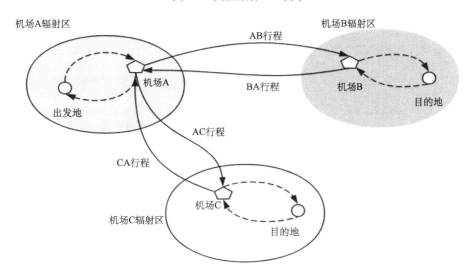

图 7.2　区域市场的 OD 需求

3. 平行及重叠的 OD 需求

随着机场覆盖密度的增加，很多城市周边可以有多个可出行的机场，那么机场的服务辐射区就存在重叠的情况。如图 7.3 所示，A 机场与 D 机场的辐射区域重叠，A、D 机场既有相同目的地的航线，如 B 机场，也有不同的航线，如 AC 航线。旅客可以选择两个机场之一出行，两个市场相对独立，但又存在竞争关系。航空公司在投入运力时，需要根据不同 OD 的需求规模以及竞争对手的情况进行合理安排，既需要充分挖掘区域范围内的航空需求，又能够利用差异化手段有效避免航空公司的直接竞争。

4. 直飞与中转的 OD 需求

针对两个相同的 OD，旅客可以直飞也可以进行中转。如图 7.4 所示，三个机场之间有三个航段，包含 AB 之间的直飞航线，以及 AC、CB 之间的航线，可以满足三段 OD 的需求，旅客可以根据时刻、价格和服务选择直飞还是中转，并且不同 OD 的需求会相互影响。针对不同需求特点的旅客，航空公司可以利用价格策略吸引旅客乘坐中转航班，从而提高客座率；也可以利用便捷、高效的飞行服务吸引直飞旅客。

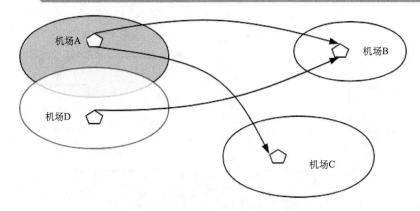

图 7.3　平行及重叠的 OD 需求

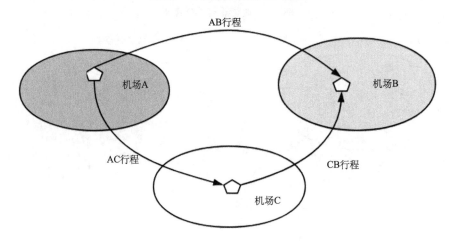

图 7.4　直飞与中转的 OD 需求

7.2　航空运输市场调查与分析

市场调查是市场营销活动的起点，通过科学方法对市场进行了解，在调查活动中收集、整理、分析市场信息，掌握市场发展变化的规律和趋势，为企业进行市场预测和决策提供可靠的数据与资料。

7.2.1　航空运输市场调查

1. 市场调查概念

市场调查是对市场信息进行有目的的收集、整理，并予以分析和研究的过程。狭义的市场调查主要是对消费者的调查；广义的市场调查还包括对竞争对手的调查和销售环境的调查等。市场营销调查是企业制定营销计划和策略的基础工作，能够保障企业科学地进行战略决策，制定发展规划，改善企业经营，提高管理水平和经济效益。

2. 航空运输市场调查的内容

市场调查的内容涉及市场营销活动的整个过程，主要包括以下方面。

1) 航空运输市场环境的调查

航空运输市场环境主要有经济环境、政治环境、社会文化环境、科学环境和自然地理环境等。具体的调查内容包括航空运输市场的购买力水平、经济结构、航空运输政策和法律法规、消费习惯、航空运输科学技术、自然环境等各种影响空运市场的因素。

2) 航空运输市场需求调查

航空运输市场需求调查主要包括消费者需求量、消费者收入、消费结构、消费者行为，如旅客为什么购买、购买什么、购买的数量、频率、时间、方式、购买习惯、购买偏好和购买后的评价等。另外，航空运输市场需求调查还包括消费者购买动机的调查，掌握消费者的需求心理，了解消费者的爱好等；消费者对企业满意程度的调查，了解消费者对企业市场营销策略的反应，对航空服务的满意程度等。

3) 航空市场供给调查与销售调查

航空市场供给调查主要包括航空公司的航线网络、航班计划、运力规模、舱位布局、服务手段等方面的调查。

航空市场销售调查是空运企业产品的销售状况的调查，包括销售额及变化趋势、市场占有率、价格的变化趋势以及销售人员的能力和业绩等。

4) 市场营销因素调查

市场营销因素调查主要包括产品、价格、渠道和促销等策略运用效果的调查，如广告实施的效果、人员推销的效果和对外宣传的市场反应等。

5) 市场竞争情况调查

市场竞争情况调查主要包括对竞争企业的调查和分析，以及了解同类企业的产品、价格等方面的情况，他们采取了什么竞争手段和策略，做到知己知彼。

7.2.2　航空运输市场调查的步骤

航空运输市场调查可以按照五步法进行，具体如下。

第一步：确定问题与调查目标。

为保证市场调查的成功和有效，首先要明确所调查的问题，既不可过于宽泛，也不宜过于狭窄，要有明确的界定并充分考虑调查成果的时效性；其次在确定问题的基础上，还要提出特定的调查目标。

第二步：拟订调查计划。

调查计划的内容包括：调查目的，为什么调查，需要了解什么问题；调查项目，确定具体获取资料的种类、纲目；调查方法是采用统计调查法还是实地调查法；调查经费，经费来源，数量；采用什么调查工具，调查的人员及时间安排。

第三步：调查收集资料。

收集资料是市场调查的重要环节，也是影响调查效果好坏的决定性因素。资料的来源主要有两类，即第一手资料和第二手资料。第一手资料是通过实地调查，由调查现场取得的资料，如消费需求调查、竞争对手调查等。第二手资料是已经有的数据资料，如企业内部的业务资料和平时积累的调研资料、政府机关发布的有关文件及统计资料等。

第四步：资料整理，分析结论。

如果前期工作顺利，航空公司一定会搜集大量与调查目标相关联的信息资料，但其中会存在部分关联不大的冗余信息，甚至是虚假、错误的信息，因此调查小组必须对信息资料进行整理，以提炼出适合调查目标的调查结果。资料整理包括：审核，即核实、审查、补充、修正资料；分类，即按标准分类、便于查找、保存；编排，即按照一定的规则编排资料，如编制统计表，以便进行下一步的分析。

对已有资料进行分析，必须从调查目的出发。一般来说，资料分析包括结论性分析、因果性分析和预测性分析。结论性分析，即如果是提出问题，就可以得出结论。如果问题是在飞机上是否可以实施机载电话的服务，那么结论就应该是可以或者不可以。因果性分析，主要分析问题的原因何在。例如，调查某航线客座率降低的原因，结果可能是有新的竞争对手、票价太高等。预测性分析，即预测市场的发展趋势。例如，在进行航空公司发展规划设计时，就必须对未来客货运市场进行预测，这样才能进行航线规划、机队规划等航空运营活动。

第五步：提出结论，撰写调查报告。

根据以上的调查活动，可以最终提出调查的结论，并撰写调查报告，用于公司经营决策。调查报告的主要内容有以下几个方面。

①导言：调查的缘由、目的、任务；
②调查概况：时间、地点、对象、方法；
③资料分析及结论：根据资料数据运用科学方法进行分析；
④提出建议：根据分析，结论提出可行性建议，找出问题的答案；
⑤附录：统计表、图示等。

7.3　航空运输市场环境

任何企业都如生命有机体一样，生存于一定的环境之中，企业的营销活动不可能脱离环境而独立存在。虽然企业不能完全控制环境，但可以了解和预测环境，以及主动适应和利用环境，并且通过营销努力影响外部环境，使环境有利于企业的生存和发展，更有利于提高企业营销活动的有效性。

7.3.1　航空运输市场环境的特点

市场环境是指存在于企业营销系统外部的不可控制或难以控制的因素和力量，这些因素和力量是影响企业营销活动及其目标实现的外部条件。市场营销环境是客观存在的，不以企业的意志为转移，有着自己的运行规律和发展趋势。构成营销环境的各种因素和力量相互联系、相互依赖，如经济因素不能脱离政治因素而单独存在；同样政治因素也要通过经济因素来体现。营销环境因素是一个多层次的集合，如地区环境、国内环境、国际环境等。不同层次的环境因素与企业发生联系的紧密程度也不同。营销环境在时间和空间上都存在明显的差异，并且随着时间和空间的变化处于变化之中。

按照对企业营销活动影响的范围可以将航空运输环境分为宏观环境和微观环境。宏观环境是间接营销环境，指影响企业营销活动的一系列巨大的社会力量和因素，主要是人口、经济、政治法律、科学技术、社会文化及自然生态等因素。微观环境是直接营销环境，指与企业紧密相连，直接影响企业营销能力的各种参与者，包括企业本身、市场营销渠道企业、旅客、社会公众及竞争者。

7.3.2　航空运输市场宏观环境

航空运输市场的宏观环境是航空运输企业不可控的因素与力量，大多数企业只能被动地接受，下面可以从四个方面分析航空运输市场的宏观营销环境，即 PEST(政治法律、经济、社会文化和技术)分析模型。

1. 政治法律环境

政治法律环境主要包括一个国家的航空运输的法律、法规；航空运输的管理政策；国际政治关系；国际航空运输公约；航空自由化以及恐怖、军事活动等突发性事件。

为了维护国家的领空主权和民用航空权利，保障民用航空活动安全、有序地进行，保护民用航空活动当事人各方的合法权益，促进民用航空事业的发展，我国推出了一系列的法律法规，如《中华人民共和国民用航空法》。

第 6 章中的航空运输商务环境中的管制化和市场化也是市场环境的重要内容，具体表现为航空运输政策。航空运输政策是一个国家航空主管当局制定的公共航空运输政策，是航空运输市场的政治法律环境的具体化。从管制化政策发展为航空运输自由化已经成为全球航空运输业的大趋势。

航空业极易受战争、恐怖事件、安全事故等突发性事件的影响。1944~2020 年全球重大事件对航空运输市场产生了严重的影响，包括石油危机、两伊战争、海湾战争、9·11恐怖袭击事件、SARS 疫情、新冠肺炎疫情等，都造成了客运周转量(收入客公里)和货运周转量(货运吨公里)的明显波动。

因此，一个国家政治稳定、社会安定、人民安居乐业、经济发展，民航也就发展，反之，空运市场就要衰退，甚至企业倒闭。

2. 经济环境

经济环境是指企业进行市场营销时所面临的外部社会经济条件。经济发展水平不仅决定了整个社会的经济结构，还决定了社会的收入和消费水平，相应地也就决定了航空运输需求。

经济环境的因素主要包括国民经济发展水平、地区与行业的经济发展状况、消费者收入水平、消费者支出模式与消费结构、国际经济形势等。

航空运输业与国民经济发展关系密切，并且航空运输业的增长速度明显高于国民经济的发展速度。根据国际民用航空组织的分析，当人均 GDP 达到 5000 美元时，航空需求将会大大增加。随着消费者收入的增长，消费结构也发生相应变化。目前，旅行、休闲娱乐的消费比例呈现明显的增长趋势。

国际贸易、国际金融和国际能源都与航空运输业有着高度的关联性，如飞机的租赁与购买、燃油价格的波动、国际贸易形势等直接影响了航空公司的经营成本和市场需求，甚至决定了航空公司的命运。

3. 社会文化环境

社会文化是人类社会在其长期发展历史过程中形成的，由特定的价值观念、行为方式、伦理道德规范、审美观念、宗教信仰及风俗习惯等内容构成，影响和制约着人们的消费观念、需求欲望及特点、购买行为和生活方式，对企业营销行为产生直接影响。社会文化环境主要包括以下方面。

(1) 人口因素，即人口的数量、地理位置分布、年龄与性别结构等。

(2) 文化环境，是在某一社会里人们所具有的由后天获得的各种价值观念和社会规范的综合体，即人们社会生活方式的总和。它受到民族、宗教、语言文字、种族等因素的影响。

(3) 价值观念，是一种主观意识，是随着知识的增长和生活经验的积累而逐步确立起来的。个人的价值观一旦确立，便具有相对的稳定性，会形成一定的价值取向和行为定式，并且不易改变。

4. 技术环境

在航空运输市场，新技术的使用对旅客的需求和企业经营都产生了深远的影响。利用技术革命对产品实行技术创新，以及提高产品的技术含量是企业的重要竞争策略，如机载电话、机上互联网服务等。网络技术对交易方式产生了深远的影响，使得交易更加透明，并且不受地理位置和时间的约束。

"简化商务"是世界航空运输业推出的旨在通过信息技术来降低运营成本、提高服务效率的新举措，其内容包括电子机票、旅客自助值机服务系统、标准登机牌条码和行李无线射频识别技术等。借助"简化商务"，航空公司可以实行机票直销，以直销网点、网上订票、电话订票、移动通信以及自动销售机等多种方式取代代理人，从而降低交易成本。荷兰航空公司将 Digital Genius 人工智能嵌入其客户关系管理系统，因为用户希望自己的提问能够立刻得到答复。如果想确保每名旅客在一两分钟内收到回复，荷兰航空公司可能需要 1000～2000 名工作人员，这并不是一种可持续的商业解决方案。荷兰航空公司就六万个常见问题对人工智能进行了培训，它能为工作人员提供回复建议，而工作人员在必要时会对此进行完善，从而让整个系统变得更智能，大幅提高了首次回应的反应速度，也提升了顾客满意度。

新技术对生产运营产生了巨大的影响，如航空公司的运行控制系统、维修和机务工程系统、常旅客管理系统和收益管理系统。

7.3.3　航空运输市场微观环境

企业微观环境是与企业经营活动密切相关的各类因素，主要包括供应商、企业内部、营销中介、顾客、社会公众和竞争者。微观环境对航空企业营销活动产生直接且差异化影响。

1. 供应商

供应商是指对企业进行生产所需而提供特定的原材料、辅助材料、设备、能源、劳务、资金等资源的供货单位。这些资源的变化直接影响到企业产品的产量、质量以及利润，从而影响企业营销计划和营销目标的完成。

航空公司的主要供应商包括飞机制造商、模拟机供应商、航材供应商、航材修理商、航油供应商、机场服务供应商、空管服务供应商、管理咨询服务商、IT 服务供应商等。航空公司可以通过高层人员定期互访、互派员工进修学习、职能部门互动交流、组织航空公司进行评比等活动加强与关键供应商之间的相互理解与合作关系，并且通过对供应商提出技术指导要求、提供航站代理管理培训、现场监控和指导、业务通告等信息平台，与供应商保持密切的沟通和联系。航空公司的主要供应商属于国外垄断集团(波音公司和空中客车公司，以及航材供应商)，而且关键采购(飞机引进)受到国家政策制约，因此在供应商管理方面具有一定的难度。航空公司可以从各个方面加强与供应商的联系，通过加入国家采购大协议和 BFE(客户自选设备)不仅以优惠价格引进了飞机，而且在发动机、航材采购管理与专业培训方面取得了显著成果。

2. 企业内部

企业开展营销活动要充分考虑到企业内部的环境力量和因素。企业是组织生产和经营的经济单位，是一个系统组织。企业内部一般设立计划、技术、采购、生产、营销、质检、财务、后勤等部门。企业内部各职能部门的工作及其相互之间的协调关系，直接影响企业的整个营销活动。

航空公司的主要职能包括运营部、市场营销部、机务部、人事部、财务部等。其中，运营部主要负责飞行管理、运行控制和地面保障等，市场营销部负责运力网络、市场计划、销售控制和企业推广等，每个部门之间的关系密切。企业在制订营销计划、开展营销活动时，必须协调和处理好各部门之间的矛盾和关系，营造良好的企业环境，更好地实现营销目标。

3. 营销中介

营销中介是指为企业营销活动提供各种服务的企业或部门的总称。营销中介对企业营销产生直接的、重大的影响，只有通过有关营销中介所提供的服务，企业才能把产品顺利地送达到目标消费者手中。营销中介的主要功能是帮助企业推广和分销产品。营销中介包括中间商、营销服务机构、物流机构和金融机构等。

航空运输客货运销售中间商指把产品从航空公司流向消费者的中间环节或渠道，主要包括旅游销售代理商、货运销售代理商等。营销服务机构指企业营销中提供专业服务的机构，包括广告公司、广告媒介经营公司、市场调研公司、营销咨询公司、财务公司等。这些机构对企业的营销活动会产生直接的影响，它们的主要任务是协助企业确立市场定位、进行市场推广、提供活动方便。物流机构指帮助企业进行保管、储存、运输的机构，包括仓储公司、运输公司等。其主要任务是协助企业将产品运往销售目的地，完成产品空间位置的移动。金融机构指企业营销活动中进行资金融通的机构，包括银行、信托公司、保险公司等。金融机构的主要功能是为企业经营提供融资及保险服务。在现代化社会中，任何企业都要通过金融机构开展经营业务往来，金融机构业务活动的变化还会影响企业的营销活动。由于飞机的价格极高，航空公司必须依靠各种融资渠道才能实现飞机采购，因此如果信贷资金来源受到限制，会使企业经营陷入困境。航空运输企业应与金融机构保持良好的关系，以保证融资及信贷业务的稳定和渠道的畅通。

4. 顾客

顾客是指使用最终产品或劳务的消费者和生产者，也是企业营销活动的最终目标市场。顾客对企业营销的影响程度远远超过前述的环境因素。顾客是市场的主体，任何企业的产品和服务，只有得到了顾客的认可，才能赢得这个市场，现代营销强调把满足顾客需要作为企业营销管理的核心。

航空运输服务要求企业以不同的方式提供产品或服务，顾客的需求、欲望和偏好直接影响企业营销目标的实现。为此，企业要注重对顾客的研究，分析顾客的需求规模、需求结构、需求心理以及购买特点，这是企业营销活动的起点和前提。

5. 社会公众

社会公众是企业营销活动中与企业营销活动发生关系的各种群体的总称。社会公众对企业的态度，会对其营销活动产生巨大的影响，它既可能有助于企业树立良好的形象，也可能妨碍企业的形象。所以，企业必须处理好与社会公众的关系，争取社会公众的支持和偏爱，为自己营造和谐、宽松的社会环境。社会公众对企业的影响有时十分直接，有时却又是间接而深远的。例如，媒介公众对企业有利或不利的宣传报道；金融公众的资金支持；政府公众发展政策与发展方向的确定；消费者组织、环境保护组织等对企业产品的认可及企业产品在普通老百姓中的形象与地位等，均对企业市场营销活动产生重大影响。因此，企业在市场营销活动中，必须正确处理好与社会公众的关系，使之成为企业市场营销活动成功的巨大推动力。

6. 竞争者

竞争者是指与企业生产相同或类似产品的企业和个人，竞争的结果通常表现为此消彼长，当然也存在竞争中共同发展的情况。从消费需求的角度看，企业的竞争者包括愿望竞争者、平行竞争者、产品形式竞争者和品牌竞争者。

愿望竞争者是指提供不同产品以满足不同需求的竞争者。平行竞争者是指提供能够满足同一种需求的不同产品的竞争者。例如，航空运输、公路运输和铁路运输这三种运输方式必定存在一种竞争关系，它们由此而相互成为平行竞争者。产品形式竞争者是指生产同种产品，但提供不同规格、型号、款式的竞争者。例如，在同一条航线上有不同的航班和不同的机型，这些专业生产企业就是产品形式竞争者。品牌竞争者是指产品相同，如使用相同机型、航班时刻接近的同一航线的服务者，但品牌不同，即品牌竞争者。

竞争是市场经济的必然现象，任何企业在目标市场进行营销活动时，不可避免地会遇到竞争对手的挑战。企业竞争对手的状况将直接影响企业营销活动，如竞争对手的营销策略及营销活动的变化，包括产品价格、广告宣传、促销手段的变化，以及产品的开发、销售服务的加强都将直接对企业造成威胁。为此，企业在制定营销策略前必须先弄清竞争对手，特别是同行业竞争对手的生产经营状况，做到知己知彼，有效地开展营销活动。

上述企业市场营销微观环境的六大因素构成了相互联系、相互作用的一个微观环境系统。企业只有全面综合又有重点地考虑各因素的影响作用，才能在复杂的环境中百战百胜。

7.4　航空运输市场细分

全球没有一家航空公司可以提供旅客所需要的所有航线，因为企业的资源有限，并且受到相关政策的约束。那么航空公司该如何确定最有价值的市场呢？首先需要进行市场细分。

市场细分是以消费者需求为出发点，根据消费者购买行为的差异性，把消费者总体分为类似性的购买群体的过程。根据旅客或者货物 OD 需求的不同，将航空运输市场分为不同的航线市场，因为同一条航线上，旅客或者货主的基本需求是相同的，可以认为一条航线就是一个大的细分市场。

7.4.1 航空运输市场细分标准

对于航空运输企业而言，需要通过多样化的服务为旅客创造更大的价值，因此可以从旅客的出行目的、旅客的旅行时间、旅客的人口特点、旅客的购买行为、旅客的盈利能力等方面进行市场细分。

1. 旅客的出行目的细分

以出行目的进行航空运输市场细分被大多数航空公司所采用，通常来说，出行目的包括公务旅行、商务旅行和度假旅行三大类，即旅客可以分为公务旅客、商务旅客和休闲旅客。

2. 旅客的旅行时间细分

旅行时间在航空旅客市场营销中是一个非常重要的市场细分因素。从伦敦飞往新加坡（13 小时的飞行）的远程旅客的要求与从伦敦飞往巴黎在空中时间不超过 40 分钟的短程旅客的要求有着根本性的不同。针对长途旅客和短途旅客，航空公司通常提供不同的产品和服务。旅行时间区分的另一个方面是"点到点"旅客和"中转"旅客，其服务内容也存在很大的差别。

3. 旅客的人口特点细分

旅客的人口特点包括旅客的年龄、性别、家庭、收入、职业、社会阶层、受教育程度、宗教、种族和国籍等。

4. 旅客的购买行为细分

旅客的购买行为包括购买状态、购买动机、购买频率、对品牌的态度和对各销售因素的敏感程度。

航空公司的常旅客计划就是根据旅客乘机的次数或者里程，向经常乘坐其航班的旅客推出的以里程累积奖励为主的促销手段，是吸引公商务旅客、提高航空公司竞争力的一种策略。

5. 旅客的盈利能力细分

旅客的盈利能力指旅客在未来很长一段时间里为企业贡献利润的能力，如对于高收益旅客，航空公司通过提供高品质的服务稳定需求，对于中低收益旅客，通过各种优惠措施吸引更多、更大规模的旅客。

7.4.2 不同出行目的细分市场分析

目前，航空企业主要按照出行目的对旅客进行细分，下面重点分析公商务旅客和休闲旅客。

1. 公商务旅客的需求分析

对航空公司而言，公商务旅客与休闲旅客相比更易受到航空公司的关注。因为他们旅行更加频繁，而且易于支付更高的票价，是更具有吸引力的顾客群体。公商务旅客的需求主要包括以下方面。

1)航班密度与航班时刻

在短途航线上，航班密度与航班时刻对公商务旅客是非常重要的。当航班密度达到一定数量时，航空公司的航班密度与市场占有率呈现出正相关关系。航班时刻一般与公商务旅客的出行时间、工作时间相一致。

2) 航班准点率

航班准点率对公商务旅客有极其重要的意义，发生航班延误，不仅会对旅客造成损失，也会使航空公司失信于旅客。

3) 座位的可得性和机票的灵活性

座位的可得性是指旅客在航班起飞前很短的时间可以预订到机票的可能性。因为公商务旅客订票提前期短，公商务活动变化大，甚至有很多临时出行要求以处理突发事件，或者虽然旅客订好了座位，但由于行程改变需要更改航班，都需要航空公司能够随时提供座位，可以灵活地处理机票。

4) 常旅客的实惠

通过里程累积，航空公司给旅客提供各种优惠、奖励活动，使旅客在旅行中获得实惠。

5) 空中服务

座椅的舒适度、座间距、餐饮服务等都是对空中服务重要的评价因素，航空公司通过各种途径不断地改善空中服务，以博得旅客的青睐。

6) 机场服务

公商务旅客一般来机场较晚，所以他们需要单独的值机柜台以避免和其他旅客一起排长队，他们还希望有专门的休息室以供他们可以利用飞机起飞前的时间休息或者工作。

2. 休闲旅客的需求分析

通常认为休闲旅客是价格敏感而时间不敏感的旅客。因为休闲旅客往往有完善的行程计划，可以提前订票，并且除了航空消费，还会产生大量的其他需求。休闲旅客的需求主要体现在以下方面。

1) 低廉的机票价格

大部分的休闲旅客都是自费出行，并常常是阖家出行，这样使旅行花费成倍增长，机票的价格就显得尤为重要。大部分的航空公司把自己多余的运力、不好的航班时刻都打造成旅游产品的一部分，在充分利用自身资源的同时，通过另一个市场获取收益。

2) 按需的航班计划

休闲旅客的需求通常具有很明显的季节性和时段性，因此可以根据出行规律安排航班计划，这样保障航班具有较高的客座率和飞机利用率，以此来降低成本。

3) 简化服务内容

为了获得廉价机票，休闲旅客在航空服务上愿意做出牺牲，但是如飞行安全、航班正点率这些基本要求是不可以牺牲的。

7.4.3　不同旅行时间的细分市场分析

根据旅行时间和航线距离可以将市场分为短途航线和长途航线。两类市场的需求也有很大的区别。

1. 航班密度和航班时刻

虽然航班密度和航班时刻对短途旅客与长途旅客都很重要，但是意义却不同。对于长途航线，航班频率较低，航班时刻也不是严格地根据旅客出行时间安排的；对于短途航线，航空公司通过高的航班频率，满足旅客随时出行的要求。

2. 对常旅客计划的态度

长途旅客可以获得大量的里程积分，甚至乘坐一次远程国际航班就可以换取一张短程国内航线的机票，因此长途旅客更愿意加入常旅客计划。而短途旅客由于必须更频繁地乘坐飞机才能得到实惠，因此吸引力较差。

3. 对服务的要求

远程航班对舒适的座椅、能够休息和工作的独立客舱、餐饮的质量以及机上娱乐系统都有较高的要求，乘务员的服务态度也非常重要。长途旅客办理乘机手续的时间较长，机场服务设施和环境对长途旅客显得很重要，而短途旅客对服务要求相对较弱。

4. 机票可得性与灵活性

机票可得性与灵活性对于长途旅客不是很重要，因为航班较少，旅客往往提前订票，突然改变行程的概率也比较小。而短途旅客更愿意在出发前购票，希望机票有更多的灵活性。

在旅客需求方面，还必须考虑低成本公司和全服务航空公司的区别。由于市场环境和远程航线运营带来的成本密集，如对食物、座位间距和机上娱乐的需求，低成本航空公司一般是短途运营。即使乘客按需支付一些设施费用，厨房空间的成本以及飞机装载、配餐和清洁的困难依然存在。远程旅行时家人不愿分开坐，所以座位分配必须注意。在远程航班上，机上娱乐活动也比短途航班更重要。而且，实际上，在提供全方位服务的航空公司网络中，厕所的数量无法减少，并且有大量的托运行李必须在长途运输中处理。此外，枢纽对长途运营比短途运营更为重要，在枢纽机场整合交通和使用大型飞机的经济效益在长距离飞行中变得很有吸引力。

通过以上分析，航空公司可以从不同的角度对市场进行细分，结果也会有很大的差别。航空公司要能够认真分析哪些细分市场更有利可图，设计科学合理的营销策略，才能更好地满足旅客的需求。

7.5 航空市场营销策略

企业在细分市场之后，要对各细分市场进行评估，然后根据市场潜力、竞争状况、本企业资源条件等多种因素决定把哪一个或哪几个细分市场作为目标市场，并针对目标市场开展营销活动。

7.5.1 选择目标市场及市场定位

1. 目标市场的概念及进入条件

目标市场指企业营销活动所要满足的有相似需要的消费者群，即企业决定要进入的市场。选择目标市场必须以市场细分为基础，并考虑以下条件：该市场是否有一定的规模和发展潜力；细分市场结构是否具有吸引力；是否符合企业经营目标和能力。

某些细分市场虽然有较大吸引力，但不能推动企业实现发展目标，甚至分散了企业的资源。只有选择那些企业有条件进入、能充分发挥其资源优势的市场作为目标市场，才是正确的选择。

2. 目标市场营销策略选择

企业选择的目标市场不同，所运用的市场营销策略也就不一样，主要分为以下三类。

1) 无差异性市场营销策略

无差异性市场营销策略是企业只设计一种市场营销策略组合，面对整个市场。在空运市场上采用无差异性市场营销策略，表现为以单一的服务品种、等级和价格向整个空运市场的各条航线平均地或随意地投放运力。无差异性市场营销策略的理论基础是成本的经济性，但对于大多数产品，无差异性市场营销策略并不一定合适。

2) 差异性市场营销策略

企业把大的市场划分为若干细分市场，同时在多个细分市场分别从事经营活动，企业同时针对不同的细分市场需求，采用不同的经营方法，满足不同用户的需要。大多数航空公司主要采用差异性市场性营销策略，针对不同的航线投入不同的机型和航班，针对不同的消费者收入水平和偏好提供不同的服务与价格。

3) 集中性市场营销策略

集中性市场营销策略指企业只选择一个或少数几个细分市场作为目标市场，并采用一种或少数几种营销组合的策略。空运市场的集中性市场营销策略主要表现为把运力集中投放在少数几条航线上，中小型航空公司大多采用此策略。该策略追求的不是在较大的市场上占有较小份额，而是在少数细分市场有较大的市场占有率。

三种目标市场营销策略各有利弊，企业到底应采取哪一种策略，应综合考虑企业资源、产品/服务的性质、产品所处生命周期的不同阶段以及竞争者的状况。

3. 市场定位

企业营销的另一个重要工作是要确定适合本企业的市场定位。市场定位是企业根据目标市场上同类产品的竞争状况，针对顾客对该类产品某些特征或属性的重视程度，为本企业产品塑造强有力的、与众不同的鲜明个性，并将其形象生动地传递给顾客，求得顾客认同。

1) 市场定位的意义

市场定位的实质是使本企业与其他企业严格区分开来，使顾客明显感觉和认识到这种差别，从而在顾客心目中占有特殊的位置。例如，我国的海南航空公司，就成功地塑造了质量领先的形象，从而在激烈的市场竞争中居于领先地位，在不到十年的时间内，由一家小公司发展为我国第四大航空公司。

2) 市场定位分析

市场定位分析可以从传递的内容和竞争策略两个方面进行分析。

航空公司传递的内容包括以下方面。

(1) 确立产品/服务的特色。市场定位的出发点和根本要素就是确定产品的特色，在掌握顾客对某类产品各属性的认知后，结合企业资源设计迎合顾客需求的独特产品。

(2) 树立市场形象。要使这些独特的优势发挥作用，影响顾客的购买决策，需要以产品特色为基础树立鲜明的市场形象，通过积极主动而又巧妙地与顾客沟通，引起顾客的注意与兴趣，求得顾客的认同。

(3) 巩固市场形象。建立市场形象后，企业还应不断地向顾客提供新的论据和观点，及时矫正与市场定位不一致的行为，巩固市场形象，维持和强化顾客对企业的看法和认识。

航空公司的竞争策略定位包括以下方面。

(1)避强定位即另辟蹊径式：当企业意识到自己无力与强大的竞争者抗衡时，则远离竞争者，根据自己条件及相对优势，满足市场上尚未被竞争对手发掘的潜在需求，填补市场空缺。

(2)迎头定位即针锋相对式：这是一种以强对强的市场定位方法，将本企业或产品形象定位于与竞争者相似的位置上，与竞争者争夺同一目标市场。

企业经过市场细分，选择目标市场，确定市场定位之后，就必须要设计一套行之有效的营销策略来实现自己的经营目标。营销策略包含多个方面，本章将根据经典的 4P 策略理论，即产品策略、渠道策略、价格策略和促销策略来制定航空市场营销策略组合。

7.5.2　产品策略

1. 航空运输整体产品

空运产品为服务产品，不具有物质形态，是乘机旅客从顺利方便地购票开始，候机、登机到安全舒适地乘机飞行和及时到达目的地提取行李为止的全过程所得到的服务。货运产品的组成包括从货主托运交付货物开始到收货人在期望的时间内完好无损地收到货物为止的全过程。

为了更好地理解产品的内涵，可以将产品分为三个层次，如图 7.5 所示。

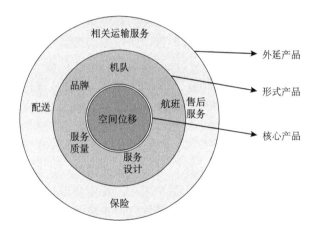

图 7.5　航空运输整体产品示意图

1)航空运输的核心产品

核心产品是顾客追求的核心利益。顾客购买机票和托运货物不是为了购买一张飞机票，或飞机上的一个座位或一个吨位，而是为了实现快速从起始地到目的地的空间位移。为获得保证空间位移所提供的相应服务需求的满足，空运企业出售的是对快速运输及为保证这种运输的实现而提出的服务需求的满足。航空运输产品的核心是快速、准确、安全、准点地到达目的地。

2)航空运输的形式产品

形式产品是核心产品借以实现的形式或目标市场对某一需求的特定满足形式。航空运输的形式产品可以根据旅客需求从不同的角度进行分析，确定航空公司该如何做出与产品相关的决策。航空运输的形式产品可以分为航线产品、服务产品和价格产品。航线产品包括客舱布局、航线网络、航班密度和航班时刻。服务产品是指与旅客服务相关的产品，包括销售服务、机场服务和客舱服务。价格产品是航空公司利用价格手段提高对旅客的吸引力，并将各种航线产品进行有效整合以促进产品的销售。

3）航空运输的外延产品

消费者在购买商品时，往往要求获得与商品有关的各种附加服务和保障，即外延产品。表 7.1 是 2017 年中国东方航空公司提供的主要航空运输附加服务，包括地面服务、多式联运服务等。

表 7.1　2017 年中国东方航空公司主要航空运输附加服务

产品名称	产品介绍
陪伴旅行服务	提供机场接送机、引导、登机、协助填写各类单据在内的一系列陪伴服务
高端旅客接送机	北京至欧美、日本、新加坡、迪拜、澳大利亚头等舱或公务舱的部分航班可免费享受指定机场专车接送机服务
空巴通	东航航班与多地机场巴士双向联运，实现机票、车票一站式购买，目前已开通 20 个城市
空铁通	实现飞机、高铁双向联运，机票、车票一站式购买，目前已开通 15 个城市，每日连接 200 余班高铁

从航空运输市场方面看，核心产品是企业提供运力实现旅客和货物的快速空间位移。但随着经济的发展和消费心理的变化，旅客也越来越注重空运企业的外在形式，包括使用的机型、商标、服务特色等，以及在服务过程中所获得心理满足感，所以在现有的空运市场中从核心产品的角度看每个企业实际是没有什么差别的，都能够实现旅客或货物最基本的需要，但是在形式层和外延层上，却存在很大的不同，因此也成为企业设计产品的重点，从旅客需求的角度看，形式产品和外延产品的重要性甚至超过了核心层。

2. 产品组合策略

企业往往提供多样化的产品或者服务，即为产品组合。产品组合是企业根据市场需求、自身资源、技术条件确定产品的经营范围，是一个企业提供给市场的全部产品线和产品项目的组合。其中，产品线是产品组合中的某一大类，是一组密切相关的产品。产品线的划分可以根据产品功能的相似性、消费上的连带性、需求群体的相似性、销售渠道的相似性等进行。产品项目是不同品种、质量和价格的特定产品。

产品组合中包含多少种产品线，称为产品组合的广度。企业经营的每一种产品线内包含的产品项目的多少，称为产品组合的深度。产品组合还要考察产品线之间的关联度，关联度指各产品线之间在最终用途、生产条件、销售渠道或其他方面的相互关联程度。

根据航空公司的航线不同，如果一个公司经营的航线很多，但航线上投入的航班很少，即航班密度很低，一般认为其产品只有广度而没有深度。航空公司产品组合的关联度表现为各航线所需生产资源的互容性，如飞机的机型、机组工作人员的调配等。

扩大产品组合的广度，可以使企业在更大的市场领域发挥作用，并且分散企业投资风险；加深产品组合的深度，可以占领同类产品更多的细分市场，迎合更广泛的消费者需要；加强关联度可以提高企业的应变能力和市场竞争能力。

3. 航空公司辅助产品

航空公司的产品是提供航空客运服务、货运服务。根据整体产品的概念，航空运输产品的核心是实现旅客或者货物的快速空间位移，但同时需要通过设计一定的形式产品作为载体实现这些服务，并且还要提供一些附加服务项目。传统航空产品设计是按照整体产品的构成，为旅客提供完整的服务，并通过较高的价格来获得盈利。但随着经济旅客占比越来越多，他们所需要的仅仅是一个座位，而不要为其他服务付费。因此，航空公司就将核心产品从整体产品中剥离出来，将一些形式产品重新定价进行销售。航空公司辅助产品就是除了航空公司的核心产品，为顾客提供的附加服务或与第三方合作提供的服务产品。

辅助产品最早起源于 20 世纪 80 年代美国西南航空的低成本模式。美国西南航空公司将机票价格从总体收费中独立出来，再对顾客所需的其他附加服务，如机上餐食、超额行李等单独收费，这种做法倡导的是不为没有获得或享受的产品或服务买单，能够较好地满足不尽相同的需求并通过价格歧视获得盈利。

随着航权限制逐步放开与航线网络的日益完善，航空运输业的竞争局面愈加严峻，持续上涨的油价更是给航空公司带来营利压力。因此，传统型航空公司也开始重视边际成本较低的附加收入，将机上餐食、超额行李等从整体售价中独立出来，同时挖掘顾客的需求，逐步丰富附加服务和产品的类别，以达到增加盈利的目的。传统型航空公司的经营，使得附加服务单独收费的做法在国外得到绝大多数航空顾客的认可，同时使得近些年航空公司附加服务的收入规模呈线性增长。与低成本航空公司相比，传统型航空公司在平台建设、网络服务、资源整合等方面都具有较大优势，这使得传统型航空公司在各种宏微观环境中均具有较大的竞争力。面对以低成本运营模式为主的航空公司，传统型航空公司也能定位不同的细分市场，通过精准化营销，为目标市场提供差异化的产品和服务。目前航空公司均在通过提供多样化附加服务的方式，力求能满足顾客的个性化需求，并通过提升顾客体验，来增强顾客黏性，维系顾客忠诚度。

4. 航空运输新产品开发

航空运输产品的开发主要是满足特定客户群的需求，通过有效的营销手段创造一定的利益回报或者是为航空公司持续性发展打造一个良好的社会声誉和品牌。作为航空运输的产品，结合行业特征，可以把新产品开发分为利益性产品和功能性产品两类。利益性产品受制于市场经济环境和竞争环境，并且其产品价值随着航班时刻、航班密度、机型调整、旅游季节等因素不断做出调整，这种产品呈现出显著的动态特征；功能性产品重点针对客户关系的资讯、维护、保障和评估，具有显著的可感知性，对于客户关系维护和服务品质提升具有明显的作用。

1）利益性产品

利益性产品就是围绕航空公司航线网络开发的，能够满足客户对航空旅行，即 OD 需求，并能够直接为航空公司带来经济收益的产品，它包括根据网络和销售制订的含有特定价值的客票以及围绕航空运输所产生的附加经济产物。

（1）从设置新航线的目的出发开设新航线。主要包括国内政治建设的需要，沟通中央和地方人民政府的空中联络为主要目的建立航线；国防建设的需要，以国防、边防、民族工作的需要来安排航线，特别是支线航线的设置；外交的需要，根据我国外交工作的需要开辟国际航线，加强我国对外友好往来；两岸交往的需要，通过设置航线，加强两岸的往来；

经济开发区建设的需要；旅游市场开发的需要；城市建设的需要。

（2）从航线网络优化角度开设新航线。对原有航线的延伸，向本公司还没有经营的地区进展，扩大航线覆盖面，实现市场的拓展，增强本公司的市场影响力。

在原有航线的城市之间设置直达航线，即在需要中转的机场之间设置直达航线。直达航线产品不同于中转产品，主要体现在两个方面：①直达航线产品的旅行时间少于中转产品，但通常直达航线的票价较高而频率较低；②不同航空公司提供的直达航线产品较为相似，中转产品因中转枢纽机场的水平差异而存在较大差别。航空公司提供中转产品使得航空公司在主干航线上实现密度经济，降低成本，从而获得较低的价格。但研究发现，当航空公司在某市场已提供一次中转服务时，再以直达方式进入同一市场的可能性较小，大型枢纽航空公司可以通过建立子公司在非枢纽航线提供差异化的直达航线产品，以区别于其已提供的中转产品。

增加航班密度，即在现有航线的基础上加密航班，从产品组合的深度入手，开发更多的潜在需求，并获取更大的市场份额。

（3）从产品的动态组合角度开设新航线。首先是首航航线，一个航空公司确定首航航线是航空公司市场部门重要的工作，首航航线策略要考虑此航线的开通所带来的政治、经济、外交的影响，此航线上所飞行的飞机机型、首航日期的选定、首航航线的服务策略的制定等。

首航后，此航线上航班的类型是定期航班还是不定期包机飞行，以及宣传广告策略的选择等都是极其重要的工作。

航线扩展策略包括航线延伸策略、航线网络调整策略和扩大航线覆盖面策略，以及品牌拓展策略。另外，还有航线调整收缩策略，由于市场需求的萎缩或者竞争因素，航线的经济效益下滑，公司可以考虑收缩某航线，将资源投入更有利可图的市场中。

2）功能性产品

功能性产品是以利益性产品为核心，能够为利益性产品提供各项服务保障和正常运行的，并且能够在很大程度上满足客户特定需求和提高客户满意度的市场提供物，包括航空运行资讯、客户关系维护、各项服务保障体系等。例如，对常旅客提供新的服务项目和载客舱增加新的服务内容等。针对不同类型的旅客，可以设计不同的复合型产品方案。

航空运输产品开发要以客户需求为导向；以持续性发展为目标；基于科学的市场营销调研。航空运输产品的开发和设计是基于航线市场的开辟而产生的，应注重于产品对市场持续性发展所起到的作用。不管是利益性产品还是功能性产品都不能仅仅局限于短期回报，要考虑企业的持续性发展。

7.5.3 渠道策略

渠道策略

1. 航空运力销售的特点

航空运输作为服务性行业，其销售的主要内容是航空运力，相对于其他产品，运力销售具有以下特点。

1）不定期航班销售的先行性

对不定期航班和包机来说，大量的销售工作发生在运输生产之前，只有销售出一定的运力，即组织到一定数量的客源和货源之后，才能根据需求开动航班或包机。这种生产是被动性的，没有有效的销售就没有不定期航班的生产。

2）定期航班销售的定时性和定量性

定期航班的飞行，具有强制性，航班时刻表一经公布就必须执行，特殊情况下才可以取消航班。因此，定期航班的销售不仅要先行，还要定时和定量。实物产品的销售过程，是实物产品所有权的转移过程，产权责任明确。由于航空运输产品是无形产品，所以运力的销售过程并不伴随着所有权的转移，这既增加了座位控制的难度，也增加了销售的风险。

3）座位控制的难度大

旅客是分散的，航班运行是集中的，多渠道销售出去的座位，并不伴随所有权的转移。代理销售也不承担未销售出商品的损失，航空公司的销售部门就必须随时控制众多销售点对每一次航班客座销售进度，控制的标准就是每次航班的时间和客座数，控制的实际操作有极大的难度，而且销售渠道越复杂，控制难度越高。

4）运力的销售需要专业知识

航空运输业是专业性强、运用现代化技术手段多的行业，每一个从业者都必须具备相应的专业知识，包括对航空运输服务业的深入了解、熟悉中国民用航空局及国际航空运输协会对运力销售的管理规定、销售系统的操作方法等，因此需要对从事运力销售的人员进行专业培训。

2. 航空运输分销渠道类型和特点

航空运输分销渠道指通过市场沟通，及时有效地把产品或服务送到消费者手中，促使航空运输商业行为实现的途径。

销售渠道可分为直接销售和间接销售两大类型。直接销售就是由航空公司在全国甚至全世界各地设立自己的销售机构，免去中间环节，直接把运力销售给顾客，简称直销。间接销售就是航空公司通过中间商把产品销售给顾客，简称分销。

根据现阶段航空运输产品的分销情况，航空运输分销渠道具有以下特点。

(1)航空运输分销为直接销售和间接销售相结合的模式。直接销售和间接销售都有其优缺点，每一家航空公司要根据市场定位、销售规模确定合适的销售方法，大多数航空公司采用直接销售和间接销售相结合的模式。

(2)航空运输分销为短渠道销售。航空运输产品的无形性，使其交易不伴随所有权的转移，因此更多的是销售产品信息的沟通。航空运输产品又具有时效性和不可存储性，因此采用短渠道方式进行销售。

(3)航空运输分销为选择性分销。航空公司根据其销售目标和销售代理人的资质等方面的因素，选择特定的销售中间商作为其代理人，一方面满足分散的市场需求，另一方面能够对销售代理人进行有效的管理。

3. 代理人分销

代理人分销是间接销售的主要方式。民用航空运输销售代理人是从事空运销售代理的企业；民航运输销售代理业指受民用航空运输企业委托，在约定的授权范围内，以委托人名义代为处理航空客货运输销售及相关业务的营利性行业。民用航空运输销售代理人主要包括以下三种类型。

(1)销售代理商：在合同的基础上，为空运销售委托人完成销售服务业务，并以佣金或手续费方式赚取报酬的机构。

(2)旅游代理商：在合同的基础上，为空运销售委托人完成销售服务业务，同时为委托人包揽大批旅客，收取佣金、享受相应优惠的旅游服务机构。

(3)其他航空公司：根据协议，为承运人企业完成销售业务的其他航空公司。

另外，代理人根据代理销售产品的类型分为客运代理和货运代理；根据是否从事国际航空运输产品的代理分为一类代理和二类代理。

代理人在航空运输市场上为旅客、托运人、收货人提供了消费购买的便利性，扩大了航空公司的营销能力，并且能代替航空公司市场营销的部分功能，有利于航空公司与相关行业如旅游业的合作。

选择与评估销售代理人是渠道管理的重要工作。重点需要注意的是，代理人的资本信誉、经营规模、营销经验、所处的地理位置、销售人员素质以及是否具备符合要求的设施设备。如果代理人能够为航空公司承担部分广告费用或其他促销费用，也有利于形成良好的合作关系。航空公司还需要制定合理的评估和激励措施，以提高代理人的管理效率。

航空公司与代理商之间是一种复杂的合作关系，双方的合作应当建立在相互支持、共同扩张的宗旨之上。但代理人分销出现了一系列的问题，如航空公司的分销成本快速增长、航空公司对代理人的控制难度加大、较易引发激烈的价格竞争、航空公司缺乏对市场的掌控能力。

4. 航空公司直销

航空公司的直接渠道可分为航空公司的营业部、呼叫中心和网站。营业部是最传统的机票销售渠道，由于其提供的是面对面服务，与旅客之间的互动性最好，能够在自己的能力范围内最大限度地满足旅客需求。呼叫中心最早源于营业部的电话订票服务热线，它可以实现全球客户的有效覆盖，从而实现销售的低成本扩张。在设计良好的网站上，客户可以通过自选条件完成日程安排，以及相关服务(航班、酒店、地面运输、当地旅游)选择，实现整个旅程活动的一站式采购。

在当今世界航空运输领域，几乎所有航空公司都要建立强大的分销网来提高销售量。目前航空公司的销售网络主要由直销机构和代理商构成，两者间的关系和在市场中能否分别扮演好自己的角色，是一个航空公司能否构筑良好的渠道至关重要的问题。

通过直销机构对航空公司销售渠道进行优化和控制，能够平衡自主销售与代理商市场份额，使航空公司在销售上有更大的主动权和市场反应、控制能力，这是直销机构对完善渠道的主要贡献，也是直销机构最重要的发展方向。随着航空业全球化、国际化的进程不断推进，航空公司直销机构最主要的作用逐渐从销售公司产品扩展为优化销售渠道的手段、提升产品层次，丰富销售代理在航空运输产品销售中具有非常重要的作用，但是也存在一些不利影响。代理人销售的有利之处主要表现在：可以理顺供应与销售的关系，通过对销售代理的管理，能够合理设计销售网络，建立良好的流通秩序。代理人销售也存在不利之处，如大量资金分散掌握在代理人、中间商的手中，如果不能及时结算，承运人或航空公司不能及时获得资金，这对公司正常的生产运营造成极大的威胁。随着经营成本的增加和市场形势的不乐观，航空公司都在不断增加直销比例，减少代理人分销的数量，甚至一些低成本航空公司完全依靠直销的方式进行运力销售。其实直销和代理人分销都有其优势与不足，航空运输企业应该考虑经营环境、需求特点、企业管理理念等多方面因素，科学地设计分销渠道。

随着航空业全球化、国际化的进程不断推进，航空公司需要回归航空市场价值链本质，真正建立起维护客户利益关系的体系，因此逐步抛弃代理分销系统，建立 100%直销渠道来加强与客户的密切联系。航空公司的直销机构最主要的作用逐渐从销售公司产品扩展为优化销售渠道的手段、提升产品层次、丰富产品内涵、推行公司品牌和服务理念、收集市场信息等多个方面。

网络销售成为航空产品销售的主流。网络由于其不受时空约束、交易成本低廉、信息收集便捷，已成为最主要的销售平台。网络销售包括航空公司网络销售和代理人网络销售。航空公司网上直销包括航空公司网站、多航空公司门户网站、航空公司在其他网站上设立的直销店。代理人分销主要为虚拟旅行社，包括传统计算机订座系统服务商拥有的虚拟旅行社、独立的网上销售代理人或者电子订票服务商、真实旅行社的网站等。

在直销比例增加和网络销售成为主流的背景下，传统销售代理人的角色也发生了转变。代理人角色从机票销售代理转变为客户的旅行顾问，为客户安排行程、与航空公司讨价还价、管理客户的差旅费、旅游产品开发等。

5. 国际航空运输协会新分销能力

新分销能力(New Distribution Capability，NDC)是国际航空运输协会力推的一项分销标准，目的是使用一套统一的通信标准(XML Messages)，实现航空公司在更广的分销渠道上，实时精准地为客户提供更多的产品和服务选择。NDC 是国际航空运输协会继电子客票后在全球范围大力推动的第二个大型航空业务变革，旨在为各航空企业构建全球化航旅产品零售的标准，增强航空企业对分销渠道的控制力。借助 NDC 标准，航空公司可以运用全新业务模式在更广的分销渠道上实时精准地为客户提供更多样化、个性化的产品和服务，增强航空公司触达并掌控终端客户的能力。

长期以来，航空公司的主流分销模式是向第三方提供航班时刻和票价信息，各个全球分销系统供应商根据第三方数据库信息，结合与航空公司交互的库存座位信息来打包产品，各旅行代理人使用全球分销系统供应商进行分销。这种模式下，航空公司的分销渠道单一、分销产品受限、与终端客户缺乏互动、分销成本高。旅客选择产品时不透明，无法直接获取航空公司的销售价格和销售政策；消费成本高，要花时间和精力对比各航空公司的产品价格和属性；购买体验差，不能量身定制适合自己的产品和服务。

随着越来越多的航空公司把自己的产品包括一些机票产品与其他产品打包在一起，旅客进行直接价格对比的难度越来越大。但航空公司直销网站上和分销网站上的产品很难做到一模一样。因此，国际航空运输协会首先自我革新，基于航空产品设计和定价模式的变化，致力于推动 NDC 标准在全球航空公司的运用。

NDC 标准是为了让航空公司能够把自己直销渠道上的内容复制到间接渠道上，或者让全渠道有相同产品的展现能力。NDC 本质是一项新标准、一种新数据格式，它将使全服务航空公司和低成本航空公司、内容集成商和旅行代理商、商旅客户和休闲旅客同时受益。

NDC 对航空公司的价值包括产品管理和订单管理。产品管理包括销售全部产品组合、销售个性化产品，实现真正的动态定价以及使用新的销售渠道。订单管理包括管理所有客户订单、简化联运、降低收入完整性校验需求、简化收入核算流程以及管控支付。NDC 没有直接解决产品和订单管理的问题，由 NDC 负责的是数据传输，传输的是内容，内容来自航空公司的产品管理系统。不管是航空分销平台的厂商提供的还是产品管理和订单管理，NDC 可以使航空公司把这些内容从互联网渠道推送出去。通过现有的大数据、云计算各种各样先进的技术辅助，让航空公司有更丰富的内容，把内容呈现给最终用户，以客户为中心，实现产品的差异化和定制化。

NDC 的目标是让航空公司根本上不需要政策的扶持，在订单、价格，时刻等方面实现定制化的服务。有了真正的产品管理，航空公司完全可以抛弃定价、运价的发布机制，完全采取动态定价引擎，根据公司当下的市场条件、市场环境、自己的业务规则，实时地对每一单产品、每一个单击提供的产品做实时的定价、实时的捆绑、实时的解捆绑甚至定制化。

NDC 是制定统一的技术标准，通过提供行业通用的数据交互格式，使航空公司能够应用动态产品分销模式，强化与终端客户、分销商及旅行代理等其他第三方的实时信息交互，在所有销售渠道上根据客户需求智能精准地展示产品，创造便捷的购买体验。

7.5.4　价格策略

价格是市场营销组合中最灵活的因素，它可以对市场做出灵敏的反应。产品价格的合理与否，在很大程度上决定了购买者是否接受这个产品，不仅影响产品和企业的形象，而且决定企业在市场竞争中的地位。

1. 民航运价

民航运价是由政府制定的航空运输产品的价格，包括基准价和在一定浮动范围内的最高价和最低价，即运输旅客、行李或者货物收取的价格和关于其可用性和使用的条件。民航运价按航线而定，以客或千克为基本计算单位，例如，某一批货物的运输量乘以运输距离再乘以相应的运价费率得到该批货物的运价。民航运价按照运输对象可以分为客运运价和货运运价，按照运输航线可以分为国内运价和国际运价。国内运价要受中国民用航空局相关政策法令的约束，由政府运输行政主管部门和物价主管部门直接控制。国际运价要受到各有关当事国政府的双边协定、多边协定和国家公约的约束。对于更多的情况，航空公司通过国际航空运输协会运价协调，采用多边协调运价的方式。国际航空运输协会成员航空公司运用运价协调机制进行多边协调关于其在世界各主要地区内和相互之间的运价以及运价的规则和条件。

民航运价有比较复杂的价格体系。抽象的运输产品是人或物的位移，具体的这个位移有运输货物的种类、客舱等级、批量、距离、方向、时间、速度、所需运输条件和运载工具等具体的区别。这些区别影响到供求关系的平衡和运输能力的利用程度及运输成本，也必然在价格上做出相应的反应。

影响民航运价的因素包括定价目标、企业成本、供求关系、市场竞争以及政府干预和集团管制。我国民航运价制定主要考虑四个方面：与航空公司成本相适应；保持行业有一定的营利能力；适应我国消费者的购买能力和承受能力；减少价格剧烈波动。

2. 运价管理体制改革

1992 年，国务院召开关于研究民航运价管理体制改革问题的会议，确定公布票价及浮动幅度、航空邮件价格由国家物价局管理；折扣票价和省区内航线公布运价以及货运价格由中国民用航空局管理；同时允许航空公司票价可以上下浮动 10%。自 1996 年 3 月 1 日起，根据《中华人民共和国民用航空法》和《中华人民共和国价格法》，国内航空运价管理明确为以中国民用航空总局(2008 年更名为中国民用航空局)为主，会同国家计划委员会(现为国家发展和改革委员会)管理，管理形式为政府指导价；国内货物运价由中国民用航空总局统一管理。1997 年 7 月 1 日起，我国实行境内和境外旅客乘坐国内航班同价政策，即境内、境外旅客在境内购票，统一执行 0.75 元/客公里的票价(称为 B 票价)；在境外购票统一按公布票价 0.94 元/客公里(后称为 A 票价)执行。同年 11 月，中国民用航空总局推出"一种票价、多种折扣"的政策。政府规定基础票价，允许航空公司在规定幅度内自行制定符合一定限制条件的特种票价。2000 年，国内航线推行收入联营，国内部分航线特种运价实行协商报批制，由共飞航空公司协商制订具体方案，报中国民用航空总局审批。2001 年，中国民用航空总局决定，自 3 月 6 日起，在北京—广州、北京—深圳等 7 条多家经营航线上试行多级票价体系；自 5 月 20 日起，在海南联营航线上也试行多级票价体系；自 11 月 5 日起，对国内航线实施"燃油加价"政策，允许航空公司票价最大上浮 15%，单程不超过 150 元。同时建立票价与油价联动机制，当国内航油价格变动 10% 时，允许航空公司票价最多可变动 3%。2002 年，中国民用航空总局决定进一步完善国内航线团体票价政策，自 6 月 10 日起，对国内航线(港、澳航线除外)团体票价试行幅度管理，即团体票价最低折扣率可根据购票时限、航程性质、人数不同而有所区别。

2010 年，中国民用航空局、国家发展和改革委员会发布《关于民航国内航线头等舱、公务舱票价有关问题的通知》，指出自 2010 年 6 月 1 日起，民航国内航线头等舱、公务舱票价实行市场调节价，具体价格由各运输航空公司自行确定。价格种类、水平及适用条件(含头等舱和公务舱的座位数量、与经济舱的差异以及相匹配的设施设备和服务标准等)，提前 30 日通过航空价格信息系统报中国民用航空局和国家发展和改革委员会备案后，向社会公布执行。各运输航空公司应合理确定民航国内航线头等舱、公务舱票价，努力改善经营管理，降低经营成本，为消费者提供质价相符的航空运输服务。

2013 年，中国民用航空局、国家发展和改革委员会发布《关于完善民航国内航空旅客运输价格政策有关问题的通知》，指出对旅客运输票价实行政府指导价的国内航线，均取消票价下浮幅度限制，航空公司可以基准价为基础，在上浮不超过 25%、下浮不限的浮动范围内自主确定票价水平。对部分与地面主要交通运输方式形成竞争，且由两家(含)以上航空公司共同经营的国内航线，旅客运输票价由实行政府指导价改为市场调节价。

2014 年，中国民用航空局、国家发展和改革委员会发布《关于进一步完善民航国内航空运输价格政策有关问题的通知》，指出放开民航国内航线货物运输价格，进一步放开相邻省(直辖市、自治区)之间与地面主要交通运输方式形成竞争的部分短途航线旅客运输票价，由现行政府指导价改为实行市场调节价。航空公司可以根据生产经营成本、市场供求和竞争状况等自主确定具体价格水平。旅客运输票价实行市场调节价的国内航线目录，由中国民用航空局商国家发展和改革委员会根据运输市场竞争状况每年调整、公布。对继续实行政府指导价的国内航线旅客运输票价，由政府审批航线基准票价改为由航空公司按照《民航国内航线旅客运输基准票价定价规则》规定自行制定、调整基准票价。航空公司继续可以基准票价为基础，在上浮不超过 25%、下浮不限的浮动范围内自主确定票价水平。

2015 年，中国民用航空局发布《关于推进民航运输价格和收费机制改革的实施意见》，明确到 2017 年，民航竞争性环节运输价格和收费基本放开。到 2020 年基本完善国内航线客运票价由市场决定的机制。

2016 年，中国民用航空局发布《关于印发实行市场调节价的国内航线目录的通知》，针对国内 1936 条航线实施政府指导价，295 条航线实施市场调节价。

2016 年，中国民用航空局发布《关于深化民航国内航空旅客运输票价改革有关问题的通知》，指出深化民航国内航空旅客运输票价改革，完善主要由市场形成价格的票价机制。800 公里以下航线、800 公里以上与高铁动车组列车形成竞争航线旅客运输票价交由航空公司依法自主制定。

2018 年，中国民用航空局会同国家发展和改革委员会印发《民用航空国内运输市场价格行为规则的通知》，加强民用航空国内运输市场价格管理，规范国内航空运输市场价格行为，维护国内航空运输市场正常价格秩序，保护消费者和经营者合法权益。有关国内运价制定具体内容包括以下几个方面。

(1)航空运输企业制定国内运价，包括制定、调整实行市场调节价的国内运价，以及按照政府规定制定、调整实行政府指导价的国内运价。

(2)实行市场调节价的国内运价，由航空运输企业根据生产经营成本、市场供求和竞争状况，按照规定自主制定实际执行的运价种类、水平和适用条件。

(3)航空运输企业应当按照保持航空运输市场平稳运行的要求，合理确定实行市场调节价的国内运价调整范围、频率和幅度。每家航空运输企业每航季上调实行市场调节价的经济舱旅客无折扣公布运价的航线条数，原则上不得超过本企业上航季运营实行市场调节价航线总数的 15%；上航季运营实行市场调节价航线总数的 15%不足 10 条的，本航季最多可以调整 10 条航线运价。每条航线每航季无折扣公布运价上调幅度累计不超过 10%。

(4)实行政府指导价的经济舱旅客运价，由航空运输企业以按照政府规定办法确定的具体基准价为基础，在上浮不超过政府规定最高幅度、下浮幅度不限的范围内，按照规定确定实际执行的运价种类、水平和使用条件。每航季上调政府指导价的航线不超过 10 条，每条航线每航季无折扣公布运价上调幅度累计不超过 10%。

2020 年，中国民用航空局、国家发展和改革委员会发布《关于进一步深化民航国内航线运输价格改革有关问题的通知》，进一步深化民航国内航线运输价格(以下简称国内运价)市场化改革，扩大市场调节价航线范围。通知指出，3 家以上(含 3 家)航空运输企业参与运营的国内航线，国内运价实行市场调节价，由航空运输企业依法自主制定。航空运输企业应按照《民用航空国内运输市场价格行为规则》的有关规定，合理确定实行市场调节价的国内运价的调整范围、频次和幅度，确保航空运输市场平稳运行。航空运输企业和销售代理企业应严格遵守《中华人民共和国价格法》《中华人民共和国民用航空法》的有关规定，及时、准确、全面地向社会公布实际执行的各种运价种类、水平和适用条件，并同时通过航空价格信息系统抄报中国民用航空局。

由发布的一系列民航运价改革的通知可知，民航国内运价最终改革方向是市场化定价，但要结合我国航空运输业的具体情况，在政府监管措施到位的前提下，稳妥推进具体改革措施，确保航空运输市场健康发展，更好地满足经济社会及广大消费者的需求。

3. 航空公司市场定价的基本原理

运价是从全行业发展的整体水平确定的，以企业运营成本为基础的价格。但在市场经营中，由于每个企业的成本、消费者的支付能力和支付意愿、企业经营目标以及竞争环境等多方面条件的不同，航空公司不可能简单地采用公布票价的基准价进行销售，而必须考虑多种因素，灵活地运用价格策略实施产品的定价。

现阶段航空公司市场定价的基本原理是：航空公司不再完全根据每座位成本制定价格，

而以旅客支付的意愿为定价的基础，用客票购买和使用的限制条件，结合先进的收益管理系统和大量的订座数据，航空公司能够区分时间敏感型和价格敏感型旅客，以优质优价的服务吸引前者，用低廉的价格刺激航空运输需求的增长。与此同时，尽量避免时间敏感型顾客低价旅行，防止价格敏感型顾客挤占高收益旅客的座位。

因此，在定价时，航空公司必须做好以下几方面的工作。

(1)对旅客需求特点进行充分的调查与分析，能够区分时间敏感型旅客和价格敏感型旅客，并能掌握他们的需求规律。

(2)采用先进的收益管理系统，通过大量的历史数据，制定合理的销售价格。

(3)制定客票购买和使用的限制条件，与票价密切关联，尽量避免时间敏感型顾客低价旅行，防止价格敏感型顾客挤占高收益旅客的座位。

(4)灵活地运用价格策略，刺激需求。

4. 价格策略

在各种定价策略理论的基础上，根据航空运输的特点，主要可以采用以下几种价格策略。

1)公布票价

按照民航部门制定的基准价进行销售。这是一种以较高票价进行销售的方式，在需求旺季或者较少竞争的情况下可以采用。

2)折扣票价

根据需求进行各种折扣，折扣方式包括以下几种。

(1)现金折扣：卖方为鼓励买方以现金的方式付款，按原价给予一定折扣。这样航空公司可以避免支付银行的手续费，并且能加快现金周转。

(2)批量折扣：为刺激客户大量购买而给予的一定折扣，如针对旅游团队或者往返程旅客给予的优惠。

(3)功能折扣：指制造商给中间商的折扣。在航空市场，航空公司也会为销售代理人设计一些折扣票价，这种就属于功能折扣。

(4)季节折扣：也称季节差价，航空公司在淡季时往往通过较低的价格刺激需求。

(5)旅客折扣：根据旅客类型不同给予的折扣，如学生票、军人票、儿童票等，都是在基准价的基础上给予适度的折扣。

3)渗透票价

以超低价进行产品的销售，通过此策略，企业可以快速地进行市场渗透，抢占竞争对手的市场资源。渗透定价的条件包括：市场需求对价格极为敏感，低价会刺激市场需求迅速增长；企业的生产成本和经营费用会随着生产经营经验的增加而下降；低价不会引起实际和潜在的竞争。

4)撇脂定价

撇脂定价是指在产品生命周期的最初阶段，把产品的价格定得很高，以攫取最大利润。撇脂定价的条件有以下几个。

(1)市场有足够的购买者，他们的需求缺乏弹性，即使把价格定得很高，市场需求也不会大量减少。

(2)高价使需求减少，但不致抵消高价所带来的利益。

(3)在高价情况下，仍然独家经营，别无竞争者。高价使人们产生这种产品是高档产品的印象。

除了以上定价策略,航空公司还根据旅客需求及支付能力的差异性实施差别定价策略;根据竞争对手的价格实施竞争导向定价策略。在实际的生产运营中,大多数航空公司会采用收益管理系统,进行定价和座位存量控制优化,以获取航班收益的最大化。

7.5.5 促销策略

航空企业的产品、服务、价格等信息需要通过有效沟通才能让消费者了解,并产生购买欲望。这需要航空企业设计促销策略,实现全方位、立体化信息沟通。

1. 民航促销的概念

民航运输市场的促销是指通过人员和非人员的途径,把产品和服务信息传递给消费者,帮助消费者认识民航产品,引起兴趣,导致采取购买行为的一系列活动。促销工作的核心是沟通信息;目的是引起兴趣;促销方式有人员促销和非人员促销。

经典的促销模型为 AIDA (Attention-Interest-Desire-Action) 模型。Attention (关注) 是识别出潜在顾客并引起他们的关注。Interest (兴趣) 是唤起潜在顾客对产品的兴趣。Desire (欲望) 是了解顾客的需求后,工作重点从唤起顾客的兴趣转移到激发顾客购买的欲望。Action (行动) 是说服顾客购买产品或服务。

2. 民航促销内容

民航运输企业进行促销的目的包括促进航空产品的销售、开辟新航线或者进行企业形象的宣传等。因此,航空运输企业促销根据促销的内容可以分为企业形象促销、新产品促销、价格促销和服务促销。

1) 企业形象促销

航空公司企业形象是公司重要的无形资产,利用各种促销策略向消费者传递企业的正面或者特色的形象,加深旅客对航空公司的认知,是企业促销的重要目的。例如,国泰航空公司围绕"亚洲脉搏、亚洲心、亚洲的门户"为主题做过电视广告;海南航空公司曾经做过以"清新之旅"为主题的形象广告,突出海南航空公司的地方特色和服务特色;中国南方航空公司的"十分"关爱基金就是其积极履行社会责任的重要缩影,树立了航空公司回报社会的楷模形象。

2) 新产品促销

航空公司针对新产品进行宣传与促销,包括航空公司新运力、新航线、新服务投入运营的情况,不断强化旅客对航空公司服务、管理创新和自我提升的良好印象,同时提高新产品的市场认可度和销售量。例如,中国南方航空公司是中国唯一一家运营 A380 超大客机的航空公司,公司针对 A380 的运营在官网、各大媒体进行了包括视频、图片、人员推介等多种促销,强化旅客对 A380 是"最大客机,空中巨无霸""最低油耗,绿色飞行器""最新科技,舒适前所未有"等特点的认知,吸引旅客体验飞行,同时强化了中国南方航空公司是中国年客运量最大、运输飞机最多、航线网络最发达、安全星级最高的航空公司的形象。

3) 价格促销

机票价格是航空公司营销活动中最灵活的因素之一,能适应市场需求的变化进行迅速改变,航空公司往往在淡季时会以优惠价格吸引旅客出行,或者在一天淡季的时刻也会降价处理。价格促销是目前航空公司的主要营销手段之一，航空公司通过价格来争夺客源。航空公司也可以针对某一段时期某条航线客座率下降的状况，开展各种形式的会员乘机积分奖励机制，以鼓励会员乘机，提高客座率。全球各类航空公司都有自己的价格促销方案。例如，亚洲航空公司是亚洲最大的低成本航空公司，一年有四次新航季大促销，通常是在每年的 2 月(有时候到 3 月)、5 月、8 月和 11 月，售卖未来半年至一年内的机票。大促销前夕，航空公司会以 0 元票或 1 元票做卖点宣传推广，有新航线推出时，也会有一些小促销。酷航是新加坡航空旗下的低成本航空公司，其一直宣称它们的机票比普通航空公司便宜最多达 40%，并且运营的机型为波音 787。大促销时间一般是每个月月初，每个月第一周的周二会有小促销。旅客经常会在春秋航空公司享受到低价"福利"，价格常有 99 元、199 元、299 元、399 元等"99 系列"特价机票，国内飞往日本的特价机票基本都被春秋航空公司承包(以上海价格最优惠)。大促销时间为每月 9 日的不固定大促销，每月 15 日的日本站大促销，每月 27 日的会员日大促销。

作为全服务航空公司典范的中国南方航空公司会在每月 28 日(会员日)大促销国内其他城市中转广州到国外的机票，有时大促销的价格比低成本航空还便宜，但有更好的服务。中国国际航空公司会在每月 8 日(会员日)进行促销。中国东方航空公司针对从国内其他城市中转上海到国外的机票会有特别优惠，每周不定时促销。

4)服务促销

航空公司会设计以提升服务品质为内容的促销方案。一类是在不提升价格的情况下，让旅客能够享受到更好的飞行服务，这个属于功能型促销，如更多的托运行李、便捷通道、快速登机、舱位优选等。旅客在支付相同费用的同时，航空公司会为旅客提供增值服务，并且与飞行密切相关。另一类是将飞行服务与其他旅行服务打包促销，提升整体旅行品质，可以称为享乐型促销，例如，自由行产品中，包括机票、酒店、租车等旅行必需的项目，整体定价比单一产品价格之和要优惠，从而吸引消费者购买。

研究发现，对于购票经验不丰富的旅客，简单的价格促销作用最大，功能型促销的作用较弱，而对于购票和旅行经验丰富的旅客，功能型促销的效果最佳，而价格促销作用最弱。享乐型促销对两类旅客的影响都处于中等水平。

3. 促销策略组合

促销方式包括人员推销、广告、营业推广、企业赞助、数据库营销等多种方式，并且各种促销方式都有其优缺点，在促销过程中，企业常常将多种促销方式同时使用。根据企业促销目标、产品因素、市场条件和促销预算来设计促销组合策略。

1)人员推销

人员推销是企业运用销售人员直接向顾客推销商品和劳务的一种促销活动。它具有信息传递的双向性、推销目的的双重性、推销过程的灵活性和友好协作的长期性等特点。

推销人员的职责包括：寻找潜在市场；与顾客沟通有关信息；运用各种销售策略，推销产品；提供必要的服务，销售同时还要收集市场、产品的相关信息，并且协调企业与顾客之间的关系。

2)广告促销

广告是广告者有计划地通过媒体传递商品或服务的信息，以促进销售的大众传播手段。

广告是以大众消费者为广告对象的传播活动；以传播商品或服务等有关经济信息为其

内容；通过特定的媒体来实现，并且广告发布者需要向广告媒体支付费用；其目的是提高企业品牌影响力，促进商品的销售，从而获得较好的经济效益。

广告是企业促销的重要手段，通过广告能够：传播产品信息，提高消费者对运输产品的认知程度；突出产品特点，引导消费，刺激需求；有助于提高运输产品信息的生动性，使信息易被感知，增强说服力；有助于树立企业形象，提高企业的凝聚力，广泛吸引人才。

3）新媒体促销

在新媒体兴起之前，人们谈论产品，大多是基于企业告知的内容，消费者对广告信任程度越来越低，相关群体的消费评价成为主要的购买决策依据。消费者对品牌的认知和评估，越来越多地基于多来源、多渠道的信息，其中网络口碑的作用至为关键。新媒体是信息传播的重要手段，新媒体促销是体验式、互动式、参与式营销。

博客/微博促销是一种低成本拓展和主动管理目标客户的全新营销方式，已经成为很多航空公司关注的领域。博客/微博就是企业的窗口，是信息发布的平台，是内容营销策划的阵地，是企业的"自媒体"。因此，如何在短短的140个字中，把企业的相关信息快速有效地传递出去、扩散开来，是博客/微博促销成功的关键。通过与顾客的个性化互动，增加了航空公司与旅客的亲密度，从而大幅提升了顾客忠诚度。这种积极的品牌互动具有强大的功能且成本较低。通过发起互动话题，或回答用户疑难问题，获得的传播和互动效果是重要的策略。因此，航空公司开展博客/微博促销时需注意：博客/微博促销内容切忌全部都是产品推荐的广告，可以增加一些体现公益形象或娱乐元素的内容，以降低用户对博客/微博促销的反感。在进行航线产品或促销活动推荐时，尤其是一些相对重要的产品，应多尝试通过发起话题或回答用户疑问的形式。对用户的疑难或建议，航空公司应积极参与回复讨论，以形成良好的互动交流平台，避免形成一种单向交流。

社交网络类促销是利用社交媒体如社交网站、在线社区和分享照片的网站，或是分享视频的网站等进行企业促销。这些网站在发挥娱乐大众功能的同时，在市场营销、销售、公共关系和客户服务等方面也有重要的商业价值。虽然都是新媒体，微博与社交网络类相比，也有很大的区别。同样是一种互相关注的关系，但其关系却有强弱之分。强关系指的是基于好友的关系链，这样的关系链紧密且可信度高，如社交网络类；而弱关系则是基于博客/微博的兴趣链接，传播速度迅猛、传播半径比较大。新闻性的消息利用弱关系会扩散得更快更广，但是如果上升到情感，在真实的社交网络中，更能激起用户之间的讨论。

目前，微信是中国居民最重要的通信方式和社交方式，微信包括订阅号和服务号，针对已关注的粉丝形成一对多的推送，推送的形式多样，包括文字、语言、图片、视频等，并且基于微信本身庞大的用户基础，传播效果遥遥领先于其他渠道。微信订阅号、公众号之类的公共平台是带有私密性的通信交流方式，可以满足很多国内外知名企业对品牌营销及客户服务的双重需求。例如，航空服务的信息由于受多种因素的影响会出现多变性，航班动态也会相应改变。航空公司可以在微信公众平台上提供用户乘坐航班动态的及时订阅功能，而用户只需关注所乘坐的航班，航空公司则能将该航班的即时信息发送到客户的手机客户端上。航空公司可以采用二维码方式进行公众账号的推广，客户可以直接通过微信上的扫一扫功能对账号进行关注。二维码的推广使用，能够吸引用户，让其成为企业的潜在客户，同时能让潜在客户逐渐变成长期客户。微信支付是微信在绑定快捷支付的银行卡基础上，用户通过手机二维码扫码、微信红包、微信转账等一系列完成快速的支付流程，其在很大程度上加深了各个朋友之间的联系并向用户提供安全、快捷、高效的支付服务。2013 年 1 月 30 日，中国南方航空公司发布第一个微信版本，并在国内首创推出微信值机服务。2013 年 9 月中国南方航空公司开始上线微信支付，支持官网、中国南方航空 APP、中国南方航空公司微信公众号、机场休息室现场扫码等场景支付，支付方便快捷，退款快速。2014 年 8 月 1 日中国南方航空"微客服"正式上线运行，负责维护并管理"中国南方航空(CS95539)"公众号，业务范围包括客票销售、特殊服务申请、会员服务、投诉及建议、票款微信支付等，为广大中国南方航空公司的消费者提供在线人工服务，可支持文字、语音的在线咨询，快速回复客户。2017 年中国南方航空公司推出微信小程序，这是一种不需要下载安装即可使用的应用，可具有中国南方航空 APP 同等功能，它实现了应用"触手可及"的梦想，用户扫一扫或搜一下即可打开应用，也体现了"用完即走"的理念，用户不用关心是否安装太多应用的问题。

网络视频在传播方面有诸多的优势，如实时性、生动性、亲和性、互动性等。网络视频营销就是在网络视频中巧妙地植入广告，或在视频网站进行创意广告征集等方式来进行品牌宣传与推广。网络视频更注重创新与品牌的结合，这种嵌入式宣传既不会让人产生厌恶感，还能塑造出一个品牌的理念与形象。航空公司可以把广告片以及一些有关品牌的元素、新产品信息等放到视频平台上来吸引网民的参与，如向网友征集视频广告短片、对一些新产品进行评价等，这样不仅可以让网友有收入的机会，也是非常好的宣传机会。

直播促销是 5G 时代带来的商业与通信科技结合而产生的电子商务新模式。低延迟、高清画质的特点，让直播离每个人的生活越来越近。通过诱导用户在自己的社交圈进行传播，以一传二、二传四的模式，传播效果呈指数级增长，企业可以在短期内获取大量的用户。直播促销的商业逻辑，就是主播通过线上与客户建立信任关系，把自己做成在线的明星产品货架，在帮助品牌进行推广的同时把自身变成一个品牌渠道。直播促销是电子商务的产物，是企业直接面对客户端的重要工具，对于航空公司这样经营 B2C 业务的企业蕴含了极大商业价值。因为没有任何一种方式，能够比直播更加接近线下实体展示，企业可以在直播间里做各种各样的产品展示、产品介绍和产品对比。直播促销是渠道工具的革新，同时带来的营销的变革。

4. 关系营销

关系营销是把营销活动看成一个企业与消费者、供应商、分销商、竞争者、政府机构及其他公众发生互动作用的过程，其核心是建立和发展与这些公众的良好关系。关系营销的中心就是提高顾客满意度和忠诚度。满意的顾客不仅给企业带来有形的好处，如重复购买该企业产品，还带来无形价值，如宣传企业。民航运输企业开展对顾客的关系营销需要注意以下方面。

(1)注重识别每个市场的关键顾客，通过数据库筛选并找出值得和必须建立关系的顾客，研究确定关键顾客的期望和要求，同时考察每一市场现有的和设想的重点层次。

(2)改善产品或者服务，使其更具吸引力。例如，在登机时识别 VIP 顾客；定时收集顾客的反馈，从顾客意见中学习服务改进方式；制订服务接触计划，在良好的沟通与交流中发现顾客的潜在需要，提高顾客满意度，从而与顾客建立和维持友好的关系。

(3)宣传企业文化，使消费者对公司有更全面的认识。航空公司可以通过建立完善的网站和社交网络普及企业文化、新产品和服务理念。当航空公司与顾客之间建立起一种相互信任的关系后，顾客对品牌的忠实度也会得到提升。

(4)面对企业的现有顾客和潜在顾客成立顾客俱乐部，为其会员提供各种特制服务，实现顾客单位购买量和购买范围的扩张。

(5)为了扩大和不断增值客户关系资源，需要建立与保持客户的长期稳定关系。

航空公司关系营销重要策略就是常旅客计划。常旅客计划是航空公司对经常乘坐本公司航班的旅客实行里程累计促销方式，旅客在获得一定数量点数后，可获取免费机票或其他服务。常旅客计划是通过提供奖励、优惠，吸引老顾客重复购买，以此留住老顾客，培育顾客的忠诚度，或通过收集顾客资料，并通过对资料的分类、整理和分析，形成企业特有的顾客资料，通过交换或销售顾客资源来获得新的利润点；或通过对顾客组织化，在一定范围内形成顾客垄断，避免顾客利益的流出。

常旅客计划最早出现于 20 世纪 70 年代末的美国，由于民航放松管制，各航空公司面临着激烈的竞争，航空公司不得不寻找新的增加顾客忠诚度的方式。因此，美国航空公司(AA)在 1981 年首次建立名为 A Advantage 的常旅客计划，在这之后，各航空公司纷纷效仿。中国航空公司于 20 世纪末纷纷建立起自己的常旅客计划，截至目前，我国的主要常旅客计划包含国航的凤凰知音常旅客计划、南航的明珠常旅客计划、东航的东方万里行常旅客计划、海航的金鹏俱乐部常旅客计划等。

在常旅客计划中，旅客可以享受的服务包括兑换免费机票、购票时指定座位、候机时能进入贵宾室、可在机舱内享受特权、免费升舱、可以享受优先购票、住宿旅游等非航空消费也能积累里程、及时获得与自己相关的公司促销信息、能把里程兑换成非机票的产品如酒店旅游等。其中，旅客最关心的问题是使用常旅客卡可以享受优先购票。同时，里程兑换的多样性很重要，这使顾客在兑换里程时可以选择酒店、旅游等非机票产品。

目前，常旅客计划可以分为里程制常旅客积分计划和货币制常旅客积分计划。里程制常旅客积分计划是传统的常旅客计划，也是当前航空公司常旅客计划普遍采用的方式；里程制常旅客积分计划是消费者搭乘航空公司及其合作伙伴的航班，或在合作伙伴处进行消费，均可按一定规则累积里程。其中，累积里程可分为航空里程和非航空里程。当里程累积到一定数额时，可以得到兑换机票、升舱等奖励。货币制常旅客积分计划采用以票价为基准的积分方案来替代原有以里程为基准的积分方案，可获得的积分等于旅客实际支付的机票金额乘以旅客会员等级对应的累积率。在积分使用规则上，货币制常旅客积分计划与里程制常旅客积分计划也存在很大的区别。

航空公司的常旅客计划通常具备以下功能：会员管理；会员乘机记录；里程政策和奖励；以及其他的辅助信息。常旅客计划还能分析常旅客的成分构成、流向流量等，并考察常旅客的收益状况、评估奖励政策等，以便采取相应的措施，控制航班的舱位构成，有针对性地开展促销活动，吸引更多旅客，创造更大的收益。

随着互联网技术，尤其是移动互联网技术的发展和广泛应用，欧美的航空公司，特别是低成本航空公司开始引入了货币制常旅客积分计划。与里程制常旅客积分计划相比，货币型常旅客积分计划，能够更好地激励旅客购买本公司机票，提高旅客的忠诚度。

思考练习题

7-1 航空运输市场营销的作用是什么?

7-2 请分析长途旅行市场的航空旅客需求特点。

7-3 航空公司采用差异性市场营销策略有哪些优越性?

7-4 请分析航空公司运力销售的特点。

7-5 航空公司采取差别定价的策略,使得支付更高票价的公商务旅客和支付低票价的休闲旅客获得了相同的产品,请分析差别定价策略满足了两类旅客哪些需求。

7-6 请分析我国航空运输市场销售渠道策略的发展趋势。

第 8 章 航空运输经济

航空运输是五种交通运输方式中的一种，如何有效地在航空运输和其他经济活动之间分配资源，以及如何有效地利用已经分配给航空运输部门的资源，经济学的理论和方法应用是关键。本章将重点讲解航空运输经济的相关知识，以及如何以经济学的理论和方法解决航空运输问题。

8.1 航空运输经济概述

8.1.1 航空运输经济的概念

1. 航空运输经济学的含义

为了了解航空运输经济学的内涵，首先介绍经济学以及运输经济学。

什么是经济学？经济学研究的对象是"供给与需求"，经济学是一门研究供给与需求的特性，以及它们之间的矛盾运动和平衡规律的科学，并且研究促进需求增长的动力。

什么是运输经济学？运输经济学是研究交通运输行业的供给和需求的学问，主要研究的对象是运输产品及其供给和需求的平衡问题，并且研究促进运输增长的动力是什么。

什么是航空运输经济学？航空运输经济学是运输经济学的一个分支，它主要提供解决航空运输经济问题的理论和方法。

2. 运输产品的特点

运输活动不同于其他生产经济活动，运输产品非常独特，因此我们首先需要了解什么是运输产品及其特点。

人和物的空间移动就是运输产品。人们购买运输产品就是实现空间的移动。空间移动的速度(或花费的时间)、安全性、便捷程度和途中服务表征着运输产品的质量。

运输产品是一种特殊的服务产品，生产和消费是同一过程，它具有以下特点。

(1)无形性。运输产品不是物理的，没有形状，看不见，摸不着。

(2)不可存储性。运输产品的生产过程就是消费过程，生产完了，就消费完了，不能存储。

(3)易腐性。运输产品不能存储，如果运输产品没有销售掉，它仍将被生产，但不能产生价值，生产结束了，它也"烂掉了"。

(4)质量的不可预先体验性。因为运输产品的生产和消费是同一过程，旅客或物主不能在运输产品消费前进行体验，消费结束后才知道运输产品质量的优劣，如果感觉质量不好，通常只有以下几种方式处理：投诉或抱怨、获得适当补偿，不能退换。

运输产品的以上特性决定了它的经济特性。

完成运输过程的供给是由载运工具(飞机、汽车、火车等)的载运能力决定的，载运工具的载运能力又称为运力，不但与载运工具的规模有关，还与载运工具的运行速度有关。载运工具的运力越大，产能越大，供给越大。

　　图 8.1 是 2016 年需求-运力波动曲线，供给相对固定，但需求变化较大。载运工具不能在短时间内获得或者处理掉，因此运输供给在一段时间内是固定的，但需求是随机变量，可以随着季节而变化，一周中每天的需求不同，一天中每小时的需求也不同。由于运输产品不能存储，如何保持供需平衡是运输经济学需要研究的问题。

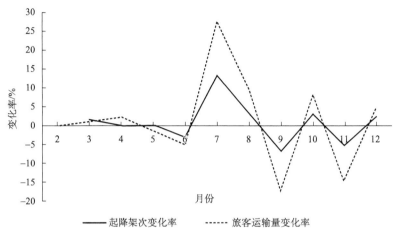

图 8.1　2016 年需求-运力波动曲线

3. 运输供给的研究

研究运输供给，就要研究运力，包括研究运输供给的影响因素和交通供给的影响因素。

1) 运输供给的影响因素

　　影响运输供给的因素较多，如经济发展水平、航空运价、生产技术、生产要素的价格（即运输成本）、运输政策等。其中，经济发展水平是总体上影响运输供给的决定性因素，如图 8.2 所示，运力与经济发展呈正相关性。

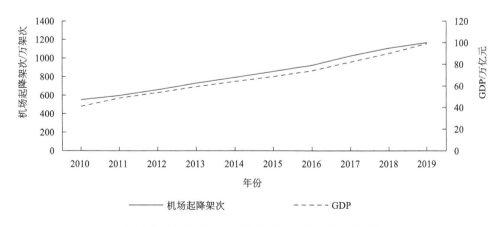

图 8.2　2010～2019 年运力与经济发展的关系曲线

2) 交通供给的影响因素

　　交通与运输不同，运输的供给主要由运力决定，交通的供给则由基础设施（如机场、火车站等）的通行能力体现。基础设施的通行能力称为容量，影响交通基础设施容量（供给）

的因素有基础设施的技术水平、基础设施的规模、交通规范、交通流速度、交通流密度和交通管理水平。

4. 运输需求的研究

研究运输需求的问题包括运输需求产生的原因、运输需求的特征及细分市场、运输需求的影响因素、运输需求预测、运输需求的价格弹性分析、需求与收入的关系、需求与供给的相互作用。

运输企业通过提供"供给"产生成本，依靠获得"需求"产生收入。经济学在运输企业的应用就是研究如何通过控制供需平衡，实现盈利。

航空运输正逐步从高端消费群体走向普通百姓，对航空运输需求有影响的因素较多，如当地社会环境、经济结构及经济发展水平、以及个人可支配收入、运价水平的高低、替代品、供给等。如图 8.3 所示，世界国内生产总值(GDP)的年增长率和客公里(RPK)的年增长率有着高度相关性。

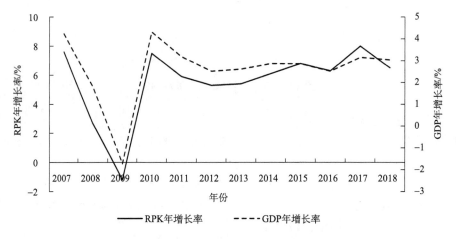

图 8.3　2007~2018 年世界 GDP 与 RPK 的年均变化图

如表 8.1 所示，如果某航空公司一条航线的票价提高，旅客需求量会转移到其他未提高票价的竞争航空公司的航线，该航空公司的市场占有率降低；相反，如果航空公司的航线票价降低，也会吸引更多的运输需求，提高其市场占有率。

表 8.1　旅客需求量随运价水平高低的变化

某航空公司纽约-洛杉矶往返票价/美元	旅客需求量	旅客需求量(其他竞争者提高票价时)
200	735	960
500	690	915
1000	615	840
2000	465	690
3000	315	540
5000	15	240

本节主要介绍了涉及航空运输经济中的一些基本概念，以及运输供给与运输需求的影

响因素的分析。

8.1.2　航空运输供给与需求

1. 航空运输需求的概念

航空运输需求是指消费者愿意且能够购买的航空运输产品和服务质量。它和航空运输需要有着密切的联系，但并不等同于航空运输需要。航空运输需求包括两个方面的内涵：一是消费者需要航空运输产品和服务；二是消费者有支付能力。

就运输对象来看，航空运输需求可以分为旅客运输需求和货物运输需求。就运输范围来看，航空运输需求可以分为国内运输需求和国际运输需求。

2. 航空运输需求的特点

(1)派生性。运输需求是一种派生性需求。旅客乘坐交通工具并不是其最终目的，而是通过乘坐交通工具实现空间位移的改变，最终满足其工作、学习、探亲、访友或其他目的的需要，很少有人仅仅为了体验乘坐交通工具而产生运输需求。

(2)广泛性与多样性。运输需求的种类繁多，在旅客运输需求中，由于旅客的旅行目的、年龄、收入水平、职业等不同而形成不同的客运需求，如旅客的旅游运输需求、通勤运输需求等；在货运需求中，由于货物的种类、需要运送的目的地和距离、对事件的要求不同，形成了不同的运输需求，如普通货物运输需求、特种货物运输需求(包括贵重物品、危险货物、鲜活易腐货物)、长途运输需求、短途运输需求、快运市场需求等。

(3)波动性。运输需求的波动性是指运输需求在一定时期内，所呈现的时间分布和空间分布的不均衡性。例如，运输需求存在淡季和旺季之分，运输需求量在某一市场中存在来回程不均衡性等特点。

如表 8.2 所示，2016 年我国月度旅客运输量的高峰客流主要出现在 8 月份，此时正值旅游旺季，民航需求急剧增加，运输人数达到峰值 4641.84 万人，而在 1 月份则跌至 3736.6 万人，这是典型的节假日因素造成的需求波动。

表 8.2　季节性问题——2016 年我国旅客运输量最值表

年份	最多旅客月份及旅客数/万人		最少旅客月份及旅客数/万人		增长率
2016 年	8 月	4641.84	1 月	3736.6	+124%

数据来源：根据《2017 年中国民航统计年鉴》公布的数据整理所得。

同旅客运输一样，航空货物运输也在时间上存在一定波动性，根据所在城市的航空货物属性，航空货物在时间上存在周期性和季节性。但是，不同于航空客运市场的波动规律性，货运市场的波动性一般很难找到一个通用的规律，各个地方的货运波动性不一，一般取决于某地土特产的丰收期或某类货物的需求高峰期。

运输需求的另一个特点是在很多航线上存在方向不均衡性，在一个方向上的需求高峰期可能是反方向上的非需求高峰期。这种不均衡性通常是由航线两端市场体制不一样引起的，如每年节假日的时间。这些方向不均衡性在一些长航线上特别明显，如北美和欧洲之间的航线或者欧洲到澳大利亚的航线。

在较长时期内，不同年份的运输需求会呈现出周期性波动，这种周期性波动主要是由宏观经济的周期性波动引起的。因此，正确把握运输需求的波动性这一特征，对分析和预测运输需求的变化有着十分重要的作用。

(4)不对称性。这是航空货物运输需求最大的特点，也是与旅客运输最大的不同之处。货物与旅客运输不同，货物是单向运输，而旅客一般是双向运输，所以在一条航线的两端很有可能出现截然不同的货物运输需求，这主要取决于两端城市的经济发展水平以及主要出口货物的属性。例如，深圳至成都航线往返程货运量的差异比较大，每一年从深圳运往成都的货物都比运回深圳的货物多 30%以上。

(5)替代性。替代性指其他运输方式替代航空运输。不同的运输需求在不同运输方式之间是可以相互代替的，民航运输需求的可替代性指空间的位移可通过其他途径完全实现，如被高速铁路和公路替代；另外，也指民航运输需求可能因新技术的出现而消失，如商务客流可能因网络及可视电话系统的出现而减少。

3. 航空运输供给的概念

供给是与需求相对称的概念。需求是对消费者而言，供给是对生产者而言。航空运输供给是指在给定的时间和给定的市场中航空运输企业愿意且能够售出的航空运输服务量。这个定义包括两个方面的内涵：一是生产者有销售航空运输服务的愿望；二是生产者有提供航空运输服务的能力。如果运输生产者不愿意销售航空运输服务，或者没有生产能力提供航空运输服务，则都不能构成航空运输市场供给。

航空运输供给包括以下两个方面的内容。

(1)航班运力。航班运力一般用来表示运输供给的能力大小，通常用航班可以服务的吨公里人数表示。旅客运输的航班运力乘以平均客座率就是市场上的航空旅客运输需求，而货物运输由于一定程度上依赖客机腹舱进行运输，运力供给上受到一定限制。

(2)航线网络布局。航线网络布局一般用来表示航空运输的供给分布情况。航线网络不仅能够表示基础设施的分布状况，还能够从一定程度上反映出需求的分布情况。旅客运输的航线网络布局和货物运输的航线网络布局存在很大的差异。旅客运输网络推荐多中转，一般采用枢纽结构，集中地方需求发挥规模经济性；而货物运输追求快速和安全，要求少中转或直达，一般采用点对点式。

4. 航空运输供给的特点

航空运输需求具有季节性。为了适应季节性，航空公司需要在既有航线上扩大运输能力，或者有空闲的可用容量来执行更多的航班。虽然航空公司由于执行季节性时刻表增加的成本可以通过增加的收益得到弥补，但是航空公司由于供应刚性的原因很难在短期内调整供应。这种在供应上的刚性限制了航空公司有效地平衡供需的能力。

一般地，航空公司需要至少提前 6 个月制定时刻表，接受提前一年的预定，因此航空公司必须遵守制定的时刻表或者面临重新制定时刻表的相关费用；并且，与时刻表无关的固定成本，如在枢纽机场基础设施的投入，以及飞机租赁、劳动合同的支付，使航空公司不适合在短期内减少其能力。

需求的季节性与供应刚性之间的矛盾是大多数航空公司，尤其是运营枢纽辐射式网络的航空公司必须面临的一个问题，而其他运营非枢纽网络的航空公司，如美国西南航空公司，在供给上的灵活性相对较大。

(1)不可存储性。航空运输提供的产品是旅客或货物的空间位移，产品具有无形性，生产与消费同时进行，因此具有不可存储的特点。

(2)供给的整体性和稳定性。运输供给的整体性是指运输基础设施与运载设备、运载工具的能力相互匹配，运输线路、机场、港口、车站等基础设施的建设必须统一规划、相互配套，共同形成生产能力，形成不可分割的整体。航空运输的供给(定期航班)是根据航班计划进行安排的，即使在特定时期会临时增加或减少运力，但在一个航季内，运力的供给具有相对稳定性。

(3)部分可替代性。运输供给是多种运输方式和多个运输企业的生产能力共同构成的。由于每种方式都可以实现旅客或货物的空间位移，各种运输方式之间存在一定的可替代性，尤其是同一方向、具有相似运输质量的方式之间。

同时，由于运输产品在时间、运输方向、运输距离等特征上存在差异，以及旅客、货主对运输产品服务的经济性、便捷性、速度等质量的要求不同，不同运输方式间或同一运输方式中不同运输企业间运输产品的替代性受到限制，运输供给形成一定程度的垄断。因此，运输供给的替代性和不可替代性是同时存在的，运输市场的供给之间既存竞争也存在垄断。

(4)供给的外部性。如果某人或企业从事经济活动时给其他个体或社会带来危害或利益，而它们并未因此支付相应的成本或得到相应的报酬，经济学将这种现象称为存在外部性。航空运输无疑会带来很大的外部性，既有正外部性——临空经济的拉动等，又有负外部性——环境污染和交通问题等。这些将在航空运输外部性中进行具体分析。

(5)运输供求的平衡难以控制。航空运输需求具有很强的波动性，因此在一定时期内相对稳定的运输生产能力很难与运输需求完全匹配，导致运输供给与需求的不均衡，相应地造成航空运输企业均衡生产和服务质量控制的困难。

8.1.3　航空运输的经济性特点

航空网络经济特点

航空运输业拥有一个空间分布的航线网络，航空公司向旅客提供的是航线节点之间的网络服务。航空运输的本质是向旅客提供起讫点对之间的空间位移服务，旅客的出发地和目的地城市的机场构成网络上的节点，节点之间通过航线连接，空中管制系统和导航系统是支撑航线网络运营的基础。因此，航空运输业属于网络型基础产业。下面将具体分析航空运输业的经济性特点。

1. 航空运输业的规模经济性

什么是航空运输业的规模经济性？随着生产规模的扩大，单位运输产品的平均成本递减而实现的规模收益递增现象。航空运输的规模经济主要是通过运输密度经济(Economies of Traffic Density)和部分幅员经济(Economies of Size)实现的。

航空运输业的密度经济是指在现有航线网络规模下，运输服务的增加使单位成本下降的现象。航空运输业的幅员经济是指在航线网络上的运输密度保持不变的条件下，与运输幅员同比例扩大的运输总产出引起平均成本不断下降的现象。

航空运输的规模经济主要体现在以下几个方面。

(1)航班频率密度经济：航空公司在某航线上随着航班频率的提高，单位成本下降的现象。例如，某航线上，原先一周只有一个航班往返，现在增加一个航班往返，那么对于频率增加后的成本，飞行成本可能增加了 1 倍，然而由于两个航班可以共用机组、共用管理资源、共用设备、共同承担飞机折旧等，间接运营成本和直接运营成本中的维修以及折旧费用的增长小于 1 倍。所以，对于每个航班，平均成本是下降的，形成了航班频率的密度经济性。

(2)飞行距离幅员经济：随着飞行距离的延长，平均运输成本是不断下降的。产生这种现象的主要原因在于飞机爬升阶段油耗的比例很大，而巡航的油耗比例较小，所以只要起降次数不增加，只延长飞行距离，平均飞行成本是下降的。

另外，还有如机场容量密度经济、飞机容量密度经济、维修管理规模经济等，在后面的专业课中都有详细介绍。

2. 航空运输业的范围经济性

范围经济是指单个企业的联合产出超过两个各自生产一种产品的企业所能达到的产量。范围经济可能是投入要素或生产设备的联合运用、联合市场计划等能降低成本的共同管理因素造成的。

对航空公司而言，在现有网络或枢纽辐射式网络中增加一条新航线的成本比一家新的航空公司提供同样航线服务的成本要低。

航空公司在不同航线上提供的运输服务是不同的产品，而相互衔接的航班可以看作联合产品。对航班这一产品而言主要的投入设备是飞机，飞机利用率越高，对航空公司越有利。如果相互衔接的航班是由同一家航空公司经营，那么在时刻允许的情况下，同一家航空公司的同一架飞机就可以执行相互衔接的数个航班，其耗费的成本要远低于数个单独的航班分别运营的情形，从而提高生产效率，减少资源浪费，符合范围经济的特征。

对航空公司来说，在承运旅客的同时还要承运一部分货物，这样在一架飞机上同时运送旅客与货物的运输成本要低于使用两架飞机分别运送旅客和货物的成本，这也正是范围经济在起作用。

航空运输还有一个特别的现象也属于范围经济性，就是航空公司之间的代码共享。代码共享是指一家航空公司的航班号(即代码)可以用在另一家航空公司的航班上，即旅客在全程旅行中有一段航程或全程航程是乘坐出票航空公司航班号但由非出票航空公司承运的航班。代码共享的实质是 A 航空公司认为该条航线产品自己生产的成本过高，而考虑到幅员范围经济性，开设该航线会获得很大的效益；而 B 航空公司可能因自身航线产品的相关性，飞这条航线的增量成本较低，同时生产自己原先的航线产品和现在 A 航空公司共享的航线成本可能要低于双方共同生产的总成本，所以同时具备范围经济性，于是双方便达成协议，同时满足双方的利益。

3. 航空运输业的网络经济性

航空运输业的网络经济性可以理解为规模经济和范围经济的共同作用，运输总产出扩大引起平均运输成本不断下降的现象，并体现为其航线的密度经济和幅员经济。实现航空运输业的网络经济性，一方面可以合并不同方向的不同运输量，以便充分利用机场设施和飞机的载运能力(后者包括利用更经济的大型飞机和提高载运率)；另一方面增加航线和航点，扩大航线网络幅员范围。

在国际航空运输市场，一个航空公司或某一航空枢纽不可能与所有的城市建立直接的运输联系。但是，由于航空运输的网络经济效应，通过中转运输，可以使某一城市与其他所有的城市建立间接联系，并且在密度经济的作用下，这种中转运输也可能十分便利。

4. 航空运输的其他经济性特点

(1)天气将影响机场和空域的容量，因此影响交通生产能力，导致航空公司不能有效使用飞机，进而影响航空运输的供给。

(2)机场时刻一般是无偿分配的，但机场的时刻实际上是有价值的资源，如果不进行一定程度的政府管制，将导致时刻资源的低效使用。

(3)航空运输是国际性的行业，涉及国家空域、主权、外交等问题，航空运输需求受到国际政治、经济和金融形势的影响较大。因此，对于航空运输，政府管制起着重要作用。

本节主要介绍了航空运输的规模经济性、范围经济性、密度经济性和幅员经济性，并列举了经济性的具体体现。

8.2　航空运输收入和成本

8.2.1　航空公司收入和成本分类

1. 航空公司收入

航空公司的收入分为航空业务收入和非航空业务收入。

航空业务收入的主要来源是机票销售收入；非航空业务收入的来源包括广告、旅游、酒店、餐饮甚至金融等，例如，航空食品、为其他航空公司提供的代理等产生的收入，也称为辅助业务。

2016 年全球靠辅助业务盈利最多的 10 家航空公司如图 8.4 所示，美联航是辅助业务收入最高的公司，但这部分收入只占到其总营收的 17%。而辅助业务收入占比最高的 10 家航空公司都是廉价航空公司。排名第一的美国廉价航空公司——精神航空(Spirit Airlines) 46.4%的收入都来自机票以外的费用。

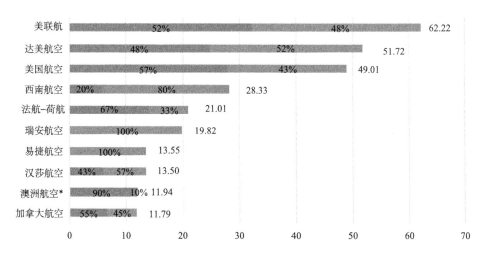

注：瑞安航空、易捷航空、澳洲航空部分数据未透露，*不包括其全资子公司捷星航空

图 8.4　2016 年全球靠辅助业务盈利最多的 10 家航空公司(数据来自 IdeaWorks 研究机构公布的报告)

在国内也是如此，廉价航空公司都是以低票价为卖点，但很多乘客都不得不为了改善体验而花钱。例如，廉价航空公司需要乘客为行李托运和提前选座而单独交费。

目前国内许多廉价航空公司也都是按照这个路线走的，例如，春秋航空、九元航空纷纷用低价格机票吸引旅客，但是包括行李餐食等服务都需要旅客付费，从而获得高额的辅助业务收入。

本节主要介绍了航空公司的运输成本和收入，分别对直接运营成本和间接运营成本中的重要组成部分进行讨论，并且从航空公司客票收入与运营成本对比分析发现航空公司的边际利润非常低。

2. 航空公司成本

从航空公司整体运营的角度分析，国内外航空公司常用的运营成本分类方法是将其分为直接运营成本和间接运营成本两大类。

直接运营成本也称为航班飞行运营成本，通常与飞行小时相关，同时包括维修成本以及维修管理成本的分摊，它是航空公司在执行航空运输业务过程中可以直接计入某一具体航班的成本。

间接运营成本由两部分组成：一部分是与地面运营服务有关的地面运营成本，包括在机场为旅客和飞机提供服务而发生的成本，如订座、出票等服务发生的成本；另一部分是除了地面运营成本之外的其他间接运营成本，是与总体投入相关的先期投入成本。

航空公司运营成本的传统分类如表 8.3 所示。

表 8.3　航空公司运营成本的传统分类

直接运营成本		间接运营成本	
飞行成本	机组成本 燃油费用 机场收费和航路费 飞机保险费用 航班设备/机组租赁费用	场站和地面支出	地勤员工 建筑、设备和运输 支付给其他人的处理费用
维修检查	工程人员成本 备件消耗 维修管理(可以是间接运营成本)	旅客服务	舱内机组人员工资和费用(可以为直接运营成本) 其他旅客服务成本 旅客保险
折旧与分摊	飞行设备 地面设备和资产(可以是间接运营成本) 额外折旧(不只是历史成本折旧) 发展成本和员工培训分摊	票务、销售和推销	一般管理
		其他运营成本	

直接运营成本中比较重要的是飞行成本、维修检查及折旧与分摊，下面分别解释这几项成本。

(1)飞行成本。在直接运营成本中飞行成本是最大的支出，而航班机组成本及燃油费用在飞行成本中又占据着较大比例。

(2)维修检查。直接运营成本中的第二大项成本是飞机维修成本，可以分为工时费用和材料费用，也就是劳动力成本和配件消耗成本。飞机维修成本按照维修活动类型可以分为航线维护、C 检、D 检和零部件维修成本。

(3)折旧与分摊。飞行设备折旧也是直接运营成本的一部分，因为这部分费用直接与飞机相关。航空公司一般倾向用一个固定时间长度，留有0～15%的残值进行直线折旧。

目前各种飞机机型的使用年限一般在25～30年，但是飞机的使用寿命或折旧年限一般在10年或10年以上，机龄超过10年的飞机无论维修成本还是安全因素方面都会给航空公司带来一定的压力，这类飞机被称为"老飞机"。大型航空公司都倾向于使用年轻的飞机，而向一些没有能力购置新飞机的小型航空公司以出租、出售等各种方式处理掉这些"老飞机"。航空公司如果选择的折旧期较短，那么年折旧成本就会增加。

上面是对直接运营成本中支出比例比较大的几项进行了介绍，而间接运营成本主要涉及场站和地面支出、旅客服务以及票务、销售和推销等费用。

(1)场站和地面支出。该成本是在机场为航空公司提供服务的成本。例如，航空公司在机场进行飞机、旅客或货物处理、服务人员的工资和支出。尤其是在航空公司的基地机场，该支出所占比例较大。

(2)旅客服务。最大的一部分来自服务旅客产生的费用；另一部分是直接与旅客相关的费用，如经停旅客住宿成本、安抚旅客的饮食成本和延误或取消航班成本。

(3)票务、销售和推销。这部分成本包括与票务员工、促销活动相关的开支、工资和津贴等，还包括为销售机票支付给旅行社的佣金或费用。

3. 成本与收入计量指标

在运输领域的两个重要统计指标是货运发送吨数和客运发送人数。但是，如果仅仅使用吨数和人数这两个指标，无法反映出运输活动中一个重要的因素——运输距离。因此，为了从货物的重量和运输的距离两个角度把握货物运输量，我们常用的是周转量指标。

在货运中的复合指标吨公里(Ton-Kilometer)是所运货物吨数与运输距离的乘积；在客运中的复合指标客公里(Revenue Passenger Kilometer，RPK)是所运的人数与运输距离的乘积；座公里(Available Seat Kilometer，ASK)是座位数与运输距离的乘积。座公里又称可用座公里，就是指将一个座位运送一公里，可以看成航空公司生产的产品，是衡量航空运输物理产出的一个重要指标。实际上，座公里(ASK)反映生产情况，客公里(RPK)反映销售情况。

载运率(Load Factor)是反映航空客运公司运营效率的指标，是客公里和座公里的比值，即

$$载运率=RPK/ASK$$

反映航空公司运输成本的指标常用的是座公里成本(Cost per Available Seat Kilometer，CASK)，即

$$座公里成本=总成本\Big/\Big(\sum 座位数×航程\Big)$$

反映航空公司收入的指标常用的是座公里收入(Revenue per Available Seat Kilometer，RASK)，是指航空公司1个座位飞行1公里带来的收入，反映平均票价水平，对营利影响重大，即

$$航空公司的利润=收入–成本$$

4. 航空公司的成本特性

航空公司的成本会受到很多方面的影响，主要有以下方面。

（1）机型与每座成本的关系：小飞机的每座成本要高于大飞机的每座成本。因为随着飞机上座位数量的增多，成本的增加并不是成比例的。

（2）飞行距离与每公里平均成本的关系：随着飞行距离的增加，每公里平均成本呈下降趋势，这就是之前提到的飞行距离幅员经济。

（3）客座利用率与每客成本的关系：随着航班客座率的提高，每客平均成本会降低，这样可使票价维持在具有竞争性较低的水平。但是，如果一味保持高客座率，就会有很多旅客因无座而无法出行，因此失去获得收入的机会；同时高客座率意味着航班上由于拥挤而出现的旅行质量下降。从长远看，航空公司的决策准则应该是利润最大化，而不是收入最高或成本最低。

5. 航空公司客票收入与运营成本的对比分析

我们可以用美国一家航空公司的一年数据测算出，一个航班卖出座位数的客票收入如何抵消运营成本中不同类别的成本，如图 8.5 所示。

假设航班上有 100 名乘客，也就是有 100 个座位收入。测算出其中 29 个座位的收入可以支付该航班的燃油费用；20 个座位的收入可以支付机组人员的工资；16 个座位的收入可以支付飞机的折旧费用；14 个座位的收入可以支付政府费用及税收；11 个座位的收入可以支付维修费用；9 个座位的收入可以支付其他费用（无法归依到某一类别成本中）；最后，仅剩下 1 个座位的收入才是该航班运行的利润。从这个例子的分析可以看出，燃油费用和航班机组成本是运营成本中最大的支出。根据当时选取的数据，每位旅客平均支付 146 美元的国内单程机票和 18 美元的附加费，因此每个航班的营利空间十分有限，同时航空公司的边际利润非常低。

8.2.2　航空运输定价

本节具体介绍航空运输的定价方式和航空公司的收益管理。

航空运输定价方式

1. 航空运输的定价方式

市场销售部门需要着力解决的问题就是如何提高航班收入，因此如何进行航空运输定价是决定航空业务收入的重要内容。

（1）平均成本定价：如果用平均成本进行航空运输定价，则比较高，是各种运输方式运价最高的一种，一般是汽车/火车票价的 2～4 倍，因此航空运输将在与公路和铁路交通的竞争中处于劣势。

（2）边际成本定价：如果采用机会成本或边际成本定价，由于航空公司的变动成本小，则票价比较低，航班运行将不能实现盈利。

（3）差别定价：现在航空公司的收益管理一般是采用差别定价，也称为"多等级票价体系"。航空公司为了更有效地吸引各类旅客购买，通常会将某一个航班的座位分成若干个子舱位，每个子舱位分配一定数量的座位，不同的子舱位在公布票价的基础上给予不同的折扣。

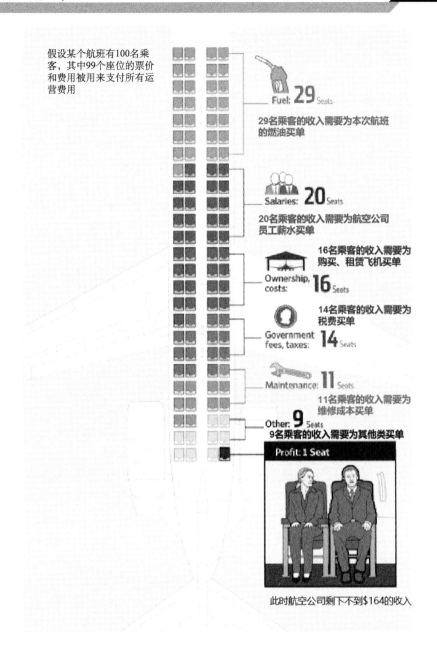

图 8.5　航空公司运营成本分析

(数据分析来源：美国合众国航空公司)

2. 航空公司的差别定价

寻找最低的飞机票价可能是一件使人眼花缭乱的事。任何一天，都可找到上万种不同的票价。以有 150 个座位的飞机在美国两个城市之间的飞行为例进行说明，一个座位有 30 种不同的票价也不是少见的。有时这些价格差别至少部分反映服务质量上的差别。例如，头等舱旅客有更多的伸腿空间和更丰盛的餐食。但有时，同样的旅行经历却付出了不同的价格。例如，从上海到北京，"正常的"普通舱票价为 1000 元，但航空公司的促销票价有时只有 400 元，所接受的服务水平是完全相同的。

　　航空公司的差别定价，就是根据不同顾客的不同价格弹性进行定价。一般来说，公务旅客的价格弹性较小，因为他们必须满足供应商和顾客对具体时间与地点的要求。通常这种旅行一接到通知马上就要动身。航空公司利用这种情况向他们要高价，不要求他们必须提前购买。相比之下，假期旅行者可以在许多目的地之间进行选择(包括不坐飞机旅行)且在很久前就预先做好计划。由于这些自由旅行者自行做主的旅行需求对价格变化很敏感，如果旅客能提前 7~30 天买票，航空公司对有些机票就可以定低价。

　　收入管理策略的市场营销部分是确定有多少低价座位可供出售。虽然要求航空公司至少留出一些座位按促销价出售，但在确定每个航班上应准确分配多少，仍有很大决策余地。经常客满的航班不应有很多低价座位，而对那些经常负荷不足的航班，航空公司应当多提供一些这样的座位以吸引更多旅客。确定最有利的票价组合是航空公司的一项复杂而又经常性的工作。公司利用最新的资料，不断评价和改变票价的最优组合，例如，一名潜在的旅客有可能在星期二打电话给旅行社，被告知某个航班没有促销票价；但另一名旅客在星期三打电话给旅行社却买到了同一航班的低价票。

　　虽然航空公司确定票价的做法很像差别价格，但这里也考虑了其他因素。许多低价机票有许多规定限制，如规定要在两星期以前订票，又规定必须在目的地度过一个甚至两个周末等，并且不能退票。正常的二等舱票价就没有这些限制，因此有人认为这些票代表了不同的服务水平，正常票的较高票价反映了这种票能给顾客更多的方便。

　　3. 航空公司对旅客市场的划分

　　在民航客票的差别定价中，航空公司将潜在的旅客划分为两种类型(相当于将客票销售分割成两个市场)。一类是因公出差人员、私企公司高级职员等。他们对乘机时间要求较高，对票价不计较。因此，对他们可收取相对较高的票价，而在时间上给予优惠，允许他们提前一天订票。另一类是收入较低的旅行人员、淡季出游者等。这部分人群对时间要求不高，但在乎票价。对于他们，在票价上可相对较低，而在时间上要求对航空公司有利。这样，可以充分利用民航的闲置客运能力，增加公司收益。若不进行市场分割，实行单一的较高票价，就会把这部分潜在的消费者推出客运市场，公司的闲置客运能力便不能产生效益，这对公司是不利的。美国航空公司一名主管价格和航班计划的副总裁曾说过："当某人愿意付 400 美元时你不会以 69 美元卖给他一个座位。"与此同时，航空公司是愿意以 69 美元卖掉一个座位而不愿让它空着。

　　由于乘机旅客的身份和出行目的的不同，各种旅客对票价的承受能力是不同的，所以可以将旅客划分成不同等级。通常可以将旅客市场分为 4 类，①对时间敏感而对价格不敏感的旅客；②对时间和价格均敏感的旅客；③对价格敏感而对时间不敏感的旅客；④对时间和价格均不敏感的旅客。

　　4. 航空公司的收入来源

　　航空公司的收入主要来源于机票销售。从表面上看提高收入的方法有两种途径：一种是提高票价；另一种是增加销售。实则不然，提高票价可能减少旅客数量，增加销售需要购置飞机可能加大成本，所以此方法不一定是明智之举。

　　收益管理技术应运而生，它根据旅客不同的类别，可设计差异化的产品满足其需要，实现将合适的产品在合适的时间销售给合适的旅客，从而实现航班座位收益最大化，采用的方法是收益管理，它是一门产品销售精确控制的科学。学习收益管理方法，可以掌握旅客划分的技术、各类产品需求预测的技术、各种差异化产品定价的技术、各种产品销售总量控制技术以及航班座位量在各种产品中分配的技术。

本节主要介绍了航空公司的收入与成本特性，重点提及航空公司的差别定价、相应的旅客市场划分以及收益管理基础。

8.2.3 机场收入与成本

本节讨论机场收入和运行成本问题，将回答以下问题：机场的成本来自哪里？机场的收入来自哪里？机场能否实现盈利？

1. 机场的收入

机场的收入主要来自航空主业收入和非航空主业收入。

航空主业收入包括起降费、靠桥费、房产及设备租用费、旅客服务费、航空业务代理费、航空食品、航油(可能有)服务费等。机场主业收入根据中国民用航空局规定的收费标准向航空公司收费获得。小机场为了吸引航空公司开辟本机场的航线，可采用收费优惠政策，降低收费标准。这种做法是一种"薄利多销"的策略，有利于小机场的发展。

货运服务是机场的另一项主营业务收入，主要来源是货站和场面运输，以及货机停靠费等。货站又称货运航站楼，是货物分拣、包装、装箱、安检、临时存储、货物发送等进行货物处理的地方，通常可以统一规划、另行投资建设。货站投资较大，可以合资经营。

非航空主业收入包括广告、特许经营、房地产、旅游、地面交通、酒店、投资等。具体分类如图 8.6 所示。

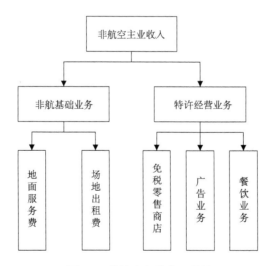

图 8.6 非航空主业收入结构

机场规模越大，主营业务越大，非航空主业越能做大。大型机场的非主营业务收入甚至超过主营业务收入，但小机场几乎全靠主营业务收入，一般处于亏损状态。据统计，一般年吞吐量达到 100 万人次及以上的机场，靠主营业务应能实现盈利。

世界范围内机场平均收入的 40% 来自非航空主业收入。同航空主业收入相比，非航空主业收入的营收能力逐年上升。当前越来越多的机场开始进军非航空主业收入产业，以提升机场的整体营收能力，特别是机场零售、餐饮、不动产、广告、停车和租车方面。

图 8.7 为 2014 年机场非航空主业收入来源比例图。从图中可以清晰地看出，非航空主业收入的大部分来自零售业，占到非航空主业收入整体的 28%，其次为停车方面，占到非航空主业收入整体的 22%。而这两者总共占到非航空主业收入的半壁江山。此外，不动产占 15%，汽车租赁占 7%，航空餐饮占 6%，广告占 3%，公共充电设施占 3%。

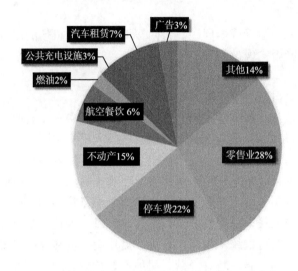

图 8.7   2014 年机场非航空主业收入来源比例图

2. 机场的成本

机场的成本主要来自固定资产折旧、贷款成本、运行成本和管理成本。机场的基础设施是固定资产的最大部分，机场的基础设施建设包括陆路交通基础设施、航站楼、停机坪、滑行道、跑道以及空管设施的建设。

根据国务院发布的《民用机场管理条例》，机场航站楼和地面交通基础设施应由地方政府投资(或机场借贷)，跑道、空管设施、通信导航设施由国家投资。

机场建设的投资从几亿元到数百亿元不等。客运吞吐量在几万人次到几十万人次的机场，建设投资为几亿元到十几亿元，数百万人次的机场投资为几十亿元到百亿元，数千万人次的大机场的投资达数百亿元到千亿元。因此，机场的固定资产折旧、还贷成本较高。

机场运行成本有能源动力、设备维修、人员及管理等费用。其中，维护成本主要包括场道维护、灯光系统维护、行李系统维护、电力能源系统维护、信息系统维护等产生的成本。

尽管机场越大，投资越大，折旧和还贷成本越高，但机场生产量也越大，单位吞吐量的投资成本将越小，显示出规模经济效应。

3. 机场盈利情况

机场如何实现盈利？一般大机场应当在做好主营业务的同时，经营好非主营业务，使非主营业务收入达到甚至超过主营业务收入，就能实现更大盈利。小机场实现盈利比较困难，需要地方政府的扶持，但也能依靠引进基地航空公司、吸引更多航空公司开通航线，做大做强主营业务，增加收入，实现机场的发展。

机场的区位因素对机场收入起到了决定性的影响。具体层面上，飞机起降架次、旅客吞吐量以及旅客吞吐量结构(国内、国际占比)决定了航空性收入。

腹地需求(就是机场周边地区的需求)是拉动航空业务增长的关键。随着我国经济的快速增长和全球化的持续深入，航空客、货运量持续增长，机场业务也将随之迎来进一步发展。随着消费者可支配收入的逐步提升以及出行习惯的养成，因私出行将成为未来机场客运发展的重要流量来源。

本节主要介绍了机场的成本与收入的来源，以及机场实现盈利的方法。

8.3　航空运输经济分析

本节将介绍航空运输的具体热点问题，即有关航线网络经济性分析、机队经济性分析和临空经济性分析等。

8.3.1　航线网络经济

对航线网络进行经济性分析之前首先需要了解航线网络结构特征。

1. 航线网络结构

(1)航线(Route/Air Route)。航线由飞行的起点、经停点、终点、航路等要素组成。航线是航空公司的客货运输市场，是航空公司赖以生存的必要条件。航线不仅确定了飞机飞行的具体方向、起讫与经停地点，还根据空中交通管制的需要，规定了航线的宽度和飞行高度，以维护空中交通秩序，保证飞行安全。

(2)航线网络(Airline Network/Route Network)。航线网络是指某一地域内的航线按一定方式连接而成的构造系统，是航空公司航班计划和机组安排等运行计划的先决条件，对航空公司的运行效率和客户的服务质量有着直接重要的影响作用，是航空公司生存和发展的基础。科学合理的航线网络结构可以产生 1+1>2 的效果。

(3)城市对航线网络(City-to-City Network)又称为点对点式航线网络。这种航线网络中的航线是指从各个城市自身的需求出发，建立的城市与城市间的直飞航线，旅客不需要经过第三个机场(或城市)进行中转，且航线间安排航班时也无须考虑衔接问题，如图 8.8 所示。

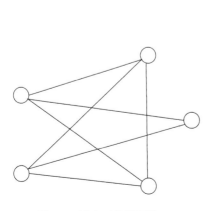

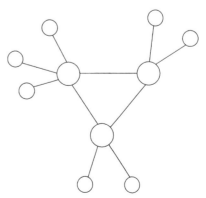

图 8.8　城市对航线网络　　　　　图 8.9　枢纽航线网络

(4)枢纽航线网络(Hub-and-Spoke Network)又称为中枢辐射式航线网络或枢纽辐射式航线网络或轮辐式航线网络，是指含有枢纽机场和非枢纽机场的航线网络模式，航线的安排以枢纽城市为中心，以干线形式满足枢纽城市间旅客与货物运输的需要，同时以支线形式由枢纽城市辐射至附近各中小城市，以汇集和疏散旅客与货物，干支线间有严密的航班时刻衔接计划，如图 8.9 所示。

2. 航线网络密度经济、规模经济和范围经济

不同航线网络结构可以改变供给，包括供给量和生产成本，也会

网络结构经济性

影响需求，因此产生航线网络经济现象。航线网络经济性会涉及密度经济、规模经济和范围经济。

航线网络的密度经济是指如果航线构成网络，航节的航班密度可大大增加，航班的边际运行成本可下降。

航线网络的范围经济是指形成网络后，增加一条航节(网络的一条边)可以增加服务许多个 OD 对，增加服务一个 OD 对的边际成本将下降，如图 8.10 所示。

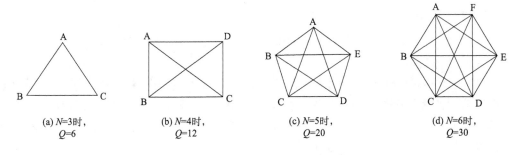

(a) *N*=3时，
Q=6

(b) *N*=4时，
Q=12

(c) *N*=5时，
Q=20

(d) *N*=6时，
Q=30

图 8.10　航线网络的范围经济现象

航线网络的规模经济是指航线形成网络后，在枢纽机场处理航班量大大增加(形成规模)，每增加一个航班的处理成本将下降。规模经济还表现为：在主基地机场的机队规模增大后，每航班的维修成本、机组成本、航材储备成本都将下降。

3. 航线网络结构对比分析

航线网络有多种不同结构(如城市对航线网络、枢纽航线网络等)，不同结构的网络对需求和供给的影响不同。一般地，点对点直飞的航线不具有网络经济效应，而枢纽航线网络通过在枢纽机场的中转，可以服务更多的 OD 对市场，增加了对市场的产品供应，因此获得更多的需求。但同时由于中转需要保障航班充分衔接，增加了飞机在枢纽机场的过站时间，因此降低了飞机日利用率，增加了航班的直接运行成本。

如果要问哪一种结构的航线网络是最好的？这个问题没有统一答案。因为最好的航线网络应当由航空公司的发展战略和商务模式决定。一般地，能较好地服务于发展战略，与商务模式相适应的航线网络结构就是最好的。所以，绝对最好的航线网络结构是不存在的。

在枢纽航线网络中，枢纽机场的航班起降架次很多，需要承担大量航班中转保障的任务。从航班运行看，在枢纽机场，为了保证航班能充分衔接，一般采用航班波模式组织航班运行。航班波运作是指为了实行中转运输，缩短中转时间，将到达和出发航班尽可能地安排集中的航班运作模式。

世界上前 20 个大型机场基本上都是枢纽机场，成为某大型航空公司的枢纽机场将带动机场的快速发展，是机场做大做强的重要途径。北京首都国际机场、上海浦东国际机场和广州白云国际机场的旅客量与货物吞吐量已经挤进全球航空运输量排名 TOP20 的榜单，是具有较强竞争力的国际枢纽机场。

4. 航线网络结构经济性分析

下面对经常涉及的城市对航线网络和枢纽航线网络结构进行经济性分析。

(1)城市对航线网络。城市对航线网络是指在每一对有运量的城市之间直接开设航班，旅客无转机，旅途花费的时间较少。城市对航线网络存在的不足之处：城市之间市场需求有限，所以会限制航班的客座率和载运率，航班频率较低，地面等待时间相对于空中飞行时间较长。

(2)枢纽航线网络。枢纽航线网络是以城市对航线为基础发展起来的一种网络结构形式。枢纽航线网络可以给航空公司带来明显的规模经济性、范围经济性。枢纽航线网络不仅有利于开发利用各种机型的技术经济性能，还有利于航空公司优化机队配置，使干支线飞机始终保持合理比例，也可以更多地使用经济性能较好的大型飞机，提高飞机载客率。枢纽航线网络存在的不足之处：旅客需要增加中转次数，因此会增加旅客的在途时间。

例如，南京—西宁与南京—郑州—西宁这两条航线。前者为直飞航班，运输途中无须转机，《2017 年中国民航统计年鉴》显示，2016 年间南京—西宁航线运行班次为 226 班，平均飞行时间为 2 小时 50 分钟，客座率为 84.7%，载运率仅有 68.1%；同期一年中，南京—郑州—西宁航线运行班次为 1337 班，全程约 5 小时，客座率为 85%，载运率达 75.9%。在此对比之下，南京—西宁在运输中旅客花费时间较少，无须转机，但客座率与载运率受到了限制；南京—郑州—西宁在运输中提高了客运率与载运率，飞行频率也明显多于南京—西宁的直飞航线，但在运输中旅客花费较长的时间。因此，不同结构下的航线网络结构带来了不同的经济效应。

本节主要介绍了航线网络结构类型，并对航线网络经济性特征及其不同网络结构的经济性进行了分析。

8.3.2　机队经济

本节重点介绍机队经济，这是航空运输经济学的另一特色领域。本节将讨论机队对运输供给和需求的影响，并回答以下问题：

机队与运输产品有什么关系？机型如何影响运输收入和成本？机队结构如何影响运输成本？机队规模如何影响运输成本？

1. 机队规模和机队结构

机队是指航空公司所拥有的飞机总称，包括飞机的数量和不同型号飞机构成的比例关系。

(1)机队规模。机队规模体现了航空公司的运输能力(简称运力)，也用总座位数(客运运力)和总吨位数(货运运力)表示，它应当能与公司承担的市场总需求匹配。

机队规模的大小直接影响航空公司的运行效益。机队规模过大，飞机载运率和利用率均低，会造成航空公司运力浪费，而增加运营成本；机队规模过小，运力无法实现航空公司的市场目标，意味着航空公司潜在收入的损失，将使航空公司在激烈的市场竞争中处于不利地位。

(2)机队结构。机队结构即机队的机型构成，包括客货机比例、不同座级飞机的比例、不同航程飞机的比例等。

机队结构则直接影响航空公司的成本，它与航线机构和 OD 流需求等因素有关。

如果机队结构不够合理，机型种类繁多，将导致资金投入、航材储备、人员培训等方面的费用增加。机型种类减少可以节省相应设施设备的投入，特别是航材的储备，因此可以节省成本。简单的机队结构不仅有利于机组和机务人员提高技术熟练程度，减少故障率及差错率，还能提高飞机的完好率和可用率，从而使运行能力得到有效保障。所以，低成本航空公司一般选择单一机型。但服务于多个目标市场的航空公司不可能选择一种机型满足不同市场的需求，需要合理配置机队结构，才能既满足市场需求，又降低运行成本。

2. 机队需求和供给的影响因素

那么机队如何影响需求和供给呢？

研究飞机对运输供给和需求的影响问题是飞机经济学的基本内容，其中规模经济是飞机经济学的基本特征。

很显然，机队规模越大，运输供给越大。机型的飞行速度越快，运输供给越大。大型飞机适合长距离航线，引进大型飞机可以提供国际航线的运输服务；如果只飞国内支线，那么只需要引进小型飞机。

运输需求随着时间而增加，会增加很多航线的运输量。解决这一问题可以采用以下措施：提高载运率或增加座位密度；增加大型飞机；增加航班频率等。

3. 机队的规模经济性

机队形成规模，可以使大中小型飞机取得合理配置，有利于航班、航线的合理布局，从而提高飞机利用率和载运率，降低单位成本。另外，机队中同型机形成规模，有利于发动机及其他高价零部件、备件的节省和充分利用，从而降低资金占用，加速资金周转。

对于航空公司的机队规模，若机型少而机队规模大，则航班编排的灵活性就越大，互相替班比较方便，需用的备机相对较少，飞机的利用率就越高，规模经济效益也就越高。

所以，机队的规模经济性体现的载体就是飞机的利用率，适时有效地对飞机的利用率进行调整就会提高航空公司的规模经济。

4. 机队成本的影响因素

关于机队对运行成本的影响，可以从以下几方面进行分析。

(1)飞机越大，座位数越多，平均每座位的运行成本越低；飞机越大，执飞的航线越长，每公里的运行成本越低，如图 8.11 所示。

(2)一个机型的机队拥有的飞机架数越多，每架飞机的维修成本、机组成本、航材成本都将下降。

(3)同一种机型的飞机，根据公司需要，机舱的座位数可以增加或减少，因此影响每座位成本。

(4)飞机的运行成本还与飞机三率有关：利用率、客座率/载运率和正常率。

利用率越高，拥有成本越低；客座率/载运率越高，每客公里成本越低；正常率越高，处理不正常航班的成本越低；飞机的利用率越高，管理成本越低，因此总的运行成本越低。

机队对需求的影响很直接，有了适合的机型才能开辟有关航线，因此才能获得该航线的 OD 对需求。大型飞机可以吸引更多的旅客，减少旅客溢出。只有一个与航线网络结构相适应的机队，才能获得预期的运输需求。

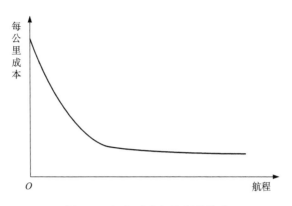

图 8.11　运行成本与航程的关系

飞机通过执行航班为公司赢得收入，收入大小不但与客座率有关，而且与票价结构有关，因此与机舱的布局和其服务的目标市场有关，如是休闲还是公务等。机舱的布局一般根据公司的发展战略和商务模式而定，同学们可以据此对机队影响收入的问题进行思考和讨论。

本节主要介绍了机队经济性，内容涉及机队规模和机队结构，以及机队如何影响需求和供给。

8.3.3　枢纽机场和空港经济

除了上述的航线网络经济性和机队经济性，临空经济也是航空运输热点问题之一。因此，本节重点介绍枢纽机场及空港经济。

1. 枢纽机场的含义

枢纽机场是指国际、国内航线密集的机场，它是中枢航线网络的节点，也是航空客货运的集散中心，旅客在此可以很方便地中转到其他机场。

枢纽机场能提供一种高效便捷、收费低廉的服务，从而让航空公司选择它作为自己的航线目的地，让旅客选择它作为中转其他航空港的中转港。枢纽机场既是国家经济发展的需求，也是航空港企业发展的需求。

世界上前 20 个大型机场基本都是枢纽机场，枢纽运作是机场做大做强的重要途径。我国已经规划北京首都国际机场、上海浦东国际机场和广州白云国际机场为大型国际枢纽机场。

2. 航空枢纽和基地航空公司之间的关系

航空公司作为空中交通运输体系的重要组成部分，在枢纽机场的形成过程中起着至关重要的作用。枢纽机场的建立和发展不仅与其自身优越的地理位置、立体的综合交通运输体系、政府的特殊政策有关，与基地航空公司的强力支持也是密不可分的。例如，欧洲的法兰克福国际机场，其 60%左右的客源都是由汉莎航空公司贡献的。

当枢纽机场设计能力趋于饱和、各项资源稀缺性逐渐凸显，或区域机场竞争逐渐加剧时，机场会逐渐注重与主基地航空公司战略合作关系的建设，鼓励主基地航空公司增加运力投入，希望通过主基地航空公司航线网络优化过程中规模经济与范围经济的进一步挖掘，促进机场运输量的进一步增长。

3. 空港经济的含义

空港经济是指由于机场的建设和发展，带动了当地经济的发展，引起了当地政府的重视，因此在机场周边地区进一步规划了依托机场功能的产业园，甚至发展成空港城，促进当地经济持续发展的经济现象。

机场吞吐量达到一定规模后，将带动其他经济体进入机场区域发展，因而出现空港经济现象。当吞吐量达到千万人次以上时，餐饮等各种服务业将首先进入机场，然后空港贸易加工业将进入机场周边地区，紧跟着物流业将得到快速发展。随着周边地区经济的日趋活跃，地方政府应不失时机地在机场周边地区规划建设空港产业园，甚至规划建设航空城，促进免税加工业、贸易展览业、金融业、房地产业、广告业、零售业和软件业的发展。

一般地，大型空港的航线网络和航班都比较密集，所以空港产业园聚集产业可以分为以下三类。

第一类是直接与航空运输相关的服务产业，如航空物流业、食品业、维修业等，它们随着机场航空产业链的延伸而在机场周边形成航空配套产业。

第二类是利用机场口岸功能和航空货物快速、安全的特殊优势，为对时效性有较高要求且产品具有体积小、重量轻、附加值高的制造业和高新技术产业及创汇农业、花卉业、邮件快递业等提供服务的产业。

第三类是利用机场的区位优势而延伸发展的总部经济、会展经济、旅游经济、文化娱乐等与航空关联的产业。

根据相关的国际航空运营经验，一个航空项目发展10年后，给当地带来的效益产出比为1∶80，技术转移比为1∶16，就业带动比为1∶12。一个大型枢纽机场的功能可以辐射到与航空相关的旅游业、服务业、金融业、物流业、房地产业等领域，从而形成一个较大的产业链。

由此可见，机场的发展已经超出了空地运输衔接点的作用，成为地方经济的新的增长点，并拉动地方经济的发展。同时，随着空港经济的发展，当地运输需求将进一步增加，又反过来促进机场的发展。

本节主要介绍了枢纽机场的定义，以及空港经济产生的原因及其与地方经济发展的相辅相成。

思考练习题

8-1　航空运输供给与需求的影响因素分别是什么？供给与需求之间有什么关系？

8-2　航空运输的规模经济主要体现在哪些方面？请分别进行解释。

8-3　航空公司为什么要实行差别定价？其背后的经济学原理是什么？

8-4　航空公司的营利特点是什么？造成该现象的原因是什么？

8-5　不同的航线网络结构对航空运输经济性有什么影响？

8-6　航空公司应如何配置机队结构，以提高航空公司的规模经济？

8-7　什么是空港经济？空港经济的发展可能会对周围的哪些产业造成影响？一个空港经济区的形成条件是什么？

第9章　民航安全管理

安全是民航业的根本和基础，是民航业永恒的主题；当安全与效率、效益以及服务发生冲突时，一切服从于安全。对于航空运输的参与者，不管是航空公司、机场以及空管等，安全就是最大的效益。本章将阐述民航安全管理的基本概念、基本理论及方法，并运用相关的理论知识防范各种不安全因素，解决民航安全管理问题。

9.1　民航安全管理基本概念

9.1.1　安全管理基本概念

安全管理(Safety Management)即安全的管理，是管理科学的一个重要分支。安全管理是为实现安全目标而进行的有关决策、计划、组织和控制等方面的活动；主要运用现代安全管理原理、方法和手段，分析和研究各种不安全因素，从技术上、组织上和管理上采取有效措施，解决和消除各种不安全因素，防止事故发生。

安全管理是企业生产管理的重要组成部分，是一门综合性的系统科学。安全管理的对象是生产中一切人、物、环境的状态管理与控制，安全管理是一种动态管理。安全管理主要是组织实施企业安全管理规划、指导、检查和决策，同时是保证生产处于最佳安全状态的根本环节。为有效地将生产因素状态控制好，在实施安全管理过程中，必须正确处理五种关系，坚持六项基本管理原则。

1. 五种关系

1)安全与危险并存

安全与危险是在同一事物的运动中相互对立，相互依赖而存在的。因为有危险，所以才要进行安全管理，以防止危险。安全与危险并非等量并存、平静相处。随着事物的运动变化，安全与危险每时每刻都在变化着，进行着此消彼长的斗争。可见，在事物的运动中，不会存在绝对的安全或危险。

2)安全与生产的统一

生产是人类社会存在和发展的基础。如果生产中人、物、环境都处于危险状态，则生产无法顺利进行。因此，安全是生产的客观要求，当生产完全停止时，安全也就失去意义。

3)安全与质量的包含

从广义上看，质量包含安全工作质量，安全概念也内含着质量，二者交互作用、互为因果。安全第一，质量第一，两个第一并不矛盾。安全第一是从保护生产因素的角度提出的，而质量第一则是从关心产品成果的角度强调的。安全为质量服务，质量需要安全保证，生产过程中忽视哪一方面，都将陷于失控状态。

4)安全与速度互为保障

生产的蛮干，在侥幸中求得的速度，缺乏可靠性，一旦酿成不幸，非但无速度可言，反而会延误生产。速度应以安全作为保障，安全就是速度。当速度与安全发生矛盾时，暂时减缓速度，保证安全才是正确的做法。

5) 安全与效益的兼顾

安全技术措施的实施，不仅会改善劳动条件，还会调动职工的积极性，进而焕发劳动热情，带来经济效益，足以使原来的投入得以补偿。从这个意义上说，安全与效益是完全一致的，安全促进了效益的增长。在安全管理中，投入要适度、适当，精打细算，统筹安排，既要保证安全生产，又要经济合理，还要考虑力所能及。单纯为了省钱而忽视安全生产，或单纯追求不惜资金的盲目高标准，都不可取。

2. 六项基本管理原则

1) 管生产同时管安全

安全寓于生产之中，并对生产发挥促进与保证作用。因此，安全与生产虽有时会出现矛盾，但从安全、生产管理的目标、目的，表现出高度的一致和完全的统一。安全管理是生产管理的重要组成部分，安全与生产在实施过程中，既存在着密切的联系，又存在着进行共同管理的基础。国务院在《关于加强企业生产中安全工作的几项规定》中明确指出：各级领导人员在管理生产的同时，必须负责管理安全工作。企业中各有关专职机构，都应该在各自业务范围内，对实现安全生产的要求负责。

2) 坚持安全管理的目的性

安全管理的内容是对生产中的人、物、环境因素状态的管理，有效控制人的不安全行为和物的不安全状态，消除或避免事故，达到保护劳动者的安全与健康的目的。没有明确目的的安全管理是一种盲目行为，盲目的安全管理劳民伤财，危险因素依然存在。在一定意义上，盲目的安全管理只能纵容威胁人的安全与健康的状态，向更为严重的方向发展或转化。

3) 贯彻预防为主的方针

安全生产的方针是"安全第一、预防为主"。安全第一是从保护生产力的角度和高度表明在生产范围内安全与生产的关系，肯定安全在生产活动中的位置和重要性。进行安全管理不是处理事故，而是在生产活动中，针对生产的特点对生产因素采取管理措施，有效地控制不安全因素的发展与扩大，把可能发生的事故，消灭在萌芽状态，以保证生产活动中人的安全与健康。在生产活动过程中，经常检查、及时发现不安全因素，采取措施，明确责任，尽快地、坚决地予以消除，是安全管理应有的鲜明态度。

4) 坚持"四全"动态管理

安全管理不是少数人和安全机构的事，而是一切与生产有关的人共同的事。缺乏全员的参与，安全管理不会有生机，也不会出现好的管理效果。当然，这并非否定安全管理第一责任人和安全机构的作用。生产组织者在安全管理中的作用固然重要，全员性参与管理也十分重要，因此生产活动中必须坚持"全员、全过程、全方位、全天候"的动态安全管理。

5) 安全管理重在控制

进行安全管理的目的是预防、消灭事故，防止或消除事故伤害，保护劳动者的安全与健康。在安全管理的各项主要内容中，虽然都是为了达到安全管理的目的，但是对生产因素状态的控制与安全管理目的关系更直接，显得更为突出。因此，对生产中人的不安全行为和物的不安全状态的控制，必须看作动态安全管理的重点。事故的发生，是因为人的不安全行为运动轨迹与物的不安全状态运动轨迹的交叉。事故发生的原理也说明了对生产因素状态的控制，应该作为安全管理的重点，而不能把约束当作安全管理的重点，这是因为约束缺乏带有强制性的手段。

6) 在管理中发展与提高

既然安全管理是在变化着的生产活动中的管理，是一种动态管理。其管理就意味着是不断发展的、不断变化的，以适应变化的生产活动，消除新的危险因素。然而，更为重要的是不间断地摸索新的规律，总结管理、控制的方法与经验，指导新的变化后的管理，从而使安全管理不断地上升到新的高度。

9.1.2　民航安全管理含义

在 1.1.2 节阐述了民航运输系统，它是一个复杂的社会巨系统，主要由政府部门、民航运输企业、民航机场等组成。

民航安全管理的概念是指包含从政府的管理监督部门与航空公司(承运人)以及民用机场、空中交通管制中心(ATS)和航空器维修服务的组织及与民航事务相关的部门共同实施安全运营的规章和要求，从事故及灾难发生之前的准备、预防，到事故发生时的应对和即时恢复以及事故过后的中长期恢复的过程，以确保旅客和公众的生命财产安全的管理体系。

安全是航空运输业的生命线，保障航空运输安全必须各个子系统协调运行。航空运输业的总成本很高，很多其他的业内群体与航空安全息息相关，就目前国际上来说，民航安全的主要利益相关者同时包括以下人员或机构：

(1)航空从业人员(如飞行机组、客舱乘务组、空中交通管制员和航空器维修工程师)；

(2)航空器所有者和经营人；

(3)制造商(特别是机体和发动机制造商)；

(4)航空管理当局(如中国民用航空局、欧洲航空安全局)；

(5)行业同业协会(如国际航空运输协会、美国航空运输协会和国际机场协会)；

(6)区域空中交通服务提供者(如欧洲空中航行安全组织)；

(7)专业协会和联合会(如航空公司驾驶员协会国际联合会、国际空中交通管理员协会联合会)；

(8)国际航空组织(如国际民用航空组织)；

(9)调查机构(如美国国家运输安全委员会)；

(10)航空运输旅客。

同时，重大航空公共安全事件总是涉及一些在改进航空安全方面未必具有共同目标的其他群体，包括以下人员或机构：

(1)近亲、受害者或事故中受伤的人；

(2)保险公司；

(3)旅游业；

(4)安全培训和教育机构(如飞行安全基金会)；

(5)其他政府部门和机构。

由此可见，航空运输安全管理的范围非常广，包括为实现安全目标而采取的众多安全活动。根据《国际民用航空公约》附件 6、附件 11 和附件 14 的规定，各国应规定经营人、维修组织、空中交通服务提供者和验证合格的机场经营人执行国家认可的安全管理体系。它的主要内容是针对航空运输业内安全管理的日常预防、减灾、准备、应对和恢复过程而实施的指挥、控制和协调。同时，这种安全管理体系至少应包括以下方面：

(1) 确定实际和潜在的安全危害；

(2) 为了减缓风险/危险，确保实施必要的纠正措施；

(3) 对所达到的安全水平进行持续监督和定期评估。

航空运输业是高度复杂的巨系统，所以在实施安全管理的过程中必然会动用所有的资源，严格执行安全法规，确保航空健康、持续、快速地发展。此外，航空运输业的国际性质要求各个环节努力联合成为统一的全球航空公共安全系统，这就需要航空管理活动在各个层次和水平上进行合作与协助。

9.1.3　民航安全管理的相关概念

民航安全相关概念

在分析民航安全管理理论之前，需要先掌握民航安全管理的一些相关概念，如事故、事故征候、严重事故症候、危险源等。

1. 事故

事故是指人在为实现某种意图而进行的活动过程中，突然发生的、违反人的意志的、迫使活动暂时或永久停止的事件。在民航领域，事故是指发生在航空器运行中的事件，造成：①死亡或者严重伤害；②航空器严重损坏，包括结构损坏或需要大修；③航空器遗失或完全无法进入。

事故按照等级不同可划分为特别重大飞行事故、重大飞行事故和一般飞行事故。

(1) 凡属下列情况之一者为特别重大飞行事故：

①人员死亡，死亡人数在 40 人及其以上者；

②航空器失踪，机上人员在 40 人及其以上者。

(2) 凡属下列情况之一者为重大飞行事故：

①人员死亡，死亡人数在 39 人及其以下者；

②航空器严重损坏或迫降在无法运出的地方(最大起飞重量 5.7 吨及其以下的航空器除外)；

③航空器失踪，机上人员在 39 人及其以下者。

(3) 凡属下列情况之一者为一般飞行事故：

①人员重伤，重伤人数在 10 人及其以上者；

②最大起飞重量 5.7 吨(含)以下的航空器严重损坏，或迫降在无法运出的地方；

③最大起飞重量 5.7～50 吨(含)的航空器一般损坏，其修复费用超过事故当时同型或同类可比新航空器价格的 10%(含)者；

④最大起飞重量 50 吨以上的航空器一般损坏，其修复费用超过事故当时同型或同类可比新航空器价格的 5%(含)者。

2. 事故征候

在民航领域，事故征候通常指航空器事故征候。依据中华人民共和国民用航空行业标准文件《民用航空器事故征候》(MH/T 2001—2018)，民用航空器事故征候指在航空器运行阶段或在机场活动区内发生的与航空器有关的、未构成事故但影响或可能影响安全的事件，如起飞或着陆擦尾部、擦翼尖；着陆后剩余油量少于规定数量、跑道入侵等；可分为运输航空严重事故征候、运输航空一般事故征候、运输航空地面事故征候和通用航空事故征候。

1）运输航空严重事故征候

按照《大型飞机公共航空运输承运人运行合格审定规则》（CCAR-121）执行定期或非定期飞行任务的飞机，在运行阶段发生的具有很高事故发生可能性的事故征候。

2）运输航空一般事故征候

按照《大型飞机公共航空运输承运人运行合格审定规则》（CCAR-121）执行定期或非定期飞行任务的飞机，在运行阶段发生的未构成运输航空严重事故征候的事故征候。

3）运输航空地面事故征候

《大型飞机公共航空运输承运人运行合格审定规则》（CCAR-121）运行规范中所列的飞机，在机场活动区内处于非运行阶段时发生的导致飞机受损的事件。

4）通用航空事故征候

按照《一般运行和飞行规则》（CCAR-91）、《小型航空器商业运输运营人运行合格审定规则》（CCAR-135）执行飞行活动的航空器，在运行阶段发生的事故征候。

3. 危险

危险即安全的反义词，是指某一系统、产品或设备或操作的内部和外部的一种潜在的状态，其发生可能造成人员伤害、职业病、财产损失、作业环境破坏的状态。下面从危险源、危险源的分类和危险源的识别进行简要阐述。

1）危险源

国际民用航空组织的《安全管理手册（SMM）》（2009）中对危险源的定义是指可能造成人员伤亡、设备或结构损坏、材料损耗或实现既定功能的能力减弱的某一条件或事物。危险源的存在、不断产生以及未得到及时识别和控制是事故不断发生的前提，也是事故发生的能量主体。只有识别生产过程中的各种具有能量的物质与行为，并分析这些能量转化为事故的过程、条件、触发因素，才能控制具有能量的物质与行为不至于失控，才能使危险源不至于转化为事故。危险源是社会技术系统正常的组成部分或要素，它们对社会技术系统提供服务的环境来说是必不可少的。

2）危险源的分类

对于危险源的分类，可按其属性分为两大类：一类是具有能量的物质，称为固有危险源；另一类是具有能量的行为，称为人为危险源。固有危险源指物和环境因素，而物的概念是广义的。人为危险源指危险行为及管理失误或差错。这些危险源可能是已知的，也可能是未知的。未知的危险源，也称为潜在危险源。人为危险源又可分为个人因素危险源、管理因素危险源和人为环境危险源等。在所确定的危险单元内辨识具体的危险源，可以从以下两方面入手。

（1）根据系统内已发生的某些事故，通过查找其触发因素（事故隐患），然后通过触发因素找出其危险源。

（2）模拟或预测系统内尚未发生（有可能要发生）的事故，分析可能引起其发生的原因，通过这些原因找出触发因素，再通过触发因素辨识出潜在的危险源。

目前，中国民航界对于危险源进行了具体的分类，如表 9.1 所示。

表 9.1　《民航空中交通管理安全管理体系(SMS)建设指导手册》危险源分类

要素	类别	示例
管理(程序)	航线结构不合理	航路交叉点过多
	空域规划不合理	航路距空军空域过近
	工作程序不合理	管制协议不合理
	规章制度不适用	应急处理程序缺失
	管理者决策失误	管制员培训经费不能得到保障
人为因素	管理决策未有效执行	要求加强航班动态的监控，但副班忙于协调疏于监控
	工作失误	管制间隔调配失调
	违反工作程序	飞行计划制订错误，飞行进程单填写不规范
	飞行动态监控不力	机组低于安全高度飞行，管制员未发现
	信息通报不畅	管制移交不及时
	疲劳上岗	管制员执勤时间打盹
	工作负荷过大	管制扇区内流量过大
	业务能力差	与国外机组英语通话不畅
设备	通信设备工作不正常	陆空通信失效
	监视设备工作不正常	雷达天线失效
	导航设备工作不正常	导航台不工作
	灯光工作不正常	飞机进近阶段进近灯光失效
	设备软件工作不正常	雷达信号处理系统失效
外部(环境)	机组原因	偏离航线，飞错高度
	飞机故障	座舱释压
	军航原因	军舱飞机误入民航空域
	升空物体	起飞方向出现气球
	鸟击意外	发动机遭鸟击
	恶劣天气	飞行航空器被雷雨包围
	非法干扰	劫机
	电磁干扰	陆空话频出现无线电干扰

3) 危险源的识别

危险源的识别是利用科学方法对生产过程中危险因素的性质、构成要素、触发因素、危险程度和后果进行分析和研究，并做出科学判断，为控制由危险源引起的事故或事故征候提供必要的、可靠的依据。危险源识别是安全风险管理的第一步，是安全风险管理的前提和基础。要有效实施安全风险管理，必须做到全面、系统地开展危险源识别。

在危险源的识别过程中，需要把握以下几个原则。

(1)合法性：考虑组织适用的法律、法规和其他对安全管理的有关规定。

(2)科学性：能揭示系统安全状况、危险源存在的部位、存在的方式、风险发生的途径及其变化的规律，用严密的、合乎逻辑的理论给予清楚解释。

(3)全面性：不仅要分析主业务正常运行中存在的危险源，还要识别所有附属行为可能产生的危险源及后果。

(4)系统性：研究系统之间、系统与子系统之间的相关关系和约束关系，分清主要危险源及其相关的危险危害性。

(5)预测性：对于危险源，要分析其触发事件，即危险源出现的条件或设想的事故模式。

(6)时效性：危险源识别应具体到特定时间范围内。

民航运输系统作为一个复杂的系统，潜在的危险源多种多样，在生产过程中，这些危险源往往要通过一定的方法进行分析与判断，其识别方法主要有两大类，包括直接经验分析方法与系统安全分析方法，但任何一种方法都需要把握以下几个环节。

(1)危险源类型，即危险源所在的系统与危险源类别。

(2)可能发生的事故模式及后果预测，即由危险源导致事故发生的机理与事故发生后对系统及外系统的影响。

(3)事故发生的原因及条件分析，即寻求由危险源转化为危险状态，由危险状态转化为事故的转化条件或触发因素。

(4)设备的可靠性，即设备的安全运行状况。

(5)人机工程，即人、机、环境之间的相互协调关系问题。

(6)安全措施，即消除或控制危险源的手段和方法。

(7)应急措施，即事故发生时，减少伤害或损失程度的措施。

9.2 民航安全管理基本理论

随着安全管理的不断发展，与安全管理相关的理论也非常丰富，下面将给大家介绍几种常见的安全管理理论。

9.2.1 安全预警理论

安全预警也可以简称为预警，它源于军事领域，主要是指通过预警飞机、预警雷达、预警卫星等工具来提前发现、分析和判断敌人的进攻信号，并把这种进攻信号的威胁程度报告给指挥部门，以提前采取应对措施。广义地说，预警是组织的一种信息反馈机制。随着社会进步的需要，预警所具有的信息反馈机制逐步超越了军事领域，进入现代经济、技术、政治、教育、医疗、灾变、治安等自然和社会领域。在民用航空领域预警主要集中在航空技术、航空法规、标准制定等方面，在民航安全管理与减灾领域应用较为薄弱。

对于预警理论的应用，其主要方法包括指数预警、统计预警与模型预警。

(1)指数预警：该类方法是通过制定综合指数来评价监测对象所处的状态。

(2)统计预警：该类方法主要通过统计方法来发现监测对象的波动规律。

(3)模型预警：该类方法通过建立数学模型来评价监测对象所处的状态。模型分为线性模型和非线性模型。主要变量之间有明确的数量对应关系时就可用线性模型预警，非线性模型则对处理复杂的非线性系统具有较大的优势。

民用航空领域主要应用预警管理原理分析航空灾害的成因机理，探讨航空灾害预警的运转模式、组织环节、工作程序等，并开发出具有可操作性的航空灾害预警管理系统，保障航空运输系统的安全。

9.2.2 事故致因理论

根据事故理论的研究，事故具有三种基本性质，即因果性、随机性与偶然性、潜在性与必然性，每一起事故的发生，尽管或多或少都存在偶然性，但都有着各种各样的必然性。因此，预防和避免事故的关键就在于找出事故发生的规律，识别、发现且消除导致事故的必然原因，控制和减少偶然原因，使发生事故的可能性降低到最小。

防止事故，需要掌握事故发生和控制的原理，即事故预防原理。事故预防原理主要是阐明事故是怎样发生的、为什么会发生，以及如何采取措施防止事故的理论体系。它以伤亡事故为研究对象，探讨事故致因因素及其相互关系、事故致因因素控制等方面的问题。

导致事故发生的因素是事故的致因因素。在科学技术落后的古代，人们往往把事故的发生看作人类无法违抗的"天意"，或是"命中注定"。随着社会的进步，特别是工业革命以后，人们在与各种工业伤害事故的斗争实践中不断积累经验，探索事故发生及预防规律，相继提出了许多阐明事故发生的机理，以及如何防止事故发生的理论。事故致因理论是一定生产力发展水平的产物。在生产力发展的不同阶段，生产过程中存在的安全问题不同，特别是随着生产形式的变化，以及人在工业生产过程中所处地位的变化，将引起人们安全观念的变化，使新的事故致因理论相继出现。概括地讲，事故致因理论的发展经历了三个阶段，即以事故频发倾向论和海因里希（Heinrich）事故因果连锁论为代表的早期事故致因理论、以能量意外释放论为主要代表的第二次世界大战后的事故致因理论和现代的系统安全理论，其中系统安全理论见下一节的讨论。

1. 事故频发倾向论

1）事故频发倾向

事故频发倾向是指个别人容易发生事故的、稳定的、个人的内在倾向。1919 年英国格林伍德（Greenwood）和伍兹（Woods）对许多工厂中事故发生的次数资料按如下三种统计分布进行了统计检验：泊松分布、偏倚分布和非均匀等分布。通过统计分析，结果发现工厂中存在着事故频发倾向者。1939 年，法莫（Farmer）和查姆勃（Chamber）明确提出了事故频发倾向的概念，认为事故频发倾向者的存在是工业事故发生的主要原因。

2）事故遭遇倾向

事故遭遇倾向是指某些人员在某些生产作业条件下容易发生事故的倾向。许多研究结果表明，事故的发生不仅与个人因素、生产条件有关，还与工人的年龄、工人的工作经验、熟练程度有关。明兹（Mintz）和布卢姆（Bloom）建议用事故遭遇倾向取代事故频发倾向的概念。

2. 事故因果连锁论

1）海因里希事故因果连锁论（多米诺骨牌事故论）

1931 年，美国工程师海因里希首先提出了著名的事故因果连锁论，用以阐述导致事故的各种原因因素之间及与事故之间的关系。他认为事故的发生不是一个孤立的事件，尽管事故的发生可能在某一瞬间，但是是一系列互为因果的原因事件相继发生的结果。

海因里希最初提出的事故因果连锁论过程包括如下 5 个因素：遗传和社会环境、人的失误、人的不安全行为或物的不安全状态、事故、伤害。他认为，遗传和社会环境、人的失误、人的不安全行为和事件是导致事故的连锁原因，就像著名的多米诺骨牌一样，一旦第一张倒下，就会导致第二张、第三张直至第五张骨牌依次倒下，最终导致事故和相应的损失。同时，他还指出，控制事故发生的可能性及减少伤害和损失的关键环节在于消除人的不安全行为和物的不安全状态，即抽去第三张骨牌就有可能避免第四张和第五张骨牌倒下。他认为，只要消除生产过程中的危险性，努力防止人的不安全行为或物的不安全状态，安全事故就不会发生，由此造成的人身伤害和经济损失也就无从谈起。这一理论从产生伊始就被广泛用于安全生产工作之中，被奉为安全生产的经典理论，它也是搞好安全管理的重要原则，对后来的安全生产产生了巨大而深远的影响。

海因里希事故因果连锁论和事故频发倾向论一样，把大多数工业事故的责任都归因于人的失误等，表现出时代的局限性。

2) 博德事故因果连锁论

在海因里希事故因果连锁论的基础上，博德提出了反映现代安全观点的事故因果模型。博德事故因果模型的基本观点如下。

(1) 控制不足——管理。博德事故因果连锁论中一个最重要的因素是安全管理。大多数企业，由于各种原因，完全依靠工程技术上的改进来预防事故是不现实的，需要完善的安全管理工作，才能防止事故的发生。如果安全管理上出现缺陷，就会使得导致事故基本原因的出现。

(2) 基本原因——起源论。为了从根本上预防事故，必须查明事故的基本原因，并针对查明的基本原因采取对策。基本原因包括个人原因及与工作有关的原因。起源论，在于找出问题的基本的、背后的原因，而不仅仅是停留在表面的现象上。

(3) 直接原因——征兆。不安全行为或不安全状态是事故的直接原因，这是最重要的，也是必须加以追究的原因。但是，直接原因不过是像基本原因那样的深层原因的征兆，是一种表面现象。

(4) 事故——接触。从实用的目的出发，往往把事故定义为最终导致人员身体损伤、死亡、财物损失的、不希望的事件。但是，越来越多的专业安全人员从能量的观点把事故看作人的身体或构筑物、设备与超过其阈值的能量的接触，或人体与妨碍正常生产活动的物质的接触。

(5) 伤害——损坏——损失。博德事故因果模型中的伤害，包括工伤、职业病，以及对人员精神方面、神经方面或全身性的不利影响。人员伤害及财物损坏统称为损失。

3) 亚当斯事故因果连锁论

亚当斯提出了与博德事故因果连锁论类似的事故因果连锁论，该理论的核心在于对现场失误的背后原因进行了深入的研究，证明操作人员的不安全行为及生产作业活动中的不安全状态等现场失误，是由企业领导者及事故预防工作人员的管理失误造成的。

3. 能量意外释放论

1) 能量在事故致因中的地位

能量在人类的生产、生活中是不可缺少的，人类利用各种形式的能量做功以实现预定的目的。人类在利用能量时必须采取措施控制能量，使能量按照人们的意图产生、转换和做功。从能量在系统中流动的角度看，应该控制能量按照人们规定的能量流通渠道流动。如果某种原因失去了对能量的控制，就会发生能量违背人的意愿的意外释放或逸出，使进行中的活动中止而发生事故。如果意外释放的能量作用于人体，并且能量的作用超过人体的承受能力，则将造成人员伤害；如果意外释放的能量作用于设备、建筑物、物体等，并且能量的作用超过它们的抵抗能力，则将造成设备、建筑物、物体等的损坏。

2)能量观点的事故因果连锁模型

调查伤亡事故原因发现，大多数伤亡事故都是由过量的能量或干扰人体与外界正常能量交换的危险物质的意外释放引起的，并且这种过量能量或危险物质释放都是由人的不安全行为或物的不安全状态造成的。美国矿山局的札别塔基斯(Zabetakis)依据能量意外释放论，建立了基于能量观点的事故因果连锁模型。

4. 人机工程学事故致因论

人机工程学是一门研究人、机、环境三者之间相互关系的学科，在海因里希事故致因原理的基础上，综合考虑了其他因素。

人机工程学事故致因论指出，在人机协调作业的生产过程中，人与机器在一定的管理和环境条件下，为完成一定的任务，既各自发挥自己的作用，又必须相互联系，相互配合。这一系统的安全性和可靠性不仅取决于人的行为，还取决于物的状态，一般来说，大部分安全事故发生在人和机械的交互界面上，人的不安全行为和机械的不安全状态是导致意外伤害事故的直接原因。因此，生产过程中存在的风险不仅取决于物的可靠性，还取决于人的"可靠性"。根据统计数据，由于人的不安全行为导致的事故占事故总数的88%~90%。预防和避免事故发生的关键是从生产开始，就应用人机工程学的原理和方法，通过正确的管理，努力消除各种不安全因素，建立一个人-机-环境协调工作及操作可靠的安全生产系统。

5. 事故链理论

有时事故被认为是一系列事件发生的后果。这些事件是一系列的，一件接一件发生的，因此对事故的描述就是"一连串的事件"。这一系列或一连串事件的发生，最终导致事故的发生。只要这一系列和一连串事件中有一件不发生，事故也就不会发生。阻止这一连串事件中的任何一个事件(而不仅仅是最后一件导致事故的行为)的发生就能截断事故链，避免事故发生。这一连串事件中的任何事件都是事故原因的重要环节，也都是事故预防工作潜在的目标。要改善安全工作，需要考虑事故链上的其他事件，而不仅仅是最后一件导致事故的行为。事故链理论是事故预防工作中应用最多的理论。

6. 萨里模型

著名安全管理专家简·萨里(Jean Surry)从作业者和作业环境的角度提出了一个新的事故因果模型，即萨里模型(Surry Model)，如图9.1所示。

萨里模型用两个相似的循环体系把三个基本阶段连接起来。第一个是危险集聚循环，第二个是危险释放循环。也就是说，首先该模型从一种安全的情形中建立了一种危险情形；然后这种危险得以释放，从而造成伤害或事故结果。在这两个循环体系中，萨里对人的行为进行了分割，包括对危险的预感(感知)过程、对危险的认识过程和生理反应过程三个过程，其中每个过程又细分成多个小单位。对危险的预感过程包括危险集聚警告和警告预测两个单位；对危险的认识过程包括警告识别、防范模型识别和防范决议三个单位；生理反应过程指的是防范能力单位。而三个阶段则指的是环境(不仅包括空间上的，同时包括时间上的)、人对环境的反应和由此所造成的结果。

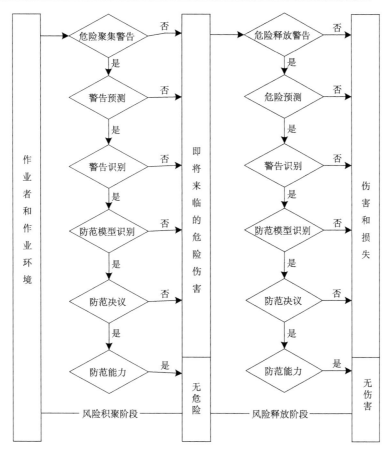

图 9.1　萨里模型

　　萨里模型从人类行为出发,分析了人们对(危险)环境的不同反应所形成的不同结果。他认为在特定环境中,人的危险处境是由个人行为或非行为反应造成的。在危险集聚循环中,如果对于一个问题的回答是否定的,则危险将要来临;否则危险将不会增长,且不会发生伤害事故。同样,在危险释放循环中,类似问题被再一次提出,而其对任何一个问题的否定回答都将导致不可避免的伤害事故。

　　7. 流行病学模型(Epidemiological Model)

　　有不少学者研究认为事故会传染并与传染病特征具有极其相似性,其中最为典型的代表有萨其曼(Suchman),他致力于寻找疾病或其他生物过程(可能是事故)与特殊自然界之间的因果关系,如图 9.2 所示。

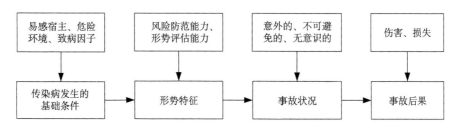

图 9.2　流行病学模型

在该模型中，传染者、危险环境和致病因子及其相互影响构成传染病即事故发生的基础条件。尽管如此，这些基础条件还不足以直接导致事故的发生，对风险防范能力的低下和对严峻形势的错误评估才是事故发生的直接因素。这些无意识行为所造成的不可避免意外事故的结果便是伤害和损失。该模型在流行病学理论基础上，通过研究事故现象中的事故与环境等主体之间的相互关系对事故是怎样发生的以及为什么会发生做出了回答。

9.2.3　系统安全理论

系统安全理论

1. 系统安全基本概念

系统安全理论即安全系统工程(Security System Engineering, SSE)，是指在系统思想指导下，运用先进的系统工程的理论和方法，对安全及其影响因素进行分析和评价，建立综合集成的安全防控系统并使之持续有效运行。简言之，安全系统工程是采用了系统工程的基本原理和方法，预先识别、分析系统存在的危险因素，评价并控制系统风险，使系统安全达到预期目的的工程技术。安全系统工程中涉及的分析方法区别于传统方法，它在问题出现前，就通过分析和评价找到问题，最终能有效避免事故的发生。

安全系统工程起源于 20 世纪 50 年代美国研究洲际导弹的过程。科学技术进步的一个显著特征是设备、工艺及产品越来越复杂，这些复杂的系统往往由数以千万计的元素组成，元素之间以非常复杂的关系相连接，系统中的微小差错就会导致灾难性的事故，大规模复杂系统安全性问题受到了人们的关注。系统安全是在系统寿命周期内应用系统安全管理及系统安全工程原理，识别危险源并使其危险性减至最小，从而使系统在规定的性能、时间和成本范围内达到最佳的安全程度。

系统安全理论包括很多区别于传统安全理论的创新概念，主要介绍以下方面。

(1)在事故致因理论方面，改变了人们只注重操作人员的不安全行为，而忽略硬件故障在事故致因中作用的传统观念，开始考虑如何通过改善物的系统可靠性来提高复杂系统的安全性，从而避免事故。

(2)没有任何一种事物是绝对安全的，任何事物中都潜伏着危险因素。通常所说的安全或危险只不过是一种主观的判断。

(3)不可能根除一切危险源，可以减少来自现有危险源的危险性，应减少总的危险性而不是只彻底消除几种选定的风险。

(4)由于人的认识能力有限，有时不能完全认识危险源及其风险，即使认识了现有的危险源。随着生产技术的发展，新技术、新工艺、新材料和新能源的出现，又会产生新的危险源。安全工作的目标就是控制危险源，努力把事故发生概率降到最低，即使发生事故，也可以把伤害和损失控制在较轻的程度上。

从系统安全理论角度分析研究安全问题，最常见的有菲尔恩兹系统模型(The Firenze Systems Model)和 SHELL 模型，下面分别对这两个系统安全模型进行简要阐述。

2. 菲尔恩兹系统模型

随着系统安全的发展，许多研究者在系统理论下提出了新的因果关系原理，即系统模型。系统模型认识到作业者、工具和机器、工作环境之间不可分割的联系。为此，菲尔恩兹建立了菲尔恩兹系统模型，如图 9.3 所示。

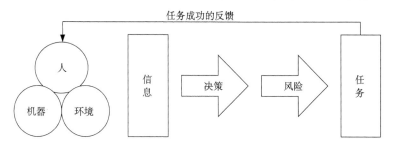

图 9.3　菲尔恩兹系统模型

　　菲尔恩兹系统模型认为，无论是机械师还是化学家抑或是铸造者以及其他人，每位作业者所执行的工作都是人-机系统网络的一部分。这个系统由机器设备、使用设备的人及其作业环境三大部分共同组成，作业的结果状况根本上取决于这三个因素，即人-机的可靠性和环境的有利性。人的决策失误和机器设备故障都有可能直接导致事故的发生，而环境在这个系统中更是扮演了一个重要的角色，一个不利的环境不仅影响人的行为，也会影响机器设备的运作。

　　从人-机-环境系统到目标即作业过程中，中间必须经历决策和由此带来的风险两个过程。也就是说，为了使系统实现目标运作，首先人类单元必须做出决策，在这些决策基础上，人们为了实现目标，个人可能会承担一定的风险。在一般情况下，信息越准确、可靠，决策则越有效，风险就越小，安全作业目标越容易实现；反之，则决策越无效，风险增加，从而可能导致事故的发生。因此，菲尔恩兹系统模型认为，为有效预防和控制事故的发生，应为作业者提供大量准确、可靠的信息并增加培训，以提高其决策的有效性，降低风险；同时，保证机器设备的可靠性并提供一个良好的环境。但是，在一定压力条件下，即使具有足够的决策信息，也不能杜绝事故的发生。这是因为决策者在诸如生理、心理等压力下，可能会因对信息的错误分析和判断导致无效决策而带来风险，引发事故的发生。

　　菲尔恩兹系统模型关注的是要素之间的交互，重点几乎都放在人因失误设计上，以及任务的人体测量要求与人体特征的可能不匹配问题上，未能有效提供人的认知问题的分析，从而造成分析的不全面。

　　3. SHELL 模型

　　SHELL 模型是由爱德华(Edwards)于 1972 年提出的，如图 9.4 所示。它是一种经典的人为因素的概念模型，是用简单方式来认识大型复杂系统，主要介绍人为因素的研究范围、

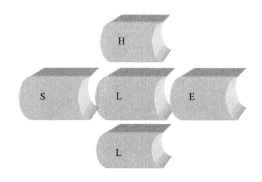

图 9.4　SHELL 模型示意图

要素、关系。模型中各字母的含义是：S(Software)、H(Hardware)、E(Environment)、L(Live Ware)，人是这个模型的中心，其他部分要与其配合，并适应他，人和其他部分不匹配就是人为差错的根源。

SHELL 模型是一种简单却非常形象的概念性工具，它强调个人和人与民航系统中其他要素与特征之间的相互关系界面。

1) 人-硬件(L-H)

当提到人的行为能力时，最常考虑的是人与技术之间的界面，它决定着人如何与实际工作环境相互作用。在航空运输系统中，L-H 界面主要包括飞机结构、驾驶舱设计、操纵系统和仪表配置与使用特性等是否适合人体坐姿、人(飞行员)的感官。如果操纵性设计不符合人的习惯、仪表位置不合理等，则会带来严重的安全隐患，尤其是对新飞机操纵时容易出现人为差错。尽管人的本能会倾向于适应 L-H 的不协调状况，但这种倾向可能会掩盖严重的缺陷，且这种缺陷往往会在突发事件发生后才显现出来。

2) 人-软件(L-S)

L-S 界面主要指人与其工作场所中的支持系统，如规章、操作手册、检查单、标准操作程序(SOP)及计算机软件之间的关系。在航空运输系统中，容易出现差错的是误解程序、编制了不实用的手册、制定了不合理的检查单等，特别是在新的程序和新的检查单开始执行时容易出现人为差错。

3) 人-环境(L-E)

L-E 界面涉及人与内、外部环境之间的关系，内部环境包括工作场所温度、光线、噪声、空气质量等，外部环境包括能见度、气流和地形等。容易出现差错的是运行环境给人(飞行员)带来很大的负担，气象条件牵涉飞行员很大精力，飞行任务安排不合理，容易造成人员疲劳、分心等。

4) 人-人(L-L)

L-L 界面是指工作场所中人与人之间的关系，如机组成员与空中交通管制员之间的关系。

SHELL 模型中的四个要素不是孤立起作用的，因此在该模型中突出显示了要素间的相互作用。该模型认为很多问题和不匹配发生在这些界面的边缘部分。早期的民航领域重点关注的是人因失误的设计问题，SHELL 模型的出现，使得驾驶舱的布局和按钮、刻度盘、显示装置的设计等问题得到了显著的改善。航空设计人员意识到了设备之间的匹配性的重要性，这也使得当今研发的新机型中，人因设计原则在整个设计过程中都得到了应有的重视。在民用航空发展史上，以人-硬件研究为核心的人机工程学取得了很大的进展，航空业发展的前 50 年中，飞行事故率的下降在很大程度上可归结于此。

9.2.4　故障诊断理论

机械故障诊断技术是现代化生产发展的产物。随着现代工程技术系统日趋复杂化，现代故障诊断技术已进入智能化诊断阶段。智能故障诊断技术是当今世界发达国家的研究热点之一，机械、电子设备故障诊断专家系统已基本完成了研究和试验的阶段，开始进入广泛应用阶段。航空航天领域也已研制出一些智能诊断系统，如火箭发动机专家系统、航天器故障诊断试验专家系统、卫星控制系统地面实时故障诊断专家系统等，可利用这些自动故障诊断和维修的专家系统来保障火箭、卫星和导弹试验以及基地飞行试验的安全。

近年来，国内相继开发出一些较成熟的诊断技术及方法，如贴谱分析法、声发射、红外测温、油液分析和各种无损检测等诊断技术。随着故障诊断技术的应用与发展，目前较为广泛的故障诊断方法包括基于解析模型的方法、基于信号的方法、基于知识的方法、基于神经网络的方法和基于模糊逻辑的方法等。

1) 基于解析模型的方法

基于解析模型的方法主要是通过构造观测器估计系统输出，然后将它与输出的测量值进行比较并从中取得故障信息。基于解析模型的方法都要求建立系统精确的数学模型，但随着现代设备的不断大型化、复杂化和非线性化，往往很难或者无法建立系统精确的数学模型，从而大大限制了基于解析模型的方法的推广和应用。

2) 基于信号的方法

基于信号的方法是一种传统的故障诊断技术，通常利用信号模型，如相关函数、频谱、自回归滑动平均、波变换等，直接分析可测信号，提取如方差、幅值、频率等特征值，并识别和评价机械设备所处的状态。

基于信号的方法又分为基于可测值(或其变化趋势值)检查的方法和基于可测信号处理的故障诊断方法等。基于可测值(或其变化趋势值)检查的方法根据系统的直接可测的输入输出信号及其变化趋势来进行故障诊断，当系统的输入输出信号或者变化超出允许的范围时，即认为系统发生了故障，根据异常的信号来判定故障的性质和发生的部位。基于可测信号处理的故障诊断方法利用系统的输出信号状态与一定故障源之间的相关性来判定和定位故障，具体有频谱分析方法等。

3) 基于知识的方法

对于一个结构复杂的系统，当其运行过程发生故障时，人们容易获得的往往是一些涉及故障征兆的描述性知识以及各故障源与故障征兆之间关联性的知识。利用知识，通过符号推理的方法进行故障诊断是故障诊断技术的又一个分支——基于知识的故障诊断。

基于知识的故障诊断方法的特点是通过训练大量的历史数据，获取特征信息。随着大数据时代的到来，基于知识的故障诊断方法以其建模简单的优势，目前已经成为故障诊断领域研究和应用的热点。

4) 基于神经网络的方法

人工神经网络由于具有较好的容错性、响应快、学习能力强、自适应能力强和非线性逼近性能好等特点，被广泛应用于故障诊断领域。基于神经网络的故障诊断专家系统有两种形式：一种是使用神经网络来构造专家系统，变基于符号的推理为基于数字运算的推理，提高系统效率，解决自学习问题；另一种是把神经网络作为知识源的表示和处理模式，并与其他推理机制相融合，实现多模式推理。神经网络具有的优势使得基于神经网络的方法在故障诊断系统中得到广泛应用，但由于其性能受到所选数据集的限制、知识和表达知识的方式单一、只能模拟人类感觉层次上的智能活动，在模拟人类复杂层次的思维方面远远不及传统的专家系统。因此，人们正试图研究符号推理与数值推理相结合的集成式智能诊断系统，以期能更好地模拟人类的思维过程。

5) 基于模糊逻辑的方法

模糊诊断的实质是引入隶属函数概念，模糊逻辑以其较强的结构性知识表达能力，适合处理诊断中的不确定信息和不完整信息。在模糊推理中建立模糊隶属度是一个重要工作，确定隶属度的方法有对比排序法、专家评判法、模糊统计法、概念扩张法等。采用专家评判法，由专家根据经验直接给出论域中每个函数的隶属度，形成隶属度表，这样给出的隶属度比较准确。计算机在进行模糊推理时，首先从用户接口接收证据及其相应的模糊词，如"很""非常""轻微"等，然后通过模糊属性表查出条件模糊词的隶属度，由此进行推理得到结论。基于模糊推理的诊断专家系统已应用在军用电力系统、集成电路、动态控制等方面。然而，模糊诊断知识获取困难，尤其是故障与征兆的模糊关系较难确定，且系统的诊断能力因模糊知识库、学习能力差，容易发生漏诊或误诊。模糊语言变量是用隶属函数表示的，所以实现语言变量与隶属函数之间的转换是一个难点。

目前，国内外航空公司故障诊断的重要工作是进行发动机检测，主要分为飞机上的动态检测和数据采集分析两种主要形式。飞机上的动态检测通过飞行机组的发动机故障报告和机务人员对飞机发动机的地面试车，来检测和验证发动机的总体性能指标。数据采集分析是通过每周一次对飞行数据记录机器中的 PC 卡的译码工作。现代机械故障诊断的理论与方法，有助于对飞机和设备致灾因素的分析，是建立飞机和设备预警指标的基础，但在民航安全管理方面的应用还很少。

9.3　民航安全管理实践

按照航空运输系统的组成划分，主要有航空公司子系统、空管子系统、机场子系统等，下面分别从这三个主要子系统简要阐述其安全管理问题。

9.3.1　航空公司安全管理

航空公司安全管理重点关注飞行安全管理、运行控制安全管理、机务安全管理等方面。

1. 飞行安全管理

飞行安全管理指对飞行人员的安全飞行管理，是航空公司安全管理的重中之重。几乎所有的航空公司现在均严格按照批准的《飞行员操纵手册》上的规范、标准和程序进行，防止人为差错，保证飞行安全。飞行安全管理主要包括飞行运行管理、机组资源管理、飞行技术管理三个方面。

飞行安全管理

1) 飞行运行管理

飞行运行是航空运输的主要组成部分和核心环节，其安全水平直接影响整个航空运输系统的安全状况，而且影响着旅客的人身及财产安全、航空公司的声誉、经济效益乃至航空公司的生存。飞行过程的各个阶段必须达到规定的标准。机组在执行任务时，每次的飞行基本分为计划发布、预先准备、直接准备、飞行实施、飞行讲评五个阶段，飞行阶段中为了确保飞行安全应重点关注机组人员的思想状况、身体状况、飞行技术和天气情况等多个方面。

(1) 飞行机组计划发布阶段。

飞行机组计划发布阶段的飞行计划由调度人员提前发布，机组人员需及时了解飞行任务；临时调整，则由调度人员及时通知相关机组，避免信息错误。

(2) 飞行预先准备阶段。

在飞行预先准备阶段参与的人员包括第二天参加飞行的全体机组成员(教、学员)。如连续飞行，需在连续飞行前的休息日将连续飞行几天的内容一并进行准备；若来不及进行预先准备(如临时、紧急任务等)，可与飞行直接准备合并进行。这一阶段需要保证机组熟悉飞行航线、航站、作业区的天气情况和航行、通信系统，以及起降、备降机场资料和航线地形、地貌、特殊飞行规定等情况；了解本次航班的客、货、邮载重情况；编制飞行计划；同时遵循《飞行员操纵手册》等相关规定。

(3)机组人员直接准备阶段。

机组人员直接准备阶段所有参加飞行任务的教员、飞行员及飞行学员，根据计划安排，于规定时间、地点统一进场。与此同时，机组对于执飞任务要进行更加详细与充分的准备，其中包括：①填写飞行任务书；②研究起飞机场、航线区域、目的地机场和备降机场的天气情况，确定起飞油量、起飞重量；③机长与签派员共同研究并做出能否放行航空器的决定，填写《公司飞行放行单》；④机组再次检查飞机驾驶执照、体检合格证、空勤人员登机证等；⑤研究飞行中气象变坏或者发生特殊情况的处置方案；⑥研究特殊情况的处置方法和机组的协作配合；⑦根据教学带飞计划，研究课目，讲解要领，提出要求；⑧确认飞机载重与平衡等。

(4)飞行实施阶段。

飞行实施阶段是飞行五个阶段中保证安全和完成飞行任务的关键阶段，机组在飞行实施过程中必须按章飞行，履行职责。该阶段中，飞行人员根据空中管制人员的指令，沿着指定的路线滑行；起飞后，严格按照预定飞行计划实施飞行；如需改变飞行计划和飞行进程时，应及时向空中交通管制部门请示报告，并按其指示飞行；严格按照《机型使用手册》、快速检查单、飞行程序等有关操作规程和《飞行规则》《空中交通管制工作规则》等有关规定，正确操纵飞机及机上设备；如转场，到达预定的目的地机场区域内，严格按照该机场公布的进近程序准确地操纵飞机，降落在指定的跑道。着陆后，按空中交通管制员的指令，滑行到指定的停机位；由于天气、机械、管制及其他紧急情况，不能按预定计划进行飞行时，空中交通管制部门报告，同时机组应根据不同的原因做出正确的处置方案。

同时，在飞行过程中机长和副驾驶人员承担重要的安全职责。机长在飞行期间负责机组人员和机上旅客、货物的安全；为确保飞机、机上人员和财产的安全，机长有权采取必要的措施，机上所有人员必须服从；机长负责指导和监督机组成员正确履行其职责，完成航班飞行任务，确保飞行安全，对与飞行有关的所有事情具有最终决定权，并对做出的决定负责；当飞行中遇到不正常的情况时，机长应及时向运行控制部门报告，提供必要的信息。副驾驶人员在飞行运行中根据工作标准和操作程序完成其职责；当发现任何差错，以及不安全、不合法的运行或者危险情况时，应及时提醒机长，必要时应做出反应；在机长丧失能力、无法正常履行其职责时，代替机长履行职责。

(5)飞行讲评阶段。

飞行讲评阶段是飞行的总结提高阶段，对发现的问题，尤其是安全、技术方面的问题，认真分析原因，总结经验，接受教训，提出措施。

2)机组资源管理

机组资源管理是指充分、有效、合理地利用一切可以利用的资源来达到安全有效飞行运行的目的，核心内容是权威、参与、决断、尊重，通过有效提高机组人员的沟通技巧、提倡团队合作精神、合理分派任务、正确做出决策来体现。机组资源管理的对象包括软件(如文件资料管理等)、硬件(如飞机、设备等)、环境和人四个方面及其相互关系。涉及的人员除飞行机组外,还包括日常与飞行组一起工作的所有人群,这些人群与决断飞机营运有关。这些人群包括但不限于飞行乘务员、空警(航空安全员)、飞行签派员、机务维修人员及空中交通管制员等。

机组资源管理着重于在组织有序的航空系统中掌控飞行所需的认识和人际关系方面的技术。认识技术是指沟通和一系列的与团队工作相关的行为活动。和其他行业一样,航空系统中,这些技能常常是互相交叉的,也与航空所需技能相重叠。此外,这种关系不局限于机组内部,即使是单人驾驶飞行,也存在与其他飞机、各种地面保障机构的关系。其训练内容范围广泛,包括从机组人员的群体心理、飞行员个人在群体中的作用到控制系统操作以及环境影响等各个方面。

3) 飞行技术管理

飞行技术管理是飞行安全管理的重要方面之一,其目的是实现对飞行人员科学、有效的管理,保证航空公司飞行运行的安全和运营政策的落实。为实现飞行技术的有效管理,航空公司一般都设有飞行技术管理部门。

飞行技术管理部门贯彻落实中国民用航空局颁布的飞行技术标准、规章和规定以及民航地区管理局发布的有关飞行标准方面的通告;贯彻中国民用航空局 CCAR-121、CCAR-61、CCAR-63 等规章及民航地区管理局有关飞行技术标准管理的规定;制定公司各机型的飞行技术标准、程序和训练政策,检查监督公司所属各飞行部门的落实情况;规划公司飞行人员的培训和飞行人员实力;根据飞行队伍的技术状况与实力,制订飞行训练计划并组织落实飞行人员转机型、升级训练、转教员的报批和技术检查飞行技术检查员的管理;进行飞行技术检查员的管理等,在飞行标准及规章制度管理、飞行训练管理、飞行信息管理和飞行操作技术管理等方面均进行有效规定。

2. 运行控制安全管理

航空公司运作的过程就是运行控制部门对航班的放行与运行监控。运行控制部门是航空公司的核心部门,相当于人的大脑,对航班运行全程进行控制,在及时通报信息、控制运行风险、确保飞行安全上发挥重大作用。签派放行工作是运行控制的一个重要阶段,它是确保每一个航班运行前严把安全关口的两个关键环节,也是保障后续运行顺畅的重要步骤。其主要职责是分析和评估在航班运行时段内所有运行条件是否足以保证本次航班按照计划安全地运行,当满足放行标准时即可在放行单上签字放行航班,并承担相应的法律责任;反之,推迟放行。当始终达不到放行条件时,根据航班计划,建议取消航班。

为保障签派安全与运行管理,需充分利用可以使用的资源,有效地组织、安排、保障航空公司航空器的飞行与运行管理,以达到舒适、安全飞行和提高运行效率的目的。在签派放行阶段,助理飞行签派员收集气象、航行情报等涉及运行的各类信息资料,为签派员和机长实施签派放行提供所需信息资料保障;飞行签派员向机长提供可能影响该飞行安全的机场条件和导航设施等方面的报告或者信息,向机长提供所飞航路和机场的实况报告与天气预报,包括晴空颠簸、雷暴、低空风切变等危险天气现象;签派值班主任对于飞行签派业务工作进行质量管理与控制。

3. 机务安全管理

机务安全管理指机务人员的安全生产管理。所有航空公司现在均按照《民用航空器维修标准》进行飞机维修工程与管理。同时，各航空公司的飞机维修部门还根据自身实际情况，制定一系列的《管理程序手册》《质量保证手册》等法定性管理规范和文件，使得飞机维修工作程序化、规范化和制度化；防止维修人为差错，以保证飞机维修安全。

机务维修过程需严格按照中国民用航空局有关适航规章、条例和标准的要求，实施对飞机的维修和控制，通过高质量的工作，达到持续符合适航标准的目的。航空公司一般对机务人员进行严格的业务技术训练，注重对机务人员机型原理和实际操作的培训，提高维修技能和分析排除故障的能力；加强机务维修工程管理和可靠性管理，依据制造厂商的各类技术资料，根据公司飞机的使用特点和实际状况，制定有效的维修方案和可靠性管理方案，并认真加以执行；严格控制机务维修工作的过程质量，严格执行各类工作单、卡和各项技术标准，严谨工作作风，提高维修质量。

根据民航规章要求，航空公司还设立工程技术部门、维修计划和控制部门、质量部门和培训管理部门，进一步加强机务安全管理。多个部门的协同运作，通过可靠性管理和人为差错控制保证航空器飞行安全，提升航空器维修地面安全，保障维修人员职业安全。同时，机务维修最重要的工作是保证飞行安全。目前，机务维修安全保证的方法主要按照局方的各项法规进行适航管理，具体来说，除采取各等级航空器维修工作外，还采取建立维修单位安全管理体系、应急管理体系、可靠性管理、人为因素理论和模型的应用等管理手段，达到飞行安全的目的。

9.3.2　空中交通安全管理

空中交通管制(简称空管)系统是民航系统的飞行管制中心，直接关系飞行安全和航班的正常运转。我国民航业的空管长期实行"统一管制、分别指挥"体制，即在国务院中央军委空中交通管制委员会的领导下，由空军负责实施全国的飞行管制。军用飞机由空军和海军航空兵实施指挥，民用飞行和外航飞行由民航实施指挥。根据《中华人民共和国飞行基本规则》的规定，民航飞机交由民航保障的其他部门的航空器飞行，是在空军统一管制的原则下，由民航部门负责实施具体管制服务。民航各级管制部门按照民航管制区域的划分，对在本区域内飞行的航空器实施管制。随着民航业的发展以及空管段的不断完善，对民航空管体制提出了新的要求，促进了空管体制的改革。就民航内部来说，空管系统实行"分级管理"的体制，即各级空管部门分别隶属中国民用航空局、民航地区管理局、民航省(直辖市、自治区)局以及航站管理。

空管是指利用通信、导航技术和监控手段对飞机飞行活动进行监视与控制，保证飞行安全与秩序。其主要任务有：①全面实施战区空中管制，实时掌握空中动态，有效管理民用航空活动，为作战行动或紧急情况处置提供空域或方便；②严格执行空中管制计划，加强空中管制协同，保障空中运输畅通；③协助识别空中目标，防止误击误伤，确保管制空域使用的安全有序。在保障空中交通管制安全时，主要采用程序管制与雷达管制两种方式。

1. 程序管制

在雷达引入空管之前，管制主要使用无线电通信按照规定的程序来完成，程序管制方式对设备的要求较低，不需要相应监视设备的支持，其主要的设备环境是地空通话设备。在雷达引入后，管制员的感知能力和范围都得到提高，在间隔距离上情报的传递有了很大的改进，但在管制的基本程序上并没有太大的变化，因此程序管制仍是整个空管的基础。

管制员在工作时，通过飞行员的位置报告分析、了解飞机间的位置关系，推断空中交通状况及变化趋势，同时向飞机发布放行许可，指挥飞机飞行。航空器起飞前，机长必须将飞行计划呈交给报告室，经批准后方可实施。飞行计划内容包括飞行航路(航线)、使用的导航台、预计飞越各点的时间、携带油量和备降机场等。空中交通管制员根据批准的飞行计划的内容填写在飞行进程单内。当空中交通管制员收到航空器机长报告的位置和有关资料后，立即同飞行进程单的内容进行校正，当发现航空器之间小于规定的垂直、纵向与侧向间隔时，立即采取措施进行调配间隔。这种方法速度慢、精确度差，对空中飞行限制较多，如同机型同航路同高度需间隔 10 分钟，因此在划定的空间内所能容纳的航空器较少。但是，这种方法是中国民航管制工作在以往很长一段时间内使用的主要方法。

2. 雷达管制

雷达管制是依照空中交通管制规则中的条款和雷达类型及性能，对飞行中的航空器进行雷达跟踪监督，随时掌握航空器的航迹位置和有关飞行数据，并主动引导航空器运行。雷达管制包括对一次雷达、二次雷达的识别确认、雷达引导、雷达管制最低间隔及雷达的管制移交等。雷达管制员根据雷达显示，可以了解本管制空域雷达波覆盖范围内所有航空器的精确位置，因此能够大大减小航空器之间的间隔，还可以为驾驶员提供导航引导、仪表着陆引导等空中交通管制服务，提高了空中交通管制的安全性、有序性和高效性。

目前，雷达种类可分为一次监视雷达和二次监视雷达，其功能主要包括：改善空域的利用，减少延误，提供直飞路线和更合理的飞行剖面；向离场航空器提供雷达引导以便迅速而有效地离场，还可以加速爬升到巡航高度层；向航空器提供雷达引导以消除潜在的飞行冲突；向进场航空器提供雷达引导以建立迅速而有效的进近次序；提供雷达引导以帮助飞行员领航，如飞向或飞离某个无线电导航设备，飞离或绕飞恶劣天气；当一架航空器在雷达覆盖区通信失效时，提供间隔和保持正常的交通流量；保持对空中交通的雷达监视等。

1) 一次监视雷达

一次监视雷达可以分成三类：①机场监视雷达(Airport Surveillance Radar，ASR)，它的作用距离为 100 海里，主要是塔台管制员或进近管制员使用；②航路监视雷达(Air Route Surveillance Radar，ARSR)，设置在航管控制中心或相应的航路点上，探测范围在 250 海里以上，高度可达 13000 米，其功率比机场监视雷达大，在航路上的各部雷达能把整个航路覆盖，这样管制员就可以对航路飞行的飞机实施雷达间隔；③机场地面探测设备功率小，其作用距离一般为 1 英里(1 英里≈1609 米)，主要用于特别繁忙机场的地面监控，可以监控在机场地面上运动的飞机和各种车辆，帮助塔台管制员控制地面车辆和起降飞机的地面运行，保证安全，它的主要作用是在能见度低时提供飞机和车辆的位置信息，由于它的价格较高，机场通常没有这种设备。

2) 二次监视雷达

二次监视雷达是一种把已测到的目标与一种以应答机形式相配合设备协调起来的雷达系统，能在显示器上显示出标牌、符号、编号、航班号、高度和运行轨迹等特殊编号。二次监视雷达系统的另一重要组成部分是飞机上装的应答机，它是一个在接收到相应的信号后能发出不同形式编码信号的无线电收发机，在接收到地面二次监视雷达发出的询问信号后，进行相应回答。这些信号被地面的二次监视雷达天线接收，经过译码，就在一次监视雷达屏幕出现的显示这架飞机的亮点旁边显示出飞机的识别号码和高度，管制员就能很容易地了解飞机的位置和代号。

在雷达管制过程中，对于航空器之间间隔有着较为严格的管理标准，其标准如下：①进近管制不得小于 6 千米，区域管制不得小于 10 千米；②在相邻管制区使用雷达间隔时，雷达管制的航空器与管制区边界线之间的间隔未经协调前，进近管制不得小于 3 千米，区域管制不得小于 5 千米；③在相邻管制区使用非雷达间隔时，雷达管制的航空器与管制区边界线之间的间隔在未协调前，进近管制不得小于 6 千米，区域管制不得小于 10 千米。

9.3.3　机场运行安全管理

民用机场是进行民用航空运输生产的必要场所。它不仅提供旅客候机或转乘飞机的候机楼和上下飞机的服务设施，而且提供飞机起飞、降落必需的跑道、机坪等一系列保障措施。中国民用航空局主要依据《中华人民共和国民用航空法》《中国民用航空安全检查规则》《中华人民共和国民用航空安全保卫条例》《民用机场航空器活动区道路交通管理规则》等有关法律、法规和规章，对民用机场运行安全实施监督管理。

1. 民用机场使用许可制度

机场使用许可制度是中国民用航空局对民用机场实施安全监管的主要方式。中国设有的民用机场必须符合有关法律、法规、规章以及技术标准；通过中国民用航空局或其授权机构对机场提供《民用机场使用手册》等文件；通过机场各项设施和人员的严格审查，取得中国民用航空局颁发的民用机场使用许可证，民用机场才能投入使用。已经取得许可证的民用机场，如运行条件恶化或不符合规定，经审查评估后，视具体情况做出限制使用、中止或吊销使用许可证的决定。

2. 民用机场适用性检查制度

中国民用航空局或其授权机构定期和不定期地对民航机场净空保护、鸟害控制、飞机活动区、助航设施、消防设施和应急救援设施等保障运行安全的设施或措施进行监督和检查。对存在问题的机场，限制改正或予以处罚，保证运行中的机场始终处于安全适用状态。

3. 民用机场活动区重要情况月报制度

机场当局必须每月向中国民用航空局报告机场活动区、鸟害控制、消防和救援等安全保障工作中出现的重要问题和缺陷。这一制度是对民航机场适用性检查制度的补充，并使中国民用航空局能及时掌握各机场在运行方面存在的问题，以便采取相应措施或制定相关对策。

4. 民用机场不停航施工审批制度

运行中的民用机场在不停航条件下在飞机活动区或部分航站区进行施工，必须经过中国民用航空局或其授权机构对机场的施工安全措施、施工组织和施工计划等进行严格审查并获得批准。目前中国有许多机场正在进行改建或扩建，该制度保证了这些机场的安全正常运行。

依据规章制度对于机场运行安全实施监督管理的同时，需要加强机场运行各个内部系统的保障工作，主要包括飞行保障系统、空防安全保障系统、航站-站坪保障系统、运行指挥系统与应急救援系统。

1）飞行保障系统

飞行保障系统是机场运行安全管理最为重要的一个环节，主要是保障飞机在机场停放、滑行、起飞、降落以及地面作业过程中的安全。其保障工作包括净空保护管理、鸟害防治管理、道面保障、助航灯光保障与机场排水管理。

（1）净空保护管理。机场净空保护管理，主要是指对机场周边一定范围内的固定、实体障碍物的高度控制，同时涉及机场电磁环境保护，以及对影响飞行安全和能见度的漂浮物、烟雾和灯光等的控制。

（2）鸟害防治管理。鸟害防治管理就是减少机场对于鸟类的吸引，采用多种方式与手段将鸟类对于航空器运行的危害降到最低，最大限度地避免鸟撞航空器事件的发生，保障飞行安全。在预防管制中，相关调查小组需要组织制定机场鸟害防治实施方案；组织制定鸟情巡视制度、鸟害报告制度、驱鸟枪支及其他驱鸟设备的使用管理和维护规程；负责机场鸟害防治工作的对外协调、联络及宣传；定期召开机场鸟害防治工作会议研究和布置鸟害防治工作；配合有关部门调查处理鸟击构成的飞行事故及飞行事故征候，全方位、多角度地达到驱赶鸟类的目的。

（3）道面保障。对于场道维护的安全性要求主要体现在跑道的强度、抗滑性、跑道表面的平整度、道面的清洁性等方面。其中，道面打滑是许多飞机冲出、偏离跑道的主要因素。跑道和滑行道道面的抗滑性能取决于道面摩擦系数。下雨或下雪造成的道面积水、飞机着陆时轮胎与道面摩擦留下的道面结胶等都会对道面摩擦性能造成不良影响。

（4）助航灯光保障。助航灯光保障主要是指对风向标、各类道面标志、引导标记牌、助航灯光系统的保障。目视助航设施应确保始终处于适用状态，标志物、标志线也应当清晰有效，颜色正确。助航灯光系统和可供夜间使用的引导标记牌的光强、颜色、有效完好率和允许的失效时间，应当符合中国民用航空局关于机场飞行区保障的相关技术标准要求。助航灯光管理应着重于避免因滑行引导灯光、标志物、标志线和标记牌等指示不清、设置位置不当而产生混淆或错误指引，造成航空器误滑或人员车辆误入跑道、滑行道的事件。

（5）机场排水管理。在机场排水管理方面，其设置应符合多项规定，其中包括：机场排水工程设计应符合机场总体规划，统筹兼顾近、远期工程的协调发展；应与机场周围自然水系、城镇既有和规划排水设施以及农田水利设施相协调；场内和场外的排水设施、空侧和陆侧的排水设施应统筹规划，合理衔接；机场排水工程设计应遵循低影响开发理念，先采取自然积存、自然渗透、自然净化等方式，有效控制雨水径流，消减面源污染，防治内涝，提高雨水利用程度；机场内涝防治应采取工程性和非工程性相结合的综合控制措施；机场陆侧排水系统的设计，除应符合本规范规定要求外，尚应符合《室外排水设计标准》（GB 50014—2021）的有关规定；机场排水设施应安全耐久、经济合理，便于施工、检查和维护;冰冻地区的地面排水设施应耐冰冻、耐盐蚀；排水暗沟和暗管宜置于最大冻深线以下，无法满足时，应采取防冻措施。在地震、湿陷性黄土、膨胀土、多年冻土以及其他特殊地区设计排水工程时，尚应符合国家现行有关规定。

2）空防安全保障系统

空防安全保障系统也称航空保安系统，航空保安的对象是某些人为的，出于政治、经济目的或个人私利而有意采取的危及航空安全的非法行为。空防安全保障系统包括安全检查系统和安全保卫系统。

（1）安全检查是指对人员（旅客）、行李和货物进行的严格检查，是为防止劫（炸）飞机和其他危害航空安全事件的发生，保障旅客、机组人员和飞机安全所采取的一种强制性的技术性检查。安全检查的设备包括安检门、探测器及其他爆炸物探测装置等。

（2）安全保卫系统主要包括航空器的监护、航站楼的治安、机场入口管理、机场治安管理、重要设施设备保卫、重大社会活动保卫、专机和要客保卫等内容。机场安全保卫系统包括机场隔离区、飞行区证件管理、隔离区、飞行区入口管理、飞行区、隔离区安全监控、机场围界管理、飞行区人员车辆管理等。机场安全保卫系统的主要功能是防止炸机、劫机；防止无关人员进入隔离区、飞行区，登上飞机，进滑行道；保障机场设施安全，维护候机楼的正常秩序。

3）航站-站坪保障系统

航站-站坪（包括停车场）是民航机与飞机、机务维修、航务管理、运输服务、机场保障和油料等系统在机场活动的集中区域。航站的站坪又是完成旅客从进入机场到登上飞机，下飞机到离开机场的活动区域。航站-站坪还是驻机场各航空公司活动的主要场所，是民航各种主要矛盾的交叉点和集中点，也是机场管理的重点和难点。

航站-站坪保障系统的主要功能有：一是为旅客创造良好的登机、离机环境，确保旅客安全登、离机，确保货物安全装卸；二是为飞行机组、航管部门、机务部门、运输服务部门、油料公司、现场保障部门和驻机场各航空公司提供良好的保障和服务，确保航空器在机场安全正常运行，减少停机坪事故发生。航站-站坪保障系统包括航站安全保障和站坪安全保障两部分。

4）运行指挥系统

机场运行指挥部门是机场运行的神经中枢，担负着机场运行的计划、组织、指挥、协调、控制和应急救援指挥的重要职责，其作用是保证机场安全、有序、高效地运行。机场以运行指挥部门为核心，将机场生产运行网络、通信信息网络、组织指挥网络、安全保障网络和应急救援网络整合为统一的运行管理体系，实施统一的组织协调指挥，对机场资源实施有效管理，确保机场运行正常进行。机场运行指挥部门的主要职责是落实中国民用航空局、地区管理局、当地政府等上级机关有关机场运行方面的指示和要求，协调与驻场单位在生产运行中的各种关系，指挥协调机场各单位确保机场生产运行正常进行。

运行保障系统包括动力系统、供水系统、分供暖系统及污水污物处理系统等，是保障机场各生产运行系统安全运行的重要系统，也是驻机场职工家属正常工作生活的重要保障。指挥协调系统由机场指挥系统、信息管理系统、通信联络系统和安全检查评估系统等组成。军民合用机场还包括军用与民用的协调系统。指挥协调系统对内负责机场日常生产运行指挥协调、施工与生产运行协调与管理、专机保障及机场运行情况的上传下达等；对外负责协调机场与驻机场各单位在生产运行中的各种关系。指挥协调系统必须制定完备详细的紧急情况处置方案，其任务是使全机场协调运行。

5）应急救援系统

机场应急救援系统是机场在紧急情况下保障飞行安全、空防安全和航站楼与重要设施安全的重要系统，是机场运行管理的重要组成部分。

机场应急救援的目的是有效应对民用运输机场突发事件，避免或者减少人员伤亡和财产损失，尽快恢复机场正常运行秩序。建立一套完善的应急救援管理体系，可以使应急救援工作规范化，提高应急反应能力，整合发挥各管理部门的合力作用，减少人员伤亡及财产损失，提高应急救援工作整体水平。当机场区域发生各种突发事件时，能迅速有效、协调统一地开展救援，减少损失和迅速组织恢复正常状态。机场应急救援工作应当遵循最大限度地抢救人员生命和减少财产损失，预案完善、准备充分、救援及时、处置有效的原则。

9.4 民航安全风险管理

安全风险评定矩阵

9.4.1 安全管理体系简介

安全管理体系(Safety Management System，SMS)，是一个系统的、清晰的和全面的安全风险管理方法，它综合了运行、技术系统、财务和人力资源管理，融入公司的整个组织机构和管理活动中，包括目标设定、计划和绩效评估等，最终实现安全运行和符合局方的规章要求。国内外航空发展历程表明，建设安全管理体系，既是国际民用航空组织的强制性要求，又是实施积极主动的系统安全管理、保障航空系统安全发展的内在需要。因此，构建民航安全管理体系是提高我国民航安全管理水平的有效途径。

国际民用航空组织从 2001 年开始陆续颁布和修订各种文件，规定各缔约国强制要求其公共航空运输企业、民用机场、空管单位、维修企业和培训组织实施成员国认可的民航安全管理体系。提出安全管理体系的三大基本目的：①作为国家航空安全纲要的组成部分；②帮助航空企业能够具有快速应对各种变化的能力，并使安全管理等各种工作更加有效；③希望通过一种办法，能够帮助航空企业的管理者在安全和生产之间的资源分配上找到一个合理的现实平衡。为响应国际民用航空组织的需求与号召，2007 年中国民用航空局发布《中国民用航空安全管理体系建设总体实施方案》，在机场、航空公司、空管等单位进行试点，陆续开展安全管理系统的培训与教育。

安全管理体系的组成框架包括安全管理计划、文件记录体系、安全监督机制、培训系统、风险管控系统、应急预案等，下面分别进行简要介绍。

1. 安全管理计划

在民航安全管理体系中，明确管理的目标，依据相关政策建议，制订相应的计划内容成为安全管理系统的核心运营程序。在安全管理计划中，管理者的承诺与所需承担的责任起到关键的作用，通过人员的具体活动及资源的利用，管理者可以积极地控制与危险后果有关的安全风险。要确保组织安全管理体系的效力与效率，最为基本的就是组织的安全政策。高层管理者必须制定组织的安全政策，由责任主管签署。高层管理者还必须设定安全目标，以及为安全管理体系，也是为整个组织的安全绩效设定标准。安全目标必须确定组织想在安全管理方面实现的目标，并拟定组织实现这些目标所需采取的步骤，对于安全管理进行有序的计划安排。

2. 文件记录体系

安全管理体系的一个明显特征就是所有的安全活动均要求形成文件并是可见的。因此，文件是安全管理体系的一个基本要素，建立完善的文件记录体系发挥着至关重要的作用。安全管理体系文件必须包括并酌情提及所有相关的和适用的国内规章和国际规章，还必须包括安全管理体系所特有的记录和文件，如危险报告表、责任义务关系、关于运行安全管理的责任和权利，以及安全管理组织的结构。此外，它还必须以文件形式说明记录管理的明确指导方针，包括记录的处理、存储、检索和保护。

3. 安全监督机制

在管理体系中，首要任务是对安全指标的监督与控制，因此合理的安全监督体制具有关键作用。在监督体制中，必须通过监控与测量运行人员所从事的活动后果来进行安全保证。在安全监督机制中，进行绩效监控与测量的信息源主要包括以下六点。

(1)危险报告。危险报告与危险报告系统是危险识别的基本要素。

(2)安全研究体系。安全研究是一项包括广泛安全问题的大型分析，可以通过普遍研究来了解普遍的安全问题。

(3)安全审查。在引进或采用新的技术、修改或实施新程序期间，或在运行结构改变时需要进行安全审查。

(4)审计。此内容注重组织安全管理体系的完整性，定期评估安全风险控制状况。

(5)安全调查。安全调查可能涉及使用调查单、问卷和非正式秘密访谈等。

(6)内部安全调查。

同时，在安全监督体制中需要加强对于现有设备、技术程序变更的管理，以及对于安全管理体系进行持续的研究与改进。

4. 培训系统

在安全管理系统中，及时的教育与培训有着重要的作用。安全管理者应提供与组织的特定运行和运行单位相关的安全问题有关的当前信息和培训。对所有工作人员，不管其在组织的级别如何，提供适当的培训表明管理者对建立有效的安全管理体系的承诺。安全培训和教育应包括以下方面。

(1)有文件佐证的确定培训要求的过程。

(2)测量培训有效性的验证过程。

(3)初始(一般安全)职务专门培训。

(4)纳入安全管理体系的教育或初始培训，包括人的因素和组织因素。

(5)安全复训。

对于安全培训系统的建立应依据结构砖块的方法，主要涉及运行人员、管理者和主管、高级管理者三个方面。

(1)对运行人员的培训应涉及安全责任，包括遵循所有运行和安全程序，以及识别和报告危险。培训目标应包括组织的安全政策和安全管理体系的基本内容与概况。内容包括危险、后果和风险的确定、安全风险管理过程的作用和责任以及非常基本的安全报告和组织的安全报告系统。

(2)对管理者和主管的安全培训应涉及安全责任，包括宣传安全管理体系和使运行人员进行危险报告。除了为运行人员制定的培训目标，为管理者和主管制定的培训目标还应包括安全过程、危险识别、安全风险评估和缓解以及变化管理的详细知识。除为运行人员规定的内容外，对管理者和主管的培训内容还应包括安全数据分析。

(3)对高级管理者的安全培训应包括符合国家和组织安全要求的安全责任、资源分配、确保有效的部门间安全信息交流和对安全管理体系的积极宣传；对高级管理者的安全培训应包括安全保证和安全宣传、安全作用和责任，以及确定可接受的安全水平。

5. 风险管控系统

在安全管理体系中，风险的管理与控制是管理体系的基础部分，在风险管控中主要包括两个方面：①危险识别；②风险评估与缓解。

1）危险识别

风险管控系统首先将对系统功能的描述作为危险识别的基础。在系统描述中，对系统的构成部分及其与系统运行环境联系的相互关系界面进行分析以找出危险的存在及查明系统中已有或缺失的安全风险控制机制。在描述的系统中，分析危险，查明其潜在的破坏性后果及从安全风险角度评估此种后果。在具有危险后果的安全风险评定为过高而无法接受时，必须在系统中增加安全风险管制机制。因此，评估系统设计，即证实系统足够控制危险后果是安全管理的基本要素，其识别方法主要包括被动方法、主动方法与预测方法。

2）风险评估与缓解

危险一经识别，便应对危险潜在后果的安全风险进行评估。安全风险评估是对已经确定对组织的能力产生威胁的具有危险后果的安全风险进行分析。安全风险分析通常将风险分解为两个部分：①破坏性事件或情况发生的概率；②如果发生，该事件或情况的严重性。通过使用风险可容忍度矩阵来确定安全风险的决策和接受度。矩阵的确定和最终结构应由服务提供者组织进行设计，并经其监督组织同意。通过上述步骤对安全风险进行评估后必须将安全风险消除或缓解到合理可行的程度，这称作风险缓解。

6. 应急预案

应急预案以书面形式概述事故发生后应采取的行动以及每一行动的负责人。应急预案的宗旨是确保有序并有效地从正常状态过渡到紧急状态，包括紧急情况下的权力下放和紧急状态下的责任划分。预案中还包括由关键人员授权采取的行动，以及协调应对紧急状态的工作，整体目标为维持安全运行或尽快恢复至正常运行。

9.4.2 安全风险管理

风险管理最早起源于美国，1931年美国管理协会保险部最先倡导管理。1932年，美国纽约几家大公司组织成立纽约保险经纪人协会，后逐渐发展为全美范围的风险研究所和美国保险及风险管理协会，该协会的成立标志着风险管理的兴起。风险管理最初表现为保险型风险管理，它在20世纪50年代得到了推广并受到了普遍重视；70年代以后，英法等欧洲国家的风险管理均由保险型风险管理逐渐发展为经营型风险管理，此后迅速发展并形成系统化的管理科学。在航空领域，随着飞机制造技术的进步，飞机的可靠性越来越高。自1959年以来，世界范围内的民用航空运输飞行事故率基本呈下降状态，到1964年，每百万次起飞行事故率由1959年的27%下降至5%以下。1967年至今，保持了比较低的事故率，每百万次起飞行事故率在1.5~3.0。目前，国际民用航空组织设置的航空器碰撞技术风险和运行风险的安全目标水平都为2.5×10^{-9}。但是，上述数字仅仅是事故率而不是事故次数。由于全世界航空公司的航班量在不断增长，专家预测即使继续保持目前的低事故率，也将有成倍数量的事故发生，这是目前民用航空运输业面临的严重问题。因此，研究寻找低事故率的有效防范措施已成为国际航空界的首要任务。

风险管理内容广泛，包括财务风险、法律风险、经济风险等，这里仅对安全风险管理进行阐述。安全风险管理的目的是为均衡地在所有评定的安全风险与可控及可缓解的安全风险之间配置资源提供基础。在安全管理体系框架中介绍风险管控系统，主要包括危险识别和风险评估与缓解。下面将进一步阐述风险管理的过程，其主要包括危险识别、评估风险可能性、评估风险严重性、安全风险评定和风险控制。

1. 危险识别

危险识别是一种连续的、经常性的日常活动，是对于危险源的有效识别。危险识别工作永无止息，它是组织过程的重要组成部分，可以从以下因素和过程范围考虑。

(1)设计因素，包括设备和任务设计。

(2)程序和操作做法，包括其文档和检查单，以及根据实际运行条件对其进行的验证。

(3)通信，包括通信方式、术语和语言。

(4)个人因素，如公司的招聘、培训、薪酬和资源分配政策。

(5)组织因素，如产品和安全目标的兼容性、资源分配、运行压力和公司的安全文化。

(6)工作环境因素，如周围环境噪声和振动温度、照明、防护设备和衣物的可获取性。

(7)管理监督因素，包括规章的可适用性和可实施性；设备、人员和程序的认证；监督的力度。

(8)防卫机制，包括的因素如提供适当的检测和报警系统、设备的容差和设备对差错和故障的抵御能力。

(9)人的行为能力，限于健康状况与身体限制。

2. 评估风险可能性

对运行中的安全危险源后果的可能性进行评估，称为安全风险可能性评估。安全风险可能性的含义是指某个不安全事件或条件发生的可能性。对可能性的描述可以是定性的，也可以是定量的，采取哪种表现形式取决于所选用的风险评价方法。本节主要讨论安全风险可能性的定性描述，确定一个不安全事件可能性的定性描述，可以参考下列问题。

(1)以前发生过与所考虑情况类似的事件吗？

(2)哪些同类型的其他设备或部件可能会有类似缺陷？

(3)有多少人员执行所涉程序或受其影响？

(4)使用可疑设备或有问题程序所占的时间比例是多少？

(5)在多大程度上存在可能反映出对公共安全较大威胁的涉及组织、管理或规章制度方面的问题？

在分析这些问题的基础上，参考安全风险概率表，如表 9.2 所示，表示发生不安全事件或情况的概率，分为 5 个层次。

表 9.2　安全风险概率表

概率	含义	值
频繁	频繁发生(可能多次发生)	5
偶发	偶尔发生(可能时有发生)	4
很小	很少发生(不大可能，但有可能)	3
不可能	据了解未发生过(很不可能发生)	2
极不可能	几乎不可想象会发生	1

3. 评估风险严重性

安全风险的严重性是指危险事件可能会导致某种事故、不安全事件的后果严重程度。有些事故的影响仅限于发生事故的小范围环境中，但有的事故会有"城门失火殃及池鱼"的后果，其两者的严重性与影响程度都会有天壤之别。对于风险严重性的定义，可以从以下几个问题进行定性考虑。

(1) 安全风险带来多少人员伤亡？

(2) 财产或财务损失有多大？

(3) 对于自然环境的影响有多大？

(4) 对社会发展、政治舆论有影响吗？

针对以上问题，参照《安全管理手册(SMM)》安全风险严重度表进行界定，如表 9.3 所示。

表 9.3　《安全管理手册(SMM)》安全风险严重度表

事件严重度	含义	等级
灾难性的	设备毁坏；多人伤亡	A
危险的	安全余度大幅度降低、生理问题或工作量使运行人员不能准确或完整地执行任务；人员重伤；重大设备损坏	B
重大的	安全余度严重降低，工作量的增加使运行人员处理不利运行环境的能力降低；严重事故症候；人员受伤	C
较小的	干扰；运行受限；使用紧急程序；较小的事故征候	D
可忽略的	几乎没什么后果	E

4. 安全风险评定

以概率和严重性对风险进行评定后，需要对风险提出解决的合理措施，但在解决措施提出之前，首先应该确定风险的优先次序，将之前所考虑的安全风险概率表与安全风险严重度表合并为安全风险评定矩阵，如表 9.4 所示。

表 9.4　安全风险评定矩阵

风险可能性	风险严重性				
	灾难性的 A	危险的 B	重大的 C	较小的 D	可忽略的 E
频繁 5	5A	5B	5C	5D	5E
偶发 4	4A	4B	4C	4D	4E
很小 3	3A	3B	3C	3D	3E
不可能 2	2A	2B	2C	2D	2E
极不可能 1	1A	1B	1C	1D	1E

将从安全风险评定矩阵中获得的安全风险指数纳入描述风险可容忍标准的风险可容忍矩阵，如表 9.5 所示，对于不同的风险指数采取不同的对策建议。

表 9.5　安全风险可容忍矩阵

建议标准	风险评估指数	建议的标准
不可容忍区域	5A,5B,5C 4A,4B,4C	在现有条件下不可接受
可容忍区域	5D,5E,4C,4D,4E 3B,3C,3D,2A,2B,2C	采取风险减缓措施后可接受，可能需要管理决策
可接受区域	3E,2D,2F,1A 1B,1C,1D,1E	可接受

其中，表 9.5 中的"可接受"意味着没有必要采取进一步措施(除非可以不花费代价或力量将此风险进一步降低)；"可容忍"意味着受到风险影响的组织准备容忍风险的存在，但条件是风险正在尽可能地减小；"不可接受"意味着目前状态下的运行活动必须停止，直至风险降低到至少可容忍的水平，在"不可接受"的条件下，组织必须配置资源，以降低面临危险后果的风险；配置资源，以降低危险后果的规模或破坏潜能；如果不能缓解，则取消运行。

5. 风险控制

风险控制是安全风险管理阶段中的最后一个步骤，是根据评估风险等级，选择合适的风险管理方案和措施，减小或消除其对系统的危害。在风险的控制方案中，主要有风险规避、风险减少、风险隔离和风险保留四种风险控制措施。

1) 风险规避

风险规避即取消运行或活动，有时不从事一项活动就不会产生风险，因此避免从事某项活动是处理风险的首选，例如，没有缩小最小垂直间距(Reduced Vertical Separation Minimum，RVSM)设备的航空器在 RVSM 空域运行，此种运行会被取消。不过由于风险存在一定的负面效应，一定风险的避免可能会造成另外风险的发生，或者可能导致一些可利用信息丢失与潜在的损失，因此风险规避措施的实施需要综合具体问题进行全方位的考虑。

2) 风险减少

风险减少即减少运行或活动的次数，如果在评估后，结果是风险不可接受，但危险本身无法进行消除或消除代价太大，应该考虑减少风险的措施。首先通过对可行的安全措施的影响进行定量研究，确定是否存在降低风险的可能。将风险减少的可能性与安全措施的费用相结合，选择最佳的降低风险策略，例如，机场环境复杂，没有必需辅助设备的活动被限制在白天、可视情况下运行。

减少可能性就是减少某种运行或活动的频率，以减少某种可接受风险后果的发生次数，其途径主要包括：政策和程序；审计、检查或程序控制及规划；项目管理；质量保证、管理或目标；组织培训规划；监督等。减少严重度的途径，主要包括意外事故预测、契约虚拟、控制欺诈行为等。

3) 风险隔离

风险隔离即采取行动，切断危险后果的影响，或构筑冗余系统，以防止风险，例如，机场环境复杂且没有必要的辅助设备时，只允许具有特定功能的航空器在场内运行。

4) 风险保留

风险保留是指当所存在的风险被减少或隔离后,剩余的风险可能被保留下来,同时风险可能被默认保留,如一般情况下低水平的风险被认为是可以接受的。

并不是所有的安全风险减缓措施都能够减少安全风险,因此在决策之前需要对每一个具体措施的效果进行评估,寻找最优的解决办法。对风险的处理方式决定后,当组织内部或外部条件变更时,处理方法也要变更。

在风险控制方案的选择方面,针对以上内容有多种方式可以进行选择。在制定风险防控措施时,应优先考虑避免风险的相关措施,尽可能地消除风险;对于无法消除或消除代价太大的风险,在考虑实施费用的情况下,采取减小风险的相关措施;如果减小方案还是不能有效控制风险,可以考虑是否实施隔离运行的方案;最后一步评估风险是否可以接受,如果符合要求可以保留该风险,即使风险可以接受也要尽量采取措施降低风险。一旦风险的控制措施被实施,制定和应用的方案必须反馈到组织防御措施部分,以保证在新的运行条件下防御措施的完整性、有效性和高效率。

9.4.3　安全风险评估

安全风险评估分狭义和广义两种。狭义指对一个具有特定功能的工作系统中固有的或潜在的危险及其严重程度所进行的分析与评估,并以既定指数、等级或概率值做出定量的表示,最后根据定量值的大小决定采取预防或防护对策。广义指利用系统工程原理和方法对拟建或已有工程、系统可能存在的危险性及其可能产生的后果进行综合评价和预测,并根据可能导致的事故风险的大小,提出相应的安全对策措施,以达到工程、系统安全的过程。安全评估又称风险评估、危险评估,或称安全评价、风险评价和危险评价。在民航安全管理中,安全风险评估是指在识别危险源的基础上,将损失的频率、程度和其他各项指标综合考虑,分析该风险的影响,寻求风险对策并分析对策的影响,为风险决策与管控提供有效依据。

安全风险评估在民航安全风险管理中有着极为重要的地位,下面对安全风险评估的目的、原则和方法进行简要阐述。

1. 安全风险评估的目的

安全风险评估的目的主要体现在以下几个方面。

1) 识别出低风险危险对象

在风险管理过程中,不是所有被识别出来的风险都需要进行专门的管理,有的危险对象引发事故发生的概率非常低或者带来的影响极其微小,没有必要投入人力、物力进行管理,也不需要单独采取相应的应对措施。

2) 对危险物进行分级与排序

安全风险评估的目的是对所有被评估的会引起危险的物品,根据评估的安全风险等级,采取切实可行的控制和减缓措施,实现资源配置,达到安全与生产的平衡。也就是说,安全风险评估可以促进解决"安全和生产的困境"。因此,安全风险评估是安全管理的核心组成部分,其意义在于它是用数据挖掘的方式来进行资源配置,更为安全,也更容易解释。通过安全风险评估可以依照风险严重程度的高低、容忍大小对风险进行排序,从而做到在防控的先后次序、安全成本投入等防控策略方面主次分明、有所侧重,从而达到最好的治理效果，避免事故的发生。

3) 进一步发现具有高风险的危险物

有的危险物自身风险较高，一旦引发事故，后果特别严重，引发的事故若得不到有效控制将会迅速蔓延、扩大，或发生连锁反应从而产生其他恶性事故。对这类危险物，不仅要强化预防管理，还需制定相应的应对措施，以最大限度地降低损失。

2. 安全风险评估的原则

安全风险评估是一个识别危险、为风险管控提供依据的过程，需要遵循以下三个原则。

1) 风险分析原则

风险分析原则为监管部门实施民航安全监督管理提供科学的决策依据。在制定公共政策、对民航安全实施监督管理时，现实的、合理的、有用的因素都应当被考虑进去。但更为重要的是，安全风险监督管理措施必须以科学性为基础。风险分析原则正是建立在科学分析方法的基础之上，一方面通过建立覆盖全国的航线监测网络，以实现对民航安全信息的动态监管和及时预警，另一方面通过采取科学方法评估风险，得出风险评估结果，从而为实施安全风险管理、制定监督管理措施提供科学的决策依据。

2) 预防性原则

在生产与安全的关系中，一切以安全为重，安全必须排在第一位。必须预先分析危险源，预测和评价危险、有害因素，掌握危险出现的规律和变化，采取相应的预防措施。在存在诸多不确定因素的前提下，提出相应措施进行合理预防，对于风险的发生做到有备无患。

3) 客观性原则

安全风险评估是民航管理中的一项决定性工作，它的任何失误都可能给企业和国家带来不可估量的损失，因此评估人员必须持有对国家、对企业高度负责的、严肃的、认真的、务实的精神，以战略家的眼光，将民航安全置于整个国际国内大市场进行纵向分析和横向比较，使民航安全管理系统建成后能够发挥良好的作用。同时要使用科学的方法，在评估工作中，注意全面调查与重点核查相结合，定量分析与定性分析相结合，经验总结与科学预测相结合，以保证安全评估中的客观性、使用方法的科学性和评估结论的正确性。

3. 安全风险评估的方法

安全评估存在很多分析方法。对于一些风险，通过界定多个变量，收集适当的数据建立相应的数学模型，利用定量的形式可得到可靠的结果。然而，对于航空领域的危险，很少单纯地利用数学方法进行可靠的分析。通常是通过对已知事实及其关系的重要性与逻辑性的分析，同时对这些分析方法加以定性分析补充。综合以上情况，下面对安全风险评估方法进行简单介绍，包括德尔菲法、风险评价指数法、层次分析法、模糊综合分析法、蒙特卡罗(Monte Carlo)模拟法等。

1) 德尔菲法

德尔菲法也称专家调查法。该方法是由企业组成一个专门的预测机构，其中包括若干专家和企业预测组织者，按照规定的程序，背靠背地征询专家对未来可能发生的危险或情况的意见或者判断，然后进行预测的方法。此方法具有匿名性、反馈性和统计性三个特点，具有一定的科学性与实用性，是一种有效的判断预测法。从实现程序来说，德尔菲法关键在于以下几个流程。

（1）开放式的首轮调研。

①由组织者发给专家的第一轮调查表是开放式的，不带任何框框，只提出预测问题，请专家围绕预测问题提出预测事件；如果限制太多，会漏掉一些重要事件。

②组织者汇总整理专家调查表，归并同类事件，排除次要事件，用准确术语提出一个预测事件一览表，并作为第二步的调查表发给专家。

（2）评价式的第二轮调研。

①专家对第二步调查表所列的每个事件做出评价。例如，说明事件发生的时间、争论问题和事件或迟或早发生的理由。

②组织者统计处理第二步专家意见，整理出第三张调查表。第三张调查表包括事件、事件发生的中位数和上下四分点，以及事件发生时间在四分点外侧的理由。

（3）重审式的第三轮调研。

①发放第三张调查表，请专家重审争论。

②对上下四分点外的对立意见做一个评价。

③给出自己新的评价（尤其是在上下四分点外的专家，应重述自己的理由）。

④如果修正自己的观点，也应叙述改变理由。

⑤组织者回收专家的新评论和新争论，与第二步类似地统计中位数和上下四分点。

⑥总结专家观点，形成第四张调查表。其重点为争论双方的意见。

（4）复核式的第四轮调研。

①发放第四张调查表，专家再次评价和权衡，并做出新的预测，是否要求做出新的论证与评价，取决于组织者的要求。

②回收第四张调查表，计算每个事件的中位数和上下四分点，归纳总结各种意见的理由及争论点。

综上所述，德尔菲法可以避免群体决策的一些可能缺点，声音最大或地位最高的人没有机会控制群体意志，因为每个人的观点都会被收集。另外，管理者可以保证在征集意见以便做出决策时，没有忽视重要观点。

2）风险评价指数法

风险评价指数（Risk Assessment Code，RAC）法采用危险的可能性和严重性来表征危险特性，并建立其相应的评价矩阵。国际民用航空组织、美国联邦航空局以及中国民用航空局等大多数民航机构推荐采用"矩阵法"进行航空业安全风险评估，此方法在9.4.2节进行了详细讲解，此处不做赘述。

3）层次分析法

层次分析法是美国运筹学家匹兹堡大学教授萨蒂于20世纪70年代初，在为美国国防部研究"根据各个工业部门对国家福利的贡献大小而进行电力分配"课题时，应用网络系统理论和多目标综合评价方法，提出的一种层次权重决策分析方法。层次分析法将一个复杂的多目标决策问题作为一个系统，将目标分解为多个目标或准则，进而分解为多指标（或准则、约束）的若干层次，通过定性指标模糊量化方法算出层次单排序（权数）和总排序，以作为目标（多指标）、多方案优化决策的系统方法。

层次分析法所要解决的关键问题是关于最底层对最高层的相对权重问题，按此相对权重可以对最底层中的各种方案、措施进行排序，从而在不同方案中做出选择。其基本步骤包括建立层次结构模型、构造成对比较矩阵(计算权重向量并做一致性检验、计算组合权重向量并做组合一致性检验)、构造判断矩阵、计算权重向量和一致性检验。

(1)建立层次结构模型。

将决策的目标、考虑的因素(决策准则和决策对象)按它们之间的相互关系分为最高层、中间层和最底层,并绘出层次结构图。

①最高层:目标层,表示决策的目的、要解决的问题,即层次分析要达到的总目标。通常只有一个总目标。

②最底层:决策时的备选方案,表示将选用的解决问题的各种措施、政策、方案等。通常有几个方案可选。

③中间层:考虑的因素、决策的准则,表示采取某种措施、政策、方案等实现预定总目标所涉及的中间环节,一般又分为准则层、指标层、策略层、约束层等。

(2)构造成对比较矩阵。

从层次结构模型的第 2 层开始,对于从属于(或影响)上一层每个因素的同一层诸因素,用成对比较法和 1-9 比较尺度构造成对比较矩阵,直到最下层。其中,包括:①计算权重向量并做一致性检验,即对于每一个成对比较矩阵计算最大特征根及对应特征向量,利用一致性指标、随机一致性指标和一致性比率做一致性检验,若检验通过,特征向量(归一化后)即权重向量,若不通过,需重新构造成对比较矩阵;②计算组合权重向量并做组合一致性检验,计算最下层对目标的组合权重向量,并根据公式做组合一致性检验,若检验通过,则可按照组合权重向量表示的结果进行决策,否则需要重新考虑模型或重新构造一致性比率较大的成对比较矩阵。

(3)构造判断矩阵。

层次分析法的一个重要特点就是用两两重要性程度之比的形式表示出两个方案的相应重要性程度等级。例如,对某一准则,对其下的各方案进行两两对比,并按其重要性程度评定等级。按两两比较结果构成的矩阵,称作判断矩阵,如表 9.6 所示。

表 9.6　判断矩阵元素 α_{ij} 的标度方法表

标度 α_{ij}	定义
1	表示两个因素相比,具有同样重要性
3	表示两个因素相比,一个因素比另一个因素稍微重要
5	表示两个因素相比,一个因素比另一个因素明显重要
7	表示两个因素相比,一个因素比另一个因素强烈重要
9	表示两个因素相比,一个因素比另一个因素极端重要
2、4、6、8	上述两相邻判断的中值
倒数	因素 i 与 j 比较判断的 α_{ij},则因素 j 与 i 比较判断的 $\alpha_{ij} = 1/\alpha_{ij}$

(4)计算权重向量。

为了从判断矩阵中提炼出有用信息,达到对事物的规律性认识,为决策提供出科学依据,就需要计算判断矩阵的权重向量。因此,对于构造出的判断矩阵,就可以求出最大特征值所对应的特征向量,然后归一化后作为权值。

(5)一致性检验。

判断矩阵通常是不一致的,为了能用判断矩阵的最大特征根所对应的特征向量作为比较因素的权重向量,其不一致程度应在容许的范围内,所以需要进行一致性检验。

定义一致性的指标(CI)为

$$CI = \frac{\lambda_{mac} - n}{n - 1}$$

CI=0 时,有完全的一致性;CI 接近 0 时,有满意的一致性;CI 越大,不一致越严重。为平衡 CI 的大小,进一步引入随机一致性指标 RI,一般当 CR<0.1 时,认为其不一致程度在容许范围内,有满意的一致性,通过一致性检验。

$$CR = CI/RI$$

4)模糊综合分析法

模糊综合分析法是一种基于模糊数学的综合评价方法。该综合评价方法根据模糊数学的隶属度理论把定性评价转化为定量评价,即用模糊数学对受到多种因素制约的事物或对象做出一个总体的评价。它具有结果清晰、系统性强的特点,能较好地解决模糊的、难以量化的问题,适合各种非确定性问题的解决。此方法可以对于各类评价因素进行比较分析,依据各类评价因素的特征,确定评价值与评价因素值之间的函数关系。一般分析评价主要由以下四个步骤构成。

(1)模糊综合评价指标的构建。模糊综合评价指标体系是进行综合评价的基础,评价指标的选取是否适宜,将直接影响综合评价的准确性。进行评价指标的构建应广泛涉猎与该评价指标系统行业资料或者相关的法律法规。

(2)采用构建权重向量。通过专家经验法或者层次分析法(Analytic Hierarchy Process,AHP)构建权重向量。

(3)构建评价矩阵。建立适合的隶属函数,从而构建评价矩阵。

(4)评价矩阵和权重的合成。

采用适合的合成因子对其进行合成,并对结果向量进行解释。

模糊综合评价法通过精确的数字手段处理模糊的评价对象,能对蕴藏信息呈现模糊性的资料做出比较科学、合理、贴近实际的量化评价;同时,评价结果是一个向量,而不是一个点值,包含的信息比较丰富,既可以比较准确地刻画被评价对象,又可以进一步加工,得到参考信息。

5)蒙特卡罗模拟法

蒙特卡罗模拟法又称随机抽样或统计试验方法,属于计算数学的一个分支,它是在 20 世纪 40 年代中期为了适应当时原子能事业的发展而发展起来的。传统的经验方法由于不能逼近真实的物理过程,很难得到满意的结果,而蒙特卡罗模拟法因能够真实地模拟实际物理过程,并借助现代计算机技术进行大量的重复抽样,在实际中得到日益广泛的应用。

当所要求解的问题是某种事件出现的概率,或者是某个随机变量的期望值时,它们可以通过某种"试验"的方法,得到这种事件出现的频率,或者这个随机变量的平均值,并用它们作为问题的解,这就是蒙特卡罗模拟法的基本思想。蒙特卡罗模拟法通过抓住事物运动的几何数量和几何特征,利用数学方法来加以模拟,即进行一种数字模拟试验。其求解过程主要分为以下几个步骤。

(1)构建概率过程。对于本身就具有随机性质的问题,主要是正确描述和模拟这个概率过程,对于本来不是随机性质的确定性问题,如计算定积分,就必须事先构造一个人为的概率过程,它的某些参量正好是所要求问题的解,即要将不具有随机性质的问题转化为随机性质的问题。

(2)确定模型内各随机变量的概率分布。

(3)实现过程模拟。在计算机上对模型中已知概率分布的随机变量进行足够次数的随机抽样,即产生特定分布的随机数,并进行模拟试验和统计。产生已知概率分布的随机变量成为实现蒙特卡罗模拟法模拟试验的基本手段。

(4)分析与总结。对试验所得的概率分布进行统计分析,并对其方案的精度进行求解。

9.5　民航安全管理职能部门及意义

9.5.1　民航安全管理部门及职能

我国民用航空是一个复杂庞大的社会巨系统,由代表政府机构的中国民用航空局、营利性质的企业——航空公司以及"半企业"的民用机场等组成,这三大部分组成我国民航运输系统即中国航空运输系统。因此,保障我国航空公共安全的健康和发展离不开这三大组成部分的协调运行。

我国航空运输系统安全管理实行部门一把手负责制,并按照行政管理关系建立中国民航安全委员会。中国民航安全委员会由中国民用航空局、地区管理局、省市区管理局、航空公司、机场公司、航务管理中心等单位的主管安全领导和公共安全机构的有关负责人组成,形成民航局、地区管理局、航空企业三级公共安全监察管理机构。

1. 公共安全监察管理机构的职责

我国民航各级公共安全监察管理机构的主要职责如下。

(1)监督检查各生产部门执行有关飞行安全的各项规章制度情况,落实公共安全保障措施。

(2)及时掌握各单位的公共安全形势,监督检查生产事故的调查和处理,并提出安全指导意见。

(3)制定有关民航保障公共安全的规章制度。

(4)组织飞行事故的调查。

(5)组织新航线、新机场、新机型的安全检查。

2. 公共安全监察管理机构的权力

根据民航安全生产的政策法规和规章制度,民航公共安全监察管理机构具有以下职权。

(1)有权立即停止使用危及公共安全生产的设备和人员。

(2)有权要求有关部门对影响公共安全生产的问题进行处理,并采取措施。

(3)有权要求有关部门报告公共安全情况,提供相关资料。

(4)有权要求有关部门对违章、失职的当事人和事故责任人进行处理。

中国民用航空局及其下属单位,通过分析航空运输业的公共安全形势及发展趋势,制定相应的标准、程序和规章，以完善民航法规、优化空域、改进航路设施等重大决策为依据，为我国航空公共安全管理提供支持政策和法则保证。

我国大部分航空运输企业的安全管理体系由企业航空安全委员会、企业职能部门、企业生产部门组成。企业航空安全委员会是企业安全决策层；企业职能部门是企业安全监督层；企业生产部门是企业安全保障层。企业航空安全委员会负责对企业的日常公共安全进行监督；预警预控管理职能部门负责对企业的公共安全管理失误的监测、诊断、矫正及提出预控对策；危机管理职能部门负责进行航空公共危机模拟，设计危机管理方案供决策层在特别情境下采纳。

航空运输企业的安全管理主要执行以下职责（以航空公司为例）。

（1）定期报告航空公司现时的公共安全状态，提出缓解现时安全隐患的技术方案。

（2）对航空公司公共安全危机的发展及其后果进行预测，提出中长期的对策方案。

（3）指明公共安全危机形势下最不稳定（或最容易再次失误）的航空公司活动领域。

（4）训练航空公司全体成员对公共安全危机的心理适应能力和行为应变能力。

（5）总结危机状态下航空公司公共安全管理活动的经验和教训，提炼归纳并录入航空公司预控对策系统的对策库中。

民用机场是为公众提供安全的公众场所，也是航空运输业与整个社会的结合点。机场管理当局与航空公共安全的直接相关部门及其主要职责有以下方面。

（1）安全预警部门。负责监督、检查、指导和协调航空公共安全保障部门的航空安全工作；参与航空公共安全事故调查；及时了解掌握飞行安全和地面航空公共安全保障情况。

（2）安全检查站。负责对进入候机隔离区内的人员（含旅客）及其行李、航空空运货物、邮件进行安全检查，防止危及航空公共安全的危险品、违禁品进入民用航空器；监测和采集安检预警信息并及时上报；保障民用航空器及其所载人员、财产的公共安全和航空运输的正常运转。

（3）航空护卫部门。负责对进出港航空器的监护；控制区及通道的守卫；驻场有关单位的安全警卫与巡逻；机场主要交通通道的护卫；停车场的管理；监视并搜集航空护卫预警信息并及时上传。

（4）紧急救援部门。医疗应急、负责飞行应急救援工作，保障飞行安全；机场区域内卫生防疫工作和有毒有害环境的健康检测管理工作；紧急情况下的消防救援工作。

（5）现场指挥中心。保障公共安全生产现场的指挥、协调、监管，保证飞行安全正常。负责监督检查停机坪、停机坪设施设备的技术状况；监督检查航空器、车辆、人员的运行秩序和机具的摆放管理工作；监测和收集航空运输生产现场及其他相关预警信息，及时提交公共安全预警部门；参与站坪、停机坪区域发生的地面事故调查以及紧急救援工作的组织与指挥。

可以看出，我国的航空运输业公共安全管理的责任体系由中国民用航空局进行监督检查，由各个下级企业单位各自实施公共安全管理行为。中国民用航空局定期审查、考核企业的公共安全实施情况。一方面，促进了企业所有部门自觉地加强公共安全管理、提高公共安全意识、规范航空安全行为；另一方面，使被动管理者成为主动执行者和管理者，进而对自身各个职能部门和生产部门是否尽职尽责进行监督检查，使企业安全管理体制成为横向到边、纵向到底的安全管理机制，确保航空运输系统的各个环节实现全员、全面、全过程的系统管理。

9.5.2　民航安全管理的作用或意义

安全是全球航空运输业发展的基础，是全球航空运输业永恒的主题。随着全球飞行量的增加以及航空运输业整体规模的扩大，也就意味着航空事故征候的空间也随之扩大。

众所周知，美国"9·11"事件，一天内被劫持了四架大型飞机，造成巨大的人员伤亡和财产损失，历史罕见。2001 年 9 月 11 日至 16 日，美国航班一律停飞，其他国家飞往美国的航班或停飞或改飞加拿大。国际航空运输协会估计，仅在事发后一周之内世界航空业就因航班取消而损失了 100 亿美元；"9·11"事件之后的半年内，世界航空业，特别是经营欧美航线的各家公司一直在困境中挣扎，直接造成航空公司大量飞机停飞，甚至航空公司破产，各国航空公司宣布的裁员人数已超过 10 万。除了受到直接打击的各家航空公司，飞机制造和相关产业也受到严重影响。保险公司也纷纷躲开民航业这个是非之地，或者大幅提高对民航客机的保险金额，有的增幅高达 15 倍，或者干脆取消保险；英国等国家的民航客机则被迫由政府来承担保险，这在和平时期绝无仅有。

2010 年 8 月 24 日 21 时 39 分左右，一架从哈尔滨飞往伊春的客机在伊春机场降落，接近跑道时断成两截后坠毁，机上有乘客 91 人(其中儿童 5 人)，机组人员 5 人，共计 96 人。"8·24"坠机事故造成机上 44 人死亡、52 人受伤，经济损失 30891 万元。事故发生后，民航中南地区管理局已对河南航空公司做出暂扣其运行合格证的行政处罚，河南航空公司重组完成后，必须按照相关规定通过民航监管机构运行合格审定方可恢复运行。

航空运输业未来的生存和发展很可能就取决于是否能够使大众对出行安全感到放心。20 世纪 50～70 年代，世界商用飞机的事故率大大下降，飞机的失事率已经达到了低于公认最安全的交通工具——火车的水平。现在，乘坐飞机这种交通工具也不再是一种冒险，而是一种最为快捷、方便和安全的出行方式。事实证明，先进的技术、完善的规章制度、严格的监督实施是航空公共安全的根本保证。因此，安全防范与管理是航空运输业可持续发展的先决条件。另外，良好的公共安全管理是航空运输业继以生存和发展的基础，也是获得经济效益的保证，同时为提供最大的社会效益做出努力。

对于航空运输业参与者，安全是最重要的服务质量指标，也是参与国际竞争的主要因素。但是由于航空运输的特点，一旦发生公共安全事故，将直接给公众的生命财产造成巨大的损失，也必然影响航空运输业和整个经济社会的全面健康协调发展。因此，提高航空公共安全管理水平显得至关重要。

思考练习题

9-1　民航安全的利益相关者主要包括哪些？

9-2　简要阐述民航安全管理中的事故、事故征候、严重事故症候的概念。

9-3　民航运输管理中，危险源主要包括哪些？危险源识别遵循的基本原则是什么？

9-4　简要阐述事故致因理论主要包括哪些，它的基本含义是什么。

9-5　简要阐述菲尔恩兹系统模型和 SHELL 模型的基本含义及分析方法。

9-6　简要阐述航空公司安全管理主要涉及哪些方面。

9-7　简要阐述空中交通安全管理主要涉及哪些方面。

9-8　简要阐述机场运行安全管理主要涉及哪些方面。

9-9　简要阐述安全管理体系的组成框架主要包括哪些内容。

9-10　简要分析民航安全管理的重要性和意义。

民航运输概论课程试卷

参 考 文 献

白杨, 李卫红, 2010. 航空运输市场营销学[M]. 北京: 科学出版社.

柏明国, 2006. 航空公司航线网络优化设计问题研究[D]. 南京: 南京航空航天大学.

柏明国, 朱金福, 姚韵, 2006. 枢纽航线网络的构建方法及应用[J]. 系统工程, 24(5): 29-34.

程玉辉, 2020. 机队与航线网络匹配度研究[D]. 广汉: 中国民用航空飞行学院.

崔毅, 李实萍, 2014. 航空联盟影响因素的实证研究[J]. 华南理工大学学报(社会科学版), 16(3): 1-8.

耿淑香, 2000. 航空公司运营管理方略[M]. 北京: 中国民航出版社.

谷润平, 王倩, 2014. 基于成本控制的机队优化配置方法[J]. 航空计算技术, 44(3): 19-22.

金凤君, 王成金, 2005. 轴-辐侍服理念下的中国航空网络模式构筑[J]. 地理研究, 24(5): 774-784.

黎群, 2003. 论航空公司的战略联盟[M]. 北京: 经济科学出版社.

黎群, 2005. 航空公司战略联盟的经济动因分析[J]. 管理工程学报, 19(2): 99-103.

刘宏鲲, 周涛, 2007. 中国城市航空网络的实证研究与分析[J]. 物理学报, 56(1): 106-112.

苗俊霞, 周为民, 2015. 民用航空安全与管理[M]. 北京: 清华大学出版社.

彭语冰, 张永莉, 张晓全, 2001. 机队规划模型的建立及其应用[J]. 系统工程理论与实践, 21(6): 100-103.

邵荃, 2019. 机场安全管理[M]. 北京: 科学出版社.

帅世耀, 2018. 基于 UGC 平台的中国东方航空网络营销渠道优化研究[D]. 天津: 中国民航大学.

孙宏, 景崇毅, 黄赶祥, 等, 2016. 基于机型等级的航线市场细分方法研究[J]. 中国民航飞行学院学报, (1): 13-16, 22.

孙宏, 文军, 2008. 航空公司生产组织与计划[M]. 成都: 西南交通大学出版社.

孙玉超, 2010. 国际航空运输自由化的法律问题研究[D]. 武汉: 武汉大学.

汪瑜, 2016. 航空公司微观机队规划方法研究[D]. 南京: 南京航空航天大学.

王世锦, 2020. 民航安全管理理论及应用技术[M]. 北京: 中国民航出版社.

吴薇薇, 2014. 航空运输经济学[M]. 北京: 科学出版社.

徐开俊, 吴佳益, 杨泳, 等, 2020. 中国航线网络结构的多层性分析[J]. 复杂系统与复杂性科学, 17(2): 39-46.

杨昌其, 2017. 空中交通安全管理[M]. 成都: 西南交通大学出版社.

杨思梁, 2008. 航空公司的经营与管理[M]. 北京: 中国民航出版社.

张培文, 孙宏, 汪瑜, 2015. 民用客机市场需求分析方法研究[J]. 铁道运输与经济, 37(1): 18-21.

钟科, 2017. 民航安全管理[M]. 北京: 清华大学出版社.

朱金福, 2018. 航空运输组织[M]. 北京: 科学出版社.

朱金福, 等, 2009. 航空运输规划[M]. 西安: 西北工业大学出版社.

朱星辉, 2019. 航空运输生产计划[M]. 北京: 中国民航出版社.

ALFREDO M, LAZARO C, MERCEDES L, 2006. New formulations for the uncapacitated multiple allocation hub location problem[J]. European Journal of Operational Research, 172(1): 274-292.

BELOBABA P, ODONI A, BARNHART C, 2009. The global airline industry[M]. New York: John Wiley and Sons.

DOGANIS R, 2006. The airline business[M]. New York: Routledge.

GIVONI M, RIETVELD P, 2009. Airline's choice of aircraft size-explanations and implications[J]. Transportation Research Part A: Policy and Practice, 43(5): 500-510.

GIVONI M, RIETVELD P, 2010. The environmental implications of airline's choice of aircraft size [J]. Journal of Air Transport Management, 16(3): 159-167.

JANIC M, 2002. Air transportation system analysis and modeling[M]. Malaysia: Gordon and Breach Science Publishers.

LEE D, 2007. The economics of airline institutions, operations and marketing[M]. Amsterdam: Elsevier.

MALAVAL P, BÉNAROYA C, AFLALO J, 2014. Aerospace marketing management[M]. New York: Springer.

SHAW S, LTD S, 2015. Airline marketing and management[M]. 7th ed. Farnham: Ashgate.